本书是 2015 年度粤台客家文化传承与发展协同创新中心特别委托课题（15CXQX03）成果之一

粤台客家文化研究丛书

丛书主编　宋德剑

粤台客家
文化研究综论

YUETAI KEJIA WENHUA YANJIU ZONGLUN

冷剑波　主编

暨南大学出版社
JINAN UNIVERSITY PRESS

中国·广州

图书在版编目（CIP）数据

粤台客家文化研究综论/冷剑波主编 . —广州：暨南大学出版社，2018.12
（粤台客家文化研究丛书）
ISBN 978 - 7 - 5668 - 2398 - 4

Ⅰ . ① 粤 … Ⅱ . ① 冷 … Ⅲ . ① 客 家 人—民 族 文 化—研 究—中
国 Ⅳ. ①K281.1

中国版本图书馆 CIP 数据核字（2018）第 112890 号

粤台客家文化研究综论
YUETAI KEJIA WENHUA YANJIU ZONGLUN
主　编：冷剑波

出 版 人：徐义雄
策划编辑：李　艺
责任编辑：朱良红
责任校对：邓丽藤
责任印制：汤慧君　周一丹

出版发行：暨南大学出版社（510630）
电　　话：总编室（8620）85221601
　　　　　营销部（8620）85225284　85228291　85228292（邮购）
传　　真：(8620) 85221583（办公室）　85223774（营销部）
网　　址：http://www.jnupress.com
排　　版：广州市天河星辰文化发展部照排中心
印　　刷：佛山市浩文彩色印刷有限公司
开　　本：787mm×960mm　1/16
印　　张：17.5
字　　数：311 千
版　　次：2018 年 12 月第 1 版
印　　次：2018 年 12 月第 1 次
定　　价：59.80 元

总　序

　　嘉应学院是一所百年老校，前身是创办于 1913 年的梅县女子师范学校。经过几代人的努力，特别是 20 世纪 90 年代以来，学校在人才培养、科学研究方面取得了长足的进步，形成了"植根侨乡，服务山区，弘扬客家文化"的办学特色。

　　地处客家腹地的区位优势，加之学校一以贯之的重视客家文化的办学理念，使学校的客家文化研究在学界具有一定的影响，经过 20 多年的积累，客家研究院在民俗、方言、文学、艺术、社会经济等方面积聚了一批研究实力较为雄厚的学术团队，并产生了一些较具影响力的研究成果。

　　随着研究的深入，我们也在不断地进行总结与反思，相邻的赣南、闽西也为客家腹心区域，两地的高校赣南师范学院、龙岩学院也成立有客家研究院，也一直在开展客家文化研究，并取得了丰硕的成果。如何与赣南和闽西的客家文化研究形成错位发展，凸显自身的客家文化研究特色和长处，共同把客家文化研究这个事业做大做强，这个问题一直是我们在研究过程中努力思考的问题。

　　经过仔细分析，认真思考比对，我们发现一个现象：粤台两地一衣带水，同文同种，特别是客家人作为台湾社会的第三大族群，其文化一向为台湾族群文化中最具特色与活力之文化；同时，台湾的客家人又多以梅州为原乡，且历来两地客家文化互动频繁，联系密不可分，将客家文化置于粤台两个地域空间进行研究，不仅具有地域文化研究的意义，更具人类学、社会学、历史学等多学科研究的学术意义。

　　2011 年恰逢教育部在全国高校推出"2011 创新强校计划"，次年学校便在客家研究院的基础上成立了"粤台客家文化传承与发展协同创新中心",并于 2014 年成功申报为广东省首批协同创新中心。中心力图通过机制体制的创新,为粤台两地高校、科研机构搭建一个开放创新的学术平台,在粤台客家文化研究、粤台客家文化传承等诸领域不断凝练方向,将学校的客家文化研究提升到一个新的、更高的水平。

最早关注粤台两地客家人问题研究的是客家研究的奠基人罗香林先生,他在其 1933 年出版的《客家研究导论》中对客家人迁台有这样的记载:"同时而台湾一岛,亦因初为清廷克服,旧日郑氏部众,多半逃亡南洋诸岛,因致全台空虚,人烟寥落;嘉应各属客家,得此良好机会,又复盛向台湾经营……当时留台客家,虽数目并不很多,然因台生活较易,客人受经济引诱,其后,愈来愈众,愈殖愈繁。"后于 1950 年出版的《客家源流考》,又对其进行了更为细致的考证:"康熙时迁移台湾的客家,虽数目不很多,然因台湾生活较易,客家人受经济引诱,接着便愈来愈众,几乎占了台湾全人口的三分之一。"进入二十世纪七八十年代后,台湾和大陆的客家学术研究者分别站在各自角度研究两岸客家问题,台湾地区有代表性的成果包括连文希《客家入垦台湾地区考略》、陈运栋《谈客家先人的渡台》、庄英章《唐山到台湾:一个客家宗族移民的研究》等;大陆地区有代表性的成果包括陈春声《三山国王信仰与台湾移民社会》、陈支平《客家源流新探》、刘正刚《东渡西进:清代闽粤移民台湾与四川的比较》等。检视以上成果我们可以发现,以往的研究大都只是停留在正史文献,缺乏系统的实地田野考察,论述往往流于宏大的历史叙事,而更重要的是,尚缺乏两岸客家人血脉联系及文化渊源的系统性论述以及在微观研究基础上的宏观把握。

基于以上认识,粤台客家文化传承与发展协同创新中心从成立伊始,通过开展一系列课题研究以及举办相关的学术会议等形式,凝聚了粤台两地高校、科研机构一批长期致力于研究客家文化的专家学者,共同开展粤台客家文化的深度研究。

总体而言,这些研究呈现出以下三个研究面向:

一是研究者学科背景的多元化。以往的研究以历史研究为主流,研究者以历史学的学科为主,且多以清代以来客家人渡海迁移为历史场景,来勾勒客家人从大陆向台湾迁移的历史进程,进而探讨粤台两地客家文化的源流及发展变迁。中心牵头倡导的研究则更加凸显出学科交叉的立体研究态势,力求从历史学、人类学、社会学、语言学、政治学等多元的学科视野开展粤台客家文化研究,实现客家研究成为人文社科研究的综合"试验场"，打造客家研究的国际学术平台效应。

二是研究视野的现代转向。传统的客家研究多以宗族、民俗为主要研究取向，这主要源于客家是一个以宗族为聚居单位的族群，且因生活环境和悠久历史等社会因素至今保存有丰富的传统文化，其要旨在于通过对一个"古老"族群的文化内核进行分析解剖，来认识中华传统文化的特质所在。中心倡导的研究则在延续传统研究面向的基础上，注重客家传统宗族、信仰、民俗等在现代社会中的传承与变迁，特别是作为传统文化部分于现代民众社会生活之意义所在，关注现在流行的"文化产业""古村落的保护""美丽乡村建设"等议题，从而彰显人文社会科学的现代社会功能与价值。

三是注重粤台客家文化"关键文化因子"的历史人类学研究。客家文化内涵丰富，其中"宗族""神明""女性""传统建筑"等文化要素向来为研究者所青睐，然而这些研究主体一直被研究者剥离出其依附的时空场域，进行"真空化"式的抽象研究。研究者在其研究叙事中很难给人还原研究个体的真实历史图景。中心倡导的研究则一直秉承20世纪90年代兴起的"眼光向下"历史研究的价值转向，即现在史学界流行的华南学派的历史人类学的研究方法，注重田野与文献相结合，将客家文化的不同事项还原到客家人生活的鲜活场景中去，参与观察客家民众日常的生活，并对其行为、观念、信仰、风俗等诸文化事项予以分析、诠释与解读，从而探讨粤台两地客家文化形成、发展、变迁的轨迹。

正是基于以上思考，中心推出这套"粤台客家文化研究丛书"，丛书包括学术研究专著、田野调查报告、研究论文集等，内容涉及粤台客家宗族、神明、女性、风水、节日、礼俗、文化产业等诸面向。可以说这套丛书的出版既是对以往粤台客家文化研究成果的一个小结，亦是粤台客家文化研究的一个新的起点。

以上寥寥数言，权当对丛书编辑出版初衷的一点交代，是为序！

宋德剑
嘉应学院粤台客家文化
传承与发展协同创新中心执行主任
2018 年 2 月

自 序

　　自 20 世纪 80 年代以来，客家研究在海峡两岸相继获得复苏并持续发展，进而成为两岸共同的显学。作为一种具有鲜明国际性的新兴研究门类，大陆和台湾始终是全球客家研究的两大重镇。

　　广东作为台湾客家人的主要祖籍地，粤台两地的客家人在历史上长期保持着频繁的互动联系，在民俗、信仰、方言、建筑、服饰、饮食等方面，两地客家文化均有着密不可分的内在渊源。当然，近代以来两地不同的发展轨迹，导致两地客家文化呈现不尽相同的地方，呈现一定的在地特色。这些都为两地开展客家研究提供了良好条件，同时也提出了合作研究的现实要求。然而，检视以往的研究成果，我们发现，大陆的客家研究着重在大陆，台湾的客家研究多聚焦在台湾，即便是讨论两岸客家的渊源与互动问题，也基本站在各自立场，两地客家合作研究的广度、深度及成效都很难令人满意，这严重制约了两岸客家研究的共同进步与发展。

　　有鉴于此，作为大陆最大的客家研究学术机构之一，嘉应学院客家研究院在开展粤台客家交流与合作 20 多年的基础上，于近年成立了粤台客家文化传承与发展协同创新中心，决心将两地客家合作研究推向更高的层次。作为中心工作的重要一步，我们将整理过去 20 多年间举办的数十场研讨会中涉及两地客家研究的学术论文，依专题分册出版，力图呈现粤台两地客家研究既有成果及现状，进而为两地客家研究者在未来努力方向上提供借鉴和参考。笔者编成《粤台客家文化研究综论》一书，所选文章着重从宏观角度探讨粤台两地客家文化的渊源、传承、嬗变和互动等重要问题。

（一）

客家研究虽然在两岸均呈现火热状态，但尚未成为专门的学科，如何从理论和方法两个角度构建具有学科体系性质的客家学，是两岸客家研究者共同努力的方向，在这方面，台湾目前走在前列。台湾不仅较早地成立了大量专门的学术机构，而且较早地完成了客家研究方向硕士点、博士点的建设，培养了一大批专门从事客家研究的青年学者。在"客家学的建构"这一专题，本书选取了3篇台湾学者的文章，这些文章虽然是从台湾学者的经验出发，但对大陆学界建构客家学，仍然具有重要的借鉴意义。

赖泽涵教授的《台湾客家研究及未来展望》虽然写于21世纪初，但仍然被视为对开展台湾客家研究具有总体的指引作用。特别是他提出的客家研究面临的问题，如必须"避免渗入地区意识形态"、排除"只有客家人才能做客家研究"的狭隘心态、打破"帮派心理"等，至今仍值得两岸客家研究者高度重视并引以为鉴。

邱荣举教授和黄玫瑄老师的《两岸"产官学"共同合作打造"客家学"》，回顾了两岸客家研究的历程和现状，认为大陆的"产学研"和台湾的"产官学"具有高度的契合性，两者均为推动客家研究迈上新台阶，进而上升为构建客家学学科体系的重要途径。文章也认为两岸应有效利用共同资源，推动合作研究，如作为两岸客家人共同珍视的孙中山先生，加强其相关研究可以成为粤台合作研究的突破口。

刘焕云教授的《台湾客家意识与客家学辩证发展之研究》，梳理了台湾客家学兴起的时空背景和建构过程，认为台湾客家意识高涨与客家研究发展存在辩证关系。文章重点从哲学方法论角度探讨了台湾客家研究的可能路径，提出跨学科、多学科整合是提炼客家研究方法的不二之选。

（二）

台湾客家文化的"根"在大陆，是两岸客家研究者的共识，客家文化在台湾的传承与发展现状到底如何，是客家学界始终关注的重点。"客家文化在台湾的传承与发展"专题选取了1篇台湾学者的文章和4篇大陆学者的文章，大陆作者均有在台湾多次考察的田野经验，我们透过这些文章可以一窥大陆客家文化在台湾传承与发展的基本样貌。

房学嘉教授的《粤台客家是一家——以粤东地区与台湾地区为重点考察》，运用族谱、祠堂碑刻等民间文献，探讨了粤东客家人在台湾北部和南部的历史踪迹与发展现状，分析了粤东客家人在台湾开发中的历史功绩，并重点从祠堂文化的角度，论证了"粤台客家是一家"的基本事实。

谢重光教授的《客家文化在台湾的传承》，通过较为系统的阐述，认为客家人的基本文化传统，从民系性格，到岁时习俗、神明信仰、宗族形态、文艺形式，以及作为民系文化载体的方言等，在台湾客家人中都得到了全面的传承。

刘佐泉教授的《台湾客家源流考》，运用大量粤闽台地区的方志、族谱、民谣等文献，较为全面地阐释了客家人东移台湾的历史，以及客家人在台湾的主要分布地域，使我们对台湾客家人的源流获得了较为明晰的认识。

刘焕云教授的《两岸客家姓氏源流考究》，深入分析了苗栗邱氏、刘氏，三湾张氏、徐氏，通霄李氏、练氏 6 个姓氏的两岸源流与互动关系，认为两岸客家各姓氏来源乃一系相承，两岸加强客家宗族文化交流与研究将有助于保存和弘扬客家文化。

笔者的《粤台两地客家人血脉联系与文化渊源探究》，简要概况了粤东客家人播迁台湾的历史脉络，论证了粤台两地客家人自古以来的频密互动，从而阐释了两地客家人割舍不断的血脉联系。此外，文章也从宗族文化、民间信仰、建筑文化、客家方言等角度分析了两地客家人的文化渊源。

（三）

由于两岸不同的历史发展脉络，在岛内多元族群并存的生存环境之下，迁台的客家人历经三百余年的繁衍生息，在保有原乡文化根底的同时，也逐渐显现出鲜明的在地特色。"客家文化在台湾的嬗变"选取了 3 篇台湾学者的文章，试图从海洋文化、都市生活、山林产业等角度呈现台湾客家文化的个性和特色。

黄丽生教授的《台湾客家儒绅海洋意识的转变——从吴子光到丘逢甲》，从海洋意识、儒家价值与近代客家人物三者交叉关联的角度，分析了台湾清末著名的客家儒绅吴子光与丘逢甲海洋意识的差异，探讨了近代迁台的粤东客家文化精英在传承文化与变革创新之间的选择。

丘昌泰教授的《台湾都会客家的隐形化现象——台北市与高雄市的比较研究》，用大量翔实的统计数据和问卷访谈，分析了台北和高雄的客家人隐形化现象，以直观的数据向我们揭示了随着城市化发展，进入现代都市生活的客家人所面临的文化传承危机，而这一现象及问题对大陆客家文化的传承，特别是客家方言的存续同样具有一定的警示意义。

陈瑛珣教授的《客家移民的文化再制——台湾中部客家人的山林生存之道》，以苗栗和台中石冈地区的客家人为例，从宗族文化、生计模式、族群交往、居住空间等角度探讨了迁台的客家人如何在继承原乡生存经验的基础上，因地制宜地再创新的文化传统，指出移民文化是客家文化的重要内涵。

(四)

粤台客家移民与文化互动，是粤台客家研究必须着重解决的焦点问题。随着两岸学术交流的频密，相互开展深入的田野调查并实现资料的共享，使得相关研究的推进成为可能，这也是未来粤台两地客家研究持续合作的主要方向。

宋德剑教授的《客家文化与两岸关系：以梅州为例》，将两岸客家人的互动历史，置于台湾从移民社会到定居社会再到多元族群社会的社会发展脉络中，系统梳理了两岸客家人互动的表现形式及主要变化，最后就新时期如何加强两岸交流互动提出了对策和建议。

陈汉元与房学嘉教授的《清代饶平与台湾互动关系初探——以饶平客家为重点分析》，文章对清代饶平地区客家人迁台的历史，以及饶平迁台客家人与原乡自古以来的互动关系进行了细致的梳理，认为与粤东其他地区不同，在整个清代饶平客家人迁台是一种持续性现象，而在饶平与台湾的互动关系中，以宗族乡亲为基础的地缘组织扮演着特别重要的角色。

徐胜一教授、范明焕教授与韦烟灶教授的《清初陆丰客家渡台时空背景之研究——〈渡台悲歌〉与〈渡台带路切结书〉的联想》，利用在台湾新竹地区流传的《渡台悲歌》与《渡台带路切结书》两份材料，从探寻作者身份、创作年代以及创作目的等角度出发，阐释了清初陆丰客家人迁台的时空背景。

肖文评教授的《清代大埔县移民台湾研究》，运用丰富的历史文献资料，对清代大埔客家人渡台的社会背景、渡台方式、渡台时间、主要渡台宗族、在台分布、大埔人在台功绩，以及两地大埔人互动关系等做了十分细致的考证和分析。

夏远鸣博士的《17—19世纪石窟河流域居民迁台研究——以原乡的角度》，利用大量的族谱和地方志材料，通过赖氏、丘氏等宗族个案，将石窟河流域这一粤东客家主要迁台地区的迁台历史做了深入分析。

(五)

本书收录文章16篇，其中大陆学者和台湾学者各8篇，笔者希望以一种相对均衡的方式，既展现多年来嘉应学院推动粤台客家合作研究的成果，也试图较为客观和全面地呈现粤台两地客家文化的研究现状。需要说明的是，因部分术语、专有名称、外文译名等两岸存在表述的差异，以及大陆图书出版的要求，对台湾学者文章中的部分内容在不改变基本原意的前提下，做出了适当修改。

　　总之，无论从历史渊源还是研究现状而言，粤台客家研究都值得继续深入推进，粤台两地唯有携手合作，取长补短，才能不断取得研究的突破。希望本书以及这套丛书的出版，能为粤台客家研究迈向新阶段添砖加瓦。

2018 年 2 月 26 日于嘉园

目 录
Contents

粤台客家移民与文化互动

客家学的建构

台湾客家研究及未来展望

赖泽涵①

这十几年来，台湾史研究和最近兴起的客家学研究，可以说是台湾学界中人文及社会科学方面的两大"显学"。但台湾史的研究被部分意识形态太强的学者左右，使台湾史研究变成"险学"。台湾客家学研究在社会政治运动中萌芽，但应该注意避免重蹈台湾史研究的覆辙，否则大家的心血将会白费。

本文从台湾的客家学研究概况、"国立中央大学"和其他大学的客家研究、台湾客家研究面临的问题三个方面来展开。

一、台湾的客家学研究概况

过去，台湾学者都是凭个人兴趣或使命感自己做客家学的研究，因为过去客家话、原住民语、河洛语等语言都被认为是方言，一概被禁止使用、推广。"执政党"因具大一统思想，贬抑族群历史文化，长此以往，引起各族群的不满。"执政党"的这种态度与文化政策，使不少原住民语言及客家话没落、流失，直到20世纪80年代，社会运动蓬勃发展，族群语言的推动成为首要目标，族群语言文化才广受重视。

客家话得到重视，是从1988—1989年"还我母语运动"开始的，由此运动唤醒了客家人的意识，促进族群的团结，包括客家籍的学者专家以及推动母语教学的热心人士开始投入客家学研究，然后更有年轻一代的参

---

① 赖泽涵，曾任台湾"中央研究院"近代史研究所研究员，"国立中央大学"文学院院长、历史研究所所长、客家研究中心主任等职。

与，但研究者较为分散且多属于个人行为。

早期的学者研究，以客家语文和文学写作为多，他们的论著或作品，不论在保存还是反映客家语言乃至客家人的性格特征等方面，都很值得参考。但很难形成研究的团队，因此影响相当有限。

二、"国立中央大学"和其他大学的客家研究

"国立中央大学"在地缘关系上可紧密联系客家人居多的中坜、新屋、平镇、龙潭等地，加上学校人文及通识教育人才济济，首先成立全台第一个"客家文化研究中心"（现改为"客家研究中心"），当时的校长刘兆汉先生全力支持（每年提供百万经费），要笔者担任主任。笔者利用有限的资源举办推广客家话和有关的学术文化活动，例如"客家民俗研讨会"、座谈会、演讲会、"客家文化周"等活动，同时还举办了国际学术研讨会，如"'义民信仰与客家社会'两岸四地学术研讨会""第四届国际客家学研讨会"（与"中央研究院"民族所等合办）等。这些活动或学术研讨会，也获台湾省文化处、桃园县政府的支持。事实上，过去"文建会""教育部"也支持客家的研究，如有关客家文化方面的研讨会等。有客籍族群的县市当局者也支持过类似的研讨会，但大都是断断续续的。而"国立中央大学"的客家研究中心除举办学术研讨会外，也发行《客家文化研究通讯》作为客家研究发表园地，刊载世界各地与客家有关的活动，至今已出刊五期，是目前台湾学术界客家研究的唯一刊物，希望能够阐扬客家文化，并作为学者研究、交流的园地。此外，"国立中央大学"客家研究中心在人力物力有限的情况下，仍开展客家文化的推广工作，如开授客家话初级班、中级班、高级班及古籍客家话导读班，客家歌谣班，客家小戏班等，招收对象为社会人士及从事母语教学的中小学教师，至今结业者已成百上千，产生了一定的影响。此外"国立中央大学"通识教育中心也开授有关客家文化的课程，如歌谣班、客家文化导论等。

为了促进交流，客家研究中心也邀请大陆客家研究的著名学者如房学嘉、杨彦杰和王东等人到校担任客座教授，让学生了解两地客家研究的现况。

"国立中央大学"客家研究中心为进一步使"客家学"学术化，开始规划成立"客家学院"。目前主要有四个研究所：客家社会文化研究所、客家语文研究所、客家政治经济研究所、客家宗教民俗研究所，研究所已引起广泛的重视，学生报考相当踊跃，目前招收研究生50位左右，未来将视社会及人才需要规划新系所的成立。

除"国立中央大学"外，苗栗的"国立"联合大学原也想规划成立学院，可惜因师资问题未能如愿，但他们设立了全球客家研究中心、苗栗学研究中心，由王俊秀副校长主持；另外"国立"交通大学也成立了客家文化学院，设传播学系及客家文化社会学系。南部的"国立"高雄师范大学也设立了客家社会文化研究所。目前，"国立中央大学"客家学院只有七名教师，"国立"交通大学客家文化学院也只有六名教师，师资结构受限，让人颇有巧妇难为无米之炊的感慨。

总计"国立中央大学"和"国立"交通大学给的教师名额，除"国立中央大学"客家研究中心原有两名外，两校两个学院只给十五个名额，因此造成"人少事多"难成气候的窘境，可见推动客家文化建设之难，一则因台湾的经济未见改善，二则负责主管教育者对客家文化的研究不无敷衍心态，因而形成下热上冷的局面。

三、台湾客家研究面临的问题

客家研究须正视的问题很多，从下举其大者加以讨论：

（1）客家研究人才分散在全省各地，无法聚集在一个机构，因此力量显得薄弱。越来越多学者退休，如梁荣茂教授、彭钦清教授等人均已退休，人才在内培养不易，因此亟须中外学者到校教学培养。

（2）研究型大学如"国立中央大学"、"国立"交通大学对新聘教师的三级三审制度，恐怕会在客家学院聘用或争取人才时造成障碍，无法延揽专才，从而影响开课或研究工作。

（3）台湾当地教育部门或人事行政相关部门似乎在开玩笑，如"国立中央大学"三个研究所只给七个教师名额，还不如一个系的名额多（至少十位），假如"国立中央大学"没有坚强的文学院和通识教育中心等单位的配合，客家学院会很难办下去。何况学校空间若不加盖，如何发展？再如"国立"交通大学，也面临窘境，因为一个院两系所只有六个名额。学界之所以出现有人认为客家研究应成立学院，有人则不赞成设院的拉锯战，原因在于此。

（4）经费有限，颇难发展。学院虽已成立，但当地教育部门只按制式方式编列，即按研究生人数拨款，客家学院并没有多余款项做大型研究计划或开学术研讨会。而其他经费则只能依赖"客委会"，但"客委会"不是学术机关，其制定的补助办法限制多，例如经费拨下时间短却要准时报账。为此，研讨会无法对其负责的论文集进行仔细编校，必须赶印缴交给"客委会"，以致影响质量，这使得想好好做学术研究的机关望而生畏。而且"客委会"要"广结善缘",把钱分散,无法大量集中用于研究。更严重的是,"客委会"干预学术,如提出不能邀请批评"客委会"的学者参加研讨会担任论文发表人、评论人或担任主持人等条件。几年前笔者在"客委会"和其他场合说过,一定要把一个客家学院办好,再设其他院所。可惜掌权的人并没有采纳笔者的建议,反而陷入政治的考量中。有的大学还以为,一旦设立学院,政府经费似乎就可源源不断而来,因而出现有些不具条件的学校跃跃欲办学院的情况。

(5)客家籍人士在各业有成就者,并不支持客家研究,台湾"国立中央大学"至今只获18万捐款,而学校投入的经费超过千万,若得不到客家乡亲的支持,客家文化的阐扬将事倍功半。

(6)"客家学"研究要壮大,一定要摈弃"只有客家人才能做客家研究"的狭隘心态,要向原住民学院学习,例如东华大学民族学院不仅有原住民就读,还有很多非原住民愿意报考,因此要根除任何基本教义派的想法。此外,客家研究要学术化,一定要重视学生的外语及科际整合的能力,使其治学基础博大,起点较高,才能突破传统的训练方式,培养适合社会变迁所需的人才。

(7)客家学术圈一定要突破"帮派心理",有人有意无意想结"帮派",形成"××帮",此对客家学术研究有害。目前,有人确实在结成势力,可是素质并不怎么好,学界颇有恶评。因此,笔者呼吁大家应心怀坦荡,为客家人、客家学无私地贡献自己的力量。几年来,笔者提倡和推动客家文化研究,既不为名也不为利,这一点笔者是颇以自慰的。

(8)客家研究千万不要渗入地区的意识形态,否则客家研究之路会越来越窄,这一点笔者不得不再度提醒。客家研究者不仅要做台湾的客家研究,也要做大陆及海外客家的研究,因此世界客家研究人才一定要交流,才能壮大,这是非常重要的,希望客家研究的机构领导人,应有开阔的心胸。人才不限本地,只要对客家文化研究有贡献者,都应加以延聘,以利交流,相互激荡。唯有把客家研究作全面性的比较研究,客家研究才能深化,并且建立"客家学"的实质内涵。

以上为笔者近年来推动客家研究的一些观察。笔者相信唯有大家摒除己见,共同为推动客家文化而努力,客家文化才能茁壮成长,这也是海内外所有关心并支持客家文化的人们的愿望。

两岸"产官学"共同合作打造"客家学"

邱荣举　黄玫瑄①

一、前言：将"客家研究"朝向"客家学"发展

早期的中国南方赣、闽、粤交界处是客家大本营，为了解决客家问题，因而促成"客家运动"，进而产生客家研究。20世纪的中国客家研究，随着客家人因缘际会迁移至中国台湾、日本、美国及东南亚、欧洲等国家与地区，而渐扩及世界各国，数十年来，始终是以台湾海峡两岸的"客家热"和"客家研究"最为显著，进而使得"客家研究"俨然成为"显学"，且逐渐朝向建构"客家学"发展。

本文主要是以客家为主体，从台湾海峡两岸的"客家运动"之发展，来探讨客家研究，进而企盼两岸"产官学"共同合作打造"客家学"。因而，本文之重点有三：一是中国大陆"客家运动"与客家研究；二是台湾"客家运动"与客家研究；三是战略与战术并重：共同推动孙中山研究与客家研究，最后则期盼两岸"产官学"共同合作打造"客家学"新研究领域。

二、中国大陆"客家运动"与客家研究

赣、闽、粤边区为中国大陆的客家大本营。在台湾，客家为台湾五大族群中的第二大族群，但仍是少数族群。所谓"客家人"，根据台湾地区

---

① 邱荣举，曾任"国立"台湾大学社会科学院副院长、"国立"台湾大学客家研究中心主任等职；黄玫瑄："国立"台湾师范大学通识教育中心教师。

《客家基本法》（2010）的定义："客家人系指具有客家血缘或客家渊源，且自我认同为客家人者。"至于"客家族群"则是指客家人所组成之群体。

客家在中国大陆被认为是汉族的一个分支，叫作"民系"；在台湾被认为是台湾五大族群中的一个"族群"；在东南亚国家（昔称南洋）人数不少，被认为是华人五大方言群（或称帮群）中的一个"方言群"。因此，"客家"常因国家或地区之不同而有不一样的定位与称谓，但他们彼此之间有不少类似特点且可相互交流、沟通及合作，例如，已有数十年历史的世界客属恳亲大会，已由每两年举办一次改为每年举办一次，且逐渐增温，纵使世界经济不景气，每次的世界客属恳亲大会仍然是热力不减。今年（2012年）11月在中国福建三明市隆重召开，明年（2013年）11月将在印度尼西亚雅加达召开。

"客家"名称之缘起，与19世纪中国发生太平天国运动和1854—1867年在广东、广西等地曾发生土客大械斗有关，"客家"由他称而逐渐转变成自称，"客家"之形成历经千辛万苦，可以说是一种接受严峻挑战、历尽创伤及严酷考验的艰辛过程，也是极为不易的一部中国客家民系血泪发展史；在台湾，则可说是一部台湾客家族群血泪奋斗史。

"客家问题"多种多样，包括客家源流、客家话之流失与传承危机、客家文化日渐式微等，"客家运动"正是为了解决这些客家问题而产生的。

目前"客家运动"至少可分为三种。一为中国大陆"客家运动"：主要是指中国大陆以闽、粤、赣客家人士为主所推动的早期"客家运动"，以及二十多年来所推动的重要客家活动（例如世界客属恳亲大会）与客家研究。它具有文化性、经济性、政治性等特性。二为台湾"客家运动"：专指20世纪80年代在台湾兴起的台湾"客家运动"，它具有文化性、社会性、政治性等特性。三为全球"客家运动"：系指在中国香港与东南亚地区纷纷出现的客家社团与客家会馆，特别是以世界客属恳亲大会为主的世界性客家联谊活动，以及十多年来在世界各地新成立的全球性客家社团及大规模的客家相关活动。它具有文化性、经济性、政治性、跨国性等特性。在推动"客家运动"之过程中，客家士绅在发现、提出、分析、解决客家问题等的讨论中，发展出"客家研究"（Hakka Studies）。早期中国大陆较具代表性的客家研究著作有徐旭曾的《丰湖杂记》①、罗香林的《客

---

① 早期较著名的客家学者有宋湘、徐旭曾等人；19世纪客居并执教于广东惠州丰湖书院的徐旭曾讲述客家渊源、语言、习俗等的《丰湖杂记》，后来被称为首次公开发表的"客家宣言"。

家研究导论》（1933）、《客家源流考》（1950）等①。

由于客家问题基本属于社会问题和文化问题，早期中国大陆客家问题争议初起时，客家有志之士乃起而抗争，强烈反对歧视、排斥、诋毁、污蔑客家人，因而有关客家源流之论证，成为客家问题之最急迫、最基本、最根本之核心问题，那时期所掀起的中国"客家运动"可说是一种由下而上所推动的社会运动和文化运动。但是20世纪80年代台湾"客家运动"的性质又兼具族群性、社会性、文化性、政治性，因此台湾"客家运动"是族群运动、社会运动、文化运动、政治运动。

关于"客家研究"，早期经由香港大学罗香林教授等人大力提倡，著名客家企业家胡文虎协助各国各地区成立客家社团与客家会馆，并定期轮流举办全球性客家活动，已使得早期的"客家运动"不只在当时的中国大陆，且在中国香港地区及海外华人较多之国家，亦逐渐掀起了客家活动之热潮。早期的中国大陆"客家运动"，已有逐渐朝向全球"客家运动"发展之趋势。后来，20世纪80年代兴起的台湾"客家运动"，以及20世纪80年代中国政府为了统战、经济发展、客家文化发展等需要，而逐渐加温、加强的客家活动与客家研究，虽然是由上而下的具有浓厚政治性的"客家运动"，具有文化性、经济性、政治性等特性，但也加强了两岸客家交流与国际客家交流，亦颇有助于推展全球"客家运动"。

三、台湾"客家运动"与客家研究

21世纪初的台湾客家人在台湾的整体发展，比过去的两三百年，不论是在政治、经济、社会、文化、教育等方面，还是在两岸相互交流的热潮中，总是有着更显著而亮丽的表现，这突显出当代台湾客家人与过去传统台湾客家人有明显的不同：当代台湾客家人有"新的客家人"的精神。换言之，当代台湾客家人求新求变，既想保存与发扬传统客家文化的精髓，又想拥有创新的想法与做法，试图为台湾客家开创出一个新的局面。

台湾目前约有2 300万人，客家人约有600万，属于台湾五大族群中的第二大族群，人口数仅次于以闽南语为母语的第一大族群——闽南语系台湾人。这样的人口数量及人口结构，使客家人在台湾的族群关系上居于一种独特地位，且扮演着极其重要的角色。

1.《客家风云杂志》大力启动台湾"客家运动"

早期台湾的客家人，其祖先大多来自广东东部（粤东）、福建西部

---

① 香港大学教授罗香林于1933年出版《客家研究导论》，1950年出版《客家源流考》，这两部经典著作可以说是1950年前客家研究成果中的代表作，对后来的客家研究影响极为深远。

（闽西）等地，原来主要分布在台湾的桃园、新竹、苗栗、台中、高雄、屏东、花莲等县，随着"二战"后台湾经济的发展与社会的进步，客家人往大都市如台北、台中、高雄等地工作或移居者日增，因而现今台湾五大都会皆有来自四面八方的客家人，并纷纷筹组各类客家社团。

"二战"后的台湾社会，许多台湾客家人为了客家族群应有的尊严与地位，以及为了抢救日渐没落的客家文化，在一群台湾客家青年的主导下，开始推动短期的台湾"客家运动"以及长期的客家文艺复兴。

台湾客家人对台湾执政当局与国民党长期以来漠视客家文化的政策的不满之声不绝于耳，痛斥这种政策有损台湾客家人的尊严、地位及基本权益，痛骂"高官贵人"对客家文化的不了解、心存偏见，各地客家青年之怒吼声四起，呼吁以选票来表达客家界的愤怒，抗议客家文化未受到应有之重视，进而推动台湾"客家运动"，试图以更直接、更快速、更有效的方式，抓住台湾客家人内心深处的最痛处，来挽救台湾客家文化。

在历史的洪流中，台湾客家人在台湾的发展过程中扮演着相当重要而独特的角色。他们一方面有着饮水思源的怀旧情怀，另一方面又有着落地生根的开拓精神，乐天、任命的性格，既拥有水牛般的坚忍、耐苦、拼命工作的干劲，亦懂得取法于水的柔性本质。有感于台湾的客家文化濒临危机，台湾客家界早在1987年台湾"解严"前夕已有一股浓烈的不平之气，强烈地主张"以民主的方式改造台湾，以柔性的方式改造客家"，为了保障台湾客家人应有的尊严、地位及基本权益，推动一系列台湾"客家运动"。

台湾在20世纪80年代之前已有一些客家联谊性组织，以台湾客家文化为主体，分别成立社团、基金会或杂志社。到了20世纪80年代，台湾社会渐渐开放、民主，随着时代潮流的转变和台湾社会的进步，台湾客家人渐渐觉醒，开始自觉意识到客家文化的重要性与客家权益应予以争取。在"解严"前夕，以邱荣举、胡鸿仁、梁景峰、林一雄、魏廷昱、黄安沧、戴兴明、陈文和、钟春兰等人为主的一群台湾客家青年，在1987年5月至6月间开始筹划创办《客家风云杂志》，于7月1日正式成立"客家风云杂志社"，并在10月于台湾台北创刊，这是客家人在台湾300年历史的大事，代表着客家精英对客家人的尊严与客家意识的大觉醒，他们认为台湾客家人是为台湾迈向多元化的、开放的民主社会做出了极为重要的贡献，但是在政治、经济、社会、文化上未能充分获得应有的尊严和地位，且基本权益未获得应有的保障，因而办杂志以集结客家精英为推动台湾"客家运动"而努力。

《客家风云杂志》除了定期出刊和举办一些较特别的客家文化活动，更于1988年下半年协助筹组"客家权益促进会"，进而主导了同年12月28日在台北举行的参与人数约万人的"还我母语运动"，此为台湾客家界首度大规模的、全岛性的大游行和大抗争，震惊海内外，开台湾以文化为诉求主题的街头运动之先河，并对后来电视开放客家话新闻、节目和"教育部"实行母语教学政策等有一定程度的影响。

《客家风云杂志》于1990年1月改组为《客家杂志》，继续推动台湾"客家运动"。此后，台湾各地客家社团和刊物蓬勃发展，较有名的社团如世界客属总会、台湾客家公共事务协会、台北市客家崇正会、台北市六堆同乡会、台北市新竹县同乡会、台北市苗栗县同乡会、台北市桃园县同乡会等；至于刊物，除了《客家杂志》，尚有《美浓周刊》《中原周刊》《六堆周刊》等，进而有客家电台、客家电视台、台湾客家研究会等出现。

2. 台湾"客家运动"的三个重点

所谓"台湾客家运动"，简言之，就是指以客家人为主，一方面为了追求客家族群之尊严、平等及基本权益的保障，另一方面为了要抢救即将灭绝的客家文化所推动的一种族群自救运动，其具有文化性、社会性、政治性等性质，故可以说它是一种族群运动，亦是一种文化运动、社会运动、政治运动。台湾的"客家运动"，兴起于20世纪80年代，是由一群台湾客家青年所倡导的，他们主张短期推动三四十年的台湾客家运动，长期推动一两个世纪的"客家文艺复兴"，其推动策略就是采"台湾客家运动、客家政策及客家研究"三合一的模式，以利强化客家发展与社会发展。

1987年7月15日，台湾正式解除了长达38年的戒严（简称"解严"），此后台湾逐渐开启了政治民主化运动。同年10月，一群台湾客家青年正式共同创办《客家风云杂志》，开始推动台湾"客家运动"。此后历经20多年来许许多多台湾客家人的共同努力与艰难发展，使得当代台湾客家人在台湾能够昂首阔步、充满自信，敢大声说自己是客家人，台湾客家人已变成为较有尊严与地位的"新的客家人"，不再是昔日传统刻板印象中"隐形的客家人"。

在台湾政治民主化过程历次"大选"中，客家人较集中的客家地区，已成为政治人物竞相争夺的重要"票仓"，客家人在台湾"大选"中实具有举足轻重的地位。因此在台湾"大选"过程中，各政党或各候选人特别重视台湾客家族群为谋求整体台湾客家发展所最迫切需要的客家政策，并针对此提出相关政见主张。

3. 台湾的客家学研究

（1）"二战"后台湾的客家学研究分为两大阶段。

简言之，"二战"后台湾的客家学研究可分为两个阶段：第一个阶段主要是指第二次世界大战后台湾光复到 1987 年台湾"解严"前（1945—1987），台湾的客家学研究较着重于客家的源流、自我定位及其他客家议题上；第二个阶段主要是指 1987 年台湾"解严"后迄今（1987—2012），台湾的客家学研究将研究焦点逐渐集中在台湾客家历史文化、当代台湾客家的主要议题、国际客家研究及建构"客家学"上。

近一两个世纪以来，关心和从事客家学研究的学者专家对客家学研究领域进行探讨，高度期盼能早日建构出"客家学"；客家学研究要成为 21世纪学术研究中的一门新"显学"，其最佳策略就是要设法建构出"客家学"，使"客家学"成为一种新兴的学科，以利全球客家之发展。

（2）客家学研究之未来发展趋势。

"二战"后台湾的客家学研究已有日渐蓬勃的趋势，其研究成果无论是质还是量皆大幅度提升，但是距离建构"客家学"尚有相当距离，目前尚处于初步建构阶段，仍有待努力。现阶段台湾各相关大学正积极推动客家学研究，基于过去的实践经验和研究心得，以及参酌学者专家之意见，未来的客家学研究发展趋势可归纳为以下五项：①客家学研究学术化、科际整合之提倡；②客家学研究领域的拓展、研究在地化之深耕；③客家学研究方法的创新；④客家学研究资料之数字化；⑤强化客家学研究三结合之模式。

（3）客家学研究与未来台湾客家发展。

短期方面，台湾自 1987 年以来已推动 20 多年的台湾"客家运动"，将有助于长期推动整体的"客家文艺复兴"。现阶段台湾的客家发展，虽然比过去两三百年来的状况有比较显著的改善，但是仍有不少改进的空间。未来台湾客家要如何发展？笔者认为似可朝下列三个大方向发展：①台湾"客家运动"、客家政策及客家研究三者，应采"三合一"方式发展；②应多加强两岸客家交流，"客家"可作为两岸交流的主要媒介；③应结合智慧、资源及各方力量，共同推动"客家学"研究。

四、战略与战术并重：共同推动孙中山研究与客家研究

近几年来，孙中山研究与客家研究，先后成为两岸学术文化交流中的两个热门研究领域。孙中山是一位革命家、政治思想家。孙中山的政治思想与政治行动，影响了台湾海峡两岸的政治制度。有关孙中山的研究，大

多从政治学、宪法学、经济学、社会学、历史学等方面去探讨；至于客家研究，则多从历史学、人类学、语言学、政治学等方面来论述。孙中山研究与客家研究两者的交集，就是孙中山与客家，因而研究者可从政治学的观点探讨孙中山与客家，特别是论述孙中山与"客家运动"，探索孙中山与客家之关联。

1. 孙中山与孙中山研究

孙中山曾领导中国革命运动，创立中华民国，被尊称为"国父"。孙中山也可说是一位著名的政治思想家，其政治思想就是三民主义与五权宪法，其所构思的五权分立架构之政治体制，在政治学、宪法学中独树一帜。其政治思想与政治行动，对台湾海峡两岸的政治制度，产生了深远的影响。

有关孙中山的研究虽然曾经是过去两岸进行政治斗争、政治宣传及统治当局的工具与成果，但在现阶段已成为两岸学术文化交流与合作的重点项目。其实它是全球华人共同的重要资产，有利于未来两岸人民的相互了解与和平相处。二十多年来，有关孙中山的纪念活动及研究不但常在两岸举办，而且在世界各地常见将纪念孙中山、孙中山研究与中华文化联结在一起举办的各种活动，其中，有关"孙中山与客家"（包括客家文化、客家研究等），已有逐渐升温之趋势。①

2. 孙中山与"客家运动"之关联

孙中山是否为客家人？长期以来，学界多有争论，见仁见智，本文不在此赘述。孙中山是否为客家人是次要问题，孙中山与客家之关联才是主要问题。

孙中山与客家之关联，极为重要而特别，简言之，其重点有四：一为孙中山与客家精神。"孙中山与客家"已成为国际热门议题。世界各地客家人正积极发扬客家精神，推动全球客家运动。二为孙中山研究与早期"客家运动"。罗香林既从事孙中山研究，亦开启客家研究并联合南洋客家侨领胡文虎等人推动早期"客家运动"。三为孙中山研究与台湾"客家运动"。台湾在蒋氏政权期间，大力推动孙中山研究，1987 年台湾"解严"前后，一群台湾客家青年，多少受孙中山与孙中山研究之启发，开始推动台湾"客家运动"，以孙中山为名誉总领队，号召群众发动万人上街头游

---

① 在早期香港大学罗香林教授重视孙中山研究与客家研究之后，现阶段台湾海峡两岸学者对孙中山研究与客家研究皆予以重视者，尚有广东嘉应学院客家研究院房学嘉、"国立"台湾大学客家研究中心邱荣举等人。例如，赖绍祥与房学嘉编著的《客籍志士与辛亥革命》（广州：广东人民出版社，1992 年）；房学嘉的《客家源流探奥》（广州：广东高等教育出版社，1994 年）。

行抗争，短期推动台湾"客家运动"，长期推动客家文艺复兴，对客家发展影响深远，不但及时化解了客家文化即将灭绝之危机，而且深化了客家研究，进而将客家研究朝向客家学发展。四为孙中山研究与全球"客家运动"。孙中山研究与客家研究，两者可相互结合，一方面是探讨孙中山与客家之关联，特别是孙中山在中国革命运动中之客家因素；另一方面则是强调孙中山与客家精神不谋而合，孙中山提倡"和平、奋斗、救中国"，"客家运动"则是主张与标榜"和平、奋斗、救客家"。

简言之，孙中山与"客家运动"是一个较为新颖的议题。有关孙中山的研究与客家研究，先后成为海外华人研究的重要研究领域。因缘际会，20 世纪中叶，罗香林既对孙中山家世源流多有探索，推动孙中山研究，亦大力启动客家研究，使得孙中山研究与客家研究在孙中山及其子孙科等人在世时，即已开始分头发展，并巧妙地联结在一起。

关于"客家研究"如何发展成为"客家学"，就如同"历史研究"如何发展成"历史学"，"政治研究"如何发展成"政治学"，"社会研究"如何发展成"社会学"等一样，不是一件简单的事，它需要许多人力与经费，且需长时期大量地用心投入，方有可能。未来海峡两岸"产官学"应可共同合作打造"客家学"新研究领域。

台湾客家意识与客家学辩证发展之研究

刘焕云①

一、前言

在台湾，客家族群一直是汉族大家庭中一个色彩鲜明、特立独行的族群，历经多次重大迁徙，依然处处"反客为主，以客为家"地保留客家特色。然而，20 世纪末在台湾全球化（globalization）、民主化（democratization）与本土化（localization）的发展下，台湾的客家意识与客家文化面临了新的局面。进入 21 世纪后，台湾的施政目标，仍是朝全球化、民主化及本土化的方向迈进。

全球化是 20 世纪 70 年代风起云涌的热潮，从经济层面到政治与文化层面，造成全球经济国际化与文化一体化的现象。台湾在 20 世纪 80 年代被纳入全球化的经济体系内，加上政治上的 1987 年"解严"，推动了民主化，进一步牵动了本土的认同意识，各种不同的族群运动在这一时期也蓬勃兴起。台湾客家人也加入其中，并且适时地提出复兴客家与推动客家文艺复兴运动的呼吁与诉求。台湾本是一个多族群生存的场所，岛上住有高山族、闽南人、客家人、"外省人"等不同族群，他们不论早来后到，共同居住在这个海岛之上。台湾各族群的生存环境、文化资源与经济条件本来就有所差别，族群之间的竞争与冲突无可避免。按照进化理论，弱势族群之语言、文化与生存环境无可避免地会受到强势族群的影响与同化，需

---

① 刘焕云："国立"联合大学客家研究学院全球客家研究中心研究员。

要正确而又能包容多元族群文化的政策来治理。台湾过去因为政治上历经荷属、明郑、清属、日据与国民政府的统治，不同时代的统治者有不同的治理政策，导致过去台湾存有不同层次的族群与文化认同问题。

所幸，晚近反全球化的呼声在世界各地响起，反全球化之意义并不是全然抗拒全球化，而是思考在全球化的同时，能兼顾各地区与各族群的经济利益与文化特色，追求在迈向进步繁荣之同时，也能保障落后地区或弱势族群的生存发展。所谓"全球思维与地方行动"（think globally，act locally），或是本土化就是在这种思考与关切之下所提出来的口号。台湾的"客家人""客家意识""客家文化"，就在全球化、民主化与本土化的发展方向下，开始成为政府政策、学者研究及民间口耳相传的材料。

客家在台湾一直是弱势群体之一，客家意识觉醒后，客家人开始敦促台湾执政当局制定公平合理的文化及语言政策，挽救客家话与客家文化濒于灭绝的危机。经过20余年的时空变迁与努力，台湾客家文化的传承与发展，从面临危机到出现转机。客家文化是台湾文化的重要内涵，在全球化、民主化与本土化之下，客家文化的传承与创新，将可丰富台湾文化的内涵。客家族群认同台湾，与其他族群和谐相处，亦可促进台湾多元族群相互尊重、互相提携的族群环境氛围，提升台湾的文化视野，更可使台湾成为全球客家文化的重镇，这是台湾迈向全球化的一项利基，能树立台湾文化新形象。

本文旨在探讨台湾自1988年"客家运动"兴起与客家意识勃兴后，促使民间与政府逐渐重视客家相关学术之研究，客家学（Hakkaology）成为"显学"，政府已成立"客家事务委员会"，专责全台客家事务之推动；许多大学亦纷纷成立以"客家"为名之客家学院或客家研究中心，设立客家相关系所，专责客家学术研究。在客家意识与客家学辩证发展之下，台湾正落实多元文化与多元族群和谐发展之政策，配合全球化、国际化的发展，与世界接轨，朝使台湾成为世界客家研究之重镇的目标迈进。

然而，什么是客家学？客家学研究的方法论为何？客家语言、文学、文化或其他相关议题之研究有何限制？客家研究在人文社会科学中如何进行学术定位？以上这些议题已经引起客家研究者的思考，探讨如何在客家意识与客家学辩证发展的过程中，深化客家意识，增进台湾客家认同，扩大台湾客家学术研究领域与视野，使客家成为"学"，并与大陆及国际客家学术研究接轨。

二、台湾客家意识的觉醒与复苏

全球化浪潮虽然是不可抵挡的世界潮流，拜现代科技、信息传媒所赐，全球已成为一个"地球村"（global village），趋于一致。然而，全球化之际，一股本土化的力量也正在兴起，虽然不能与欧美强势文化相抗衡，至少也是全球化的一股支流，可与欧美文化交互辉映。"本土"所指称的是一个多元化的概念，包含了小区、社会，甚至是国家。相对于全球，本土或在地是属于较小的空间，人们可以相互认识，乡土人情味浓，人亲、土亲是本土化最重要的凝聚来源。当人们在强调本土或在地时，不仅要寻求与在地生活环境的联结，而且要和其他文化层面的关系保持联系。换言之，全球化与本土化是相辅相成的，全球文化如果没有本土化的过程，则是一种文化帝国主义，不但不容易被各国人民所接受，甚至会引起排斥与反抗。反之，本土文化若欠缺全球化的宏观视野与规划，则很容易封闭与落伍，甚至形成自我中心的偏狭态度，不利于本土文化的永续发展。

全球化与本土化的对应出现，使"全球本土化"（glocalization）和"本土全球化"（loglobalization）的概念产生。这两个概念包含了民族意识与文化认同等层面。简言之，全球化之后不少弱势族群产生了存亡继绝的本土意识，意识到自我族群文化式微的危机，而开始思考如何强化族群认同，提振族群文化。[①] 就台湾而言，台湾执政当局也开始思考施政政策本土化，就是重视本土、文化、生态、环保、弱势等之传承与发展。就客家人而言，台湾在全球化的历程中，客家族群意识到客家话、客家文化长期处于弱势，有衰微的危机，客家人长期受到当局不公平的制度限制，造成客家人不会讲客家话的局面，客家文化在强势文化的洗礼之下，渐趋衰微，客家文化需要政府以完善的政策加以保存与发扬。况且，台湾所追求的民主化，应包括本土化与本土意识。

在历经20余年来民主化的宪政改革之后，台湾的公民意识逐渐成熟，自力救济和街头运动层出不穷。各个团体或各阶层，为了争取自身权益，纷纷走上街头，向执政当局争取法律或政策上的权益维护。

民主是现代化历程的主要动力之一，民主化又是台湾宪政改革的大目标，台湾的民主化历程中，客家族群与客家人意识到：客家人是台湾的主人之一，客家群族、客家文化在制度上长期受到不公平的待遇，导致客家人不会讲客家话、政府欠缺客家文化发展政策、客家文化有式微的危机。换言之，"客家运动"兴起后，客家人的文化意识觉醒，客家人的权利意识抬头，全台各地的客家人渐渐集合力量，向社会大众或政府提出呼吁与

---

① SWith & Abthony D., *Myths and Memories of the Nation*, New York：Oxford University Press, 1999：p. 59.

诉求，努力争取客家人的权益，谋求修正不合理的语言政策，要求政府保护与创造客家语言和文化传承的环境，促使公平正义社会的实现。

就客家文化来说，虽然客家族群是早期移民台湾的三大族群之一，客家人在移居台湾之后，逐渐定居于台湾全岛的丘陵之地，处于相对弱势之政治经济地位，在其他强势文化的影响及同化之下，客家文化、客家语言，本就处于弱势，并有文化之认同减弱甚至消失的危机。加上近五十年"国语化"的政策与"福佬沙文主义"之影响，客家文化边陲化的现象日益普遍，使得客家文化的存续机制遭受断层之危机。于是，客家人为了争取本土的认同，避免客家文化在民主化与全球化的浪潮之下成为边陲文化，防止客家话灭绝，在"宁卖祖宗田，不忘祖宗言；宁卖祖宗坑，不忘祖宗声"的执着精神支持下，奋而攘臂高呼，极力争取客家人的权益，思考如何振兴客家文化。

为了巩固客家文化的重建生机，全台各地的客家人，在 20 世纪 80 年代末期，趁着全球化、民主化与本土化的潮流，顺势发起"还我母语运动"，走上街头游行，争取台湾人民对客家话流失、客家文化式微之重视，呼吁政府完善不公平的语言政策，制定民主化与本土化兼顾的文化政策，由集体有组织的力量从事客家文化传承与发展的工作。在此历史契机之下，台湾的客家人与客家文化面临着一个崭新的局面，客家意识逐渐凝聚，客家文化日益受到重视，客家学的学术研究也方兴未艾。

2000 年，台湾首度"政党轮替"，当局推动本土化的政策，重视客家文化之式微，于 2000 年 9 月 1 日成立"客家事务委员会"筹备处，再于 2001 年 5 月 4 日"立法院"三读通过"行政院客家委员会"组织条例，2001 年 6 月 10 日成立"行政院客家委员会"（简称"客委会"），负责制定与推动客家文化政策，谋求台湾客家文化之复兴及发展。

从此，台湾的客家文化有专责之"客委会"来规划推动。这是台湾继经济奇迹及政治奇迹之后塑造文化奇迹的开始，也是在全球化、民主化与本土化之下，建立多元文化发展政策的展现。

"客委会"成立之后，为客家文化的复兴而不断努力，其成效已获得客籍人士的肯定。基于落实社会与族群之公平正义，塑造快乐、希望、自信、有尊严的客家公民社会，"客委会"先后订立了"新客家运动——活动客庄、再现客庄"的总体目标，拟定了语言复苏及传播计划、文化环境营造知识体系发展计划、文化设施兴建计划、海内外客家合作交流第一期计划、社团发展与人才培育计划、特色文化加值产业发展计划六项施政计划。从 2002 年起，台湾陆续有"国立中央大学"、"国立"交通大学、"国立"联合大学及其他大学成立客家学院，设立客家相关系所或客家研究中心，专门研究客家语言文化，培养客家相关人才，使台湾的客家文化、客家学研究进入一个全新的发展阶段。

三、客家学与台湾客家学的发展

客家学是指专门研究客家的学问，在大陆原乡沿用至今。中国大陆的客家学历经近百年之发展，对客家源流、移民到全球各地的客家人与客家文化有清晰的认识。在过去，客家学本是汉学的一支，全球各地的汉学家，不乏对客家学怀有兴趣者。早在1868年，就有外国学者撰文研究客家与土著血统差异，从血统方面来研究客家人、客家源流。近百年来，围绕客家血统问题，中外学者始终存在论争。有的把客家人作为单一民族，视汉、客为两个不同民族；也有的人提出"客家是纯粹承袭了中国人血统的世族""客家并非混血种，而是具有纯正血统的汉族，不仅比少数民族优秀，而且比土著及其他汉族优秀，他们是有来历的中原王朝的后裔"[1] 这样的论点，到了20世纪30年代，罗香林加以依循，进行实地调查，根据族谱、谱牒、志书，先后写成《客家研究导论》《客家源流考》二书，成为客家学之滥觞。罗香林认为研究"客家学"，必先界定何为"客家"、客家的源流是什么，只有这样才能对客家文化诸般内容做进一步的讨论。他追寻客家血统，探讨客家源流，客家人的分布、语言、文教、特性，客家与近代中国等。[2]

此后，大陆绝大多数的客家学研究，都以罗香林之研究为范本。时至今日，大陆原乡客家学已积淀了丰富的研究成果，尤其厦门大学、龙岩学院、赣南师范学院、嘉应学院及广西师范大学的客家学院等院校，都是大陆著名的客家学术研究的中心。其中，广东梅州市的嘉应学院，可以说是大陆原乡研究客家学的重镇之一，所出版的一系列客家研究专著，成为海内外争相援引与阅读的材料，凝聚了高度的客家认同。

如前所述，就台湾而言，有较为明确的客家意识与客家学概念，是在本土化、民主化施行之初的20世纪80年代中期，客家人走上街头、发起"新个客家人""还我母语"等客家文化复兴运动之后。可以说，台湾客家学之勃兴与客家意识之觉醒存有辩证发展的关系。

---

① 卓克华：《序：谁是客家人》，陈支平：《客家源流新论》，台北：台原出版社，1998年，第5页。

② 罗香林：《客家研究导论》，台北：南天书局有限公司，1992年，第1-2页。

（一） 台湾客家学兴起的背景

罗香林首先提出"客家学"① 这一名词，指出客家学可以发展成一门独特的学问。此后，大多数的"客家学"研究，都是以罗香林之研究为典范。

本来丰富的客家文化是构成台湾文化的重要内容之一，客家人更是台湾第二大族群，但早期台湾只有"隐形"的客家人，欠缺明显自觉的客家意识，也只有客家人所著作的文学作品而无"客家文学"；只有研究客家的著作而无客家学术之名，更遑论客家学之建构。其时，客家文学是台湾文学重要的一部分，更是中国文学的一部分。过去台湾有许多客家文学先驱，如吴子光、丘逢甲、吴浊流、钟理和、林海音、詹冰、陈秀喜、杨子、钟肇政、龙瑛宗、郑焕、黄荣洛、杜潘芳格、林钟隆、江上、陈运栋、李乔、周伯乃、黄娟、刘慕沙、林柏燕、许曹德、邱垂亮、张良泽、林清泉、陌上桑、钟铁民、范文芳、冯菊枝、谢霜天、黄文相、曾信雄、余阿勋、曾贵海、徐仁修、彭瑞金、李永平、钟华、罗肇锦、冯辉岳、陈宇航、小野、雪眸、利玉芳、陌上尘、德亮、钟延豪、吴锦发、陈宁贵、温瑞安、夏宇、庄华堂、黄恒秋、刘还月、蓝博洲、陈板、黄秋芳、张振岳、张芳慈、丘秀芷……②

以上这些客籍文学家之作品，早从日据时期就已在台湾文学中占有一席之地，然而当时并没有客家文学之名。20 世纪 80 年代，台湾有乡土文学论战，开始有人提出"台湾文学"，以有别于"中国文学"，而且当时，许多人把台湾文学窄化为"台语文学"，不承认"客家文学"的存在。台湾客家族群有不同的客家腔调，尽管日本据台五十年，客家人之语言、文化仍然传承着，许多客家人对"原乡汉文化"仍具有根源意识。国民政府收回台湾后，再次将汉人传统文化源源不断地输入台湾。同时在台湾继续发展中国文学，大学纷纷成立中国文学系所，进行中国文学研究。因为台湾有深厚的汉文化基础，抗日时早就有以汉文化为底的台湾文学出现。台湾执政当局发展中国文学，而台湾文学是中国文学的一部分，并不是在意识上与中国文学相颉颃的。

1947 年由广东梅县来台的谢树新，在苗栗创办《中原》杂志；1973

---

① "客家学"是钟一帆与罗香林由 1930 年起共同使用至今的概念，罗香林可说是客家学研究之鼻祖，见罗香林：《客家研究导论》，台北：南天书局有限公司，1992 年，第 24 – 25 页。

② 曾逸昌：《客家概论——蜕变中的客家人》，苗栗：曾逸昌自印，2004 年，第 269 – 289 页。

年钟壬寿编辑出版《六堆客家乡土志》①；1975 年邱秀强、邱尚尧编辑出版《梅州文献》；陈运栋在 1978 年出版《客家人》。这些客家人的作品，内容上主要传承客家意识，其间关于客家民间文学、客家籍文学家的介绍相当多；也产生了不少新的具有客家意识的文学作品。②

1988 年蒋经国去世后，台湾本土政治势力与氛围勃兴。此时潜藏的台湾族群问题与省籍问题开始抬头，占台湾人口多数的闽南人移民，即以"福佬话"为母语的福佬族群，渐渐自称"台湾人"，将闽南语改称"台湾话"，并简称"台语"，以"客家人"称呼同是汉人的客家族群，以至于引发"原住民与客家人是不是台湾人""客家话与原住民语言是不是台湾话"的议题。这一情形引发了客家人的客家意识与台湾认同意识。台湾客家语言与文化早在威权统治时代，就面临文化式微危机，少数客家有志之士早就呼吁客家人注意客家语言文化濒临消失的现象。当闽南人以"台湾人"自居、将闽南语等同于"台语"的时候，更促使客家人客家意识、台湾意识的觉醒，引发客家文化在台湾面临历史的新契机。

台湾政治"解严"之后，客家有志之士有感于客家话与客家文化之沦亡，有感于客家族群之弱势，更有感于客家合理的权益长期受到政策之忽视，乃发扬客家意识、新义民精神，顺势投入社会改革行列，推动客家文艺复兴运动，谋求客家语文、文化与客家学之发扬。

今日，台湾客家学之发扬，虽可以师法大陆"客家学"之研究，或以大陆客家学为起点，踵事增华，与之效法与看齐。然而，台湾是一个特殊的移民社会，台湾的客家移民已历经三四百年，日久他乡即故乡，在与其他族群文化的交流、融合与激荡之下，早已产生独特的台湾客家文化氛围。因此台湾客家学有其独特的意义，若能有计划地发展，应可以媲美大陆之客家研究，独树一帜，建立特色，使台湾成为全球研究客家学术的重镇之一。

（二）台湾客家学的建构

其实，台湾民间的客家研究早已展开，许多有心的客籍人士早已从事客家研究，并出版了不少著作，取得了不错的研究成果。这些默默耕耘的客家学者，为保存与发扬客家文化而努力，所展现的客家意识与客家精神，值得后继者钦佩与景仰。只是台湾在"解严"以前，所有的客家研究

---

① 钟壬寿：《六堆客家乡土志》，屏东：常青出版社，1973 年。
② 王幼华：《阐释、发展与推广——台湾的客家文学》，载《文化创意产业营销国际学术研讨会论文》，苗栗："国立"联合大学，2006 年。

者，都是默默地为客家语文与客家研究耕耘，尚未成为客家族群集体的、自觉的与有意识的研究行动。较为明确及普遍的客家意识觉醒与客家学概念之提倡，则是自本土化、民主化施行之初的 20 世纪 80 年代中期，客家人倡议"新个客家人""还我母语""还我客家话"等客家文化复兴运动之后，才逐渐蔚成风气。

台湾民间客家学之建构，早期是以大陆客家学为师法对象，而缔造出台湾客家研究独特的成果。陈运栋指出，罗香林的《客家研究导论》《客家源流考》这两本书是划时代的作品，为此后的客家研究者指出了一条正确的道路。① 其后自政府解除戒严之后，台湾的政府部门与学术机构日益重视客家研究，陆续举办客家学术研讨会，民间也有各种相关出版物出版发行，使得台湾客家学之发展，逐渐走上一条族群群体自觉的研究道路。

客家研究要成为客家学，也就是客家学科建立的条件有二：一是学科研究的深度与广度；二是学科自身理论的建构与发展。客家成为"学"与客家成为学科研究的对象和内容，实不成问题，正如汉学研究或儒学研究成为"学"与学科研究的对象一样。陈运栋认为，"客家学"就是一门运用科学的观点和方法来研究客家族群的语言、历史、现状和未来，并揭示其发生、发展规律的学问。②

20 世纪后半期，台湾各地的客家文史与学术工作者，已陆续投入客家语言与文字的整理工作，以及客家学术的田野调查和地方乡土志的撰写工作中；学术界有志客家学研究之人士，也纷纷运用各学科的研究方法来研究客家相关学术。客家文化与学术研讨会正陆续举办中，硕、博士论文及客家学书籍也陆续出版。③ 由刘还月担任计划召集人、陈逸君主编的《台湾客家关系书目与摘要：专书、论文、研究报告类》（上、下册）中，依总类、移垦、产经、政治、社会、语言、民俗、学艺、人物、一般论述、其他等类，罗列了台湾所有与客家相关的研究成果。此书广罗所有戮力于客家研究之研究者姓名，并将其研究内容约略介绍，最能显示出台湾在 20 世纪末丰硕的客家研究成果。④

进入 21 世纪之后，台湾由"客委会"推动并建立客家知识中心及工作平台，不仅有其必要性及急迫性，也具有划时代的意义，有助于台湾客

① 陈运栋：《客家人》，台北：联亚出版社，1978 年，第 3 – 4 页。
② 陈运栋：《客家学研究导论》，收于徐正光主编：《徘徊于族群和现实之间：客家社会与文化》，新北：正中书局，1991 年，第 13 页。
③ 曾喜城：《台湾客家文化研究》，屏东：屏东平原乡土文化协会，1999 年，第 218 页。
④ 陈逸君主编：《台湾客家关系书目与摘要：专书、论文、研究报告类》（上、下册），南投：台湾省文献委员会，1987 年。

家学之建构。当局更为了客家语文之传播，而成立客家电视台与客家广播电台。当然，建立客家学术研究、做资源汇集与整合的机制，使客家学研究学科化、集中化、知识化与信息化，是客家学建立之必要途径；成立客家学院、客家大学或客家研究中心，提高客家学术研究的经费与增加人才储备，扩大客家知识社群，开阔客家学术发展空间，更是正确的发展方向。"国立中央大学"客家学院已于 2003 年 7 月成立，带动了客家学之研究风气与水平，"国立"交通大学亦成立客家人文社会学院，"国立"联合大学也设立了全球客家研究中心，其他大学也陆陆续续设立客家研究中心或客家研究机构或成立客家社团，专责客家学术研究。台湾客家学的建构与客家学术的发展，正进入一个崭新的阶段。长此以往，定能带动台湾客家学之研究风气，提高台湾客家学研究之水平，使台湾成为全球客家学之重镇之一；此种现象，也正说明了台湾的客家学研究正在蓬勃发展之中。对关心客家文化式微现象的人而言，这是一个好的开始；对客家人而言，千百年来由客家先祖在世界各地不断移民、迁徙而形成的客家文化，最终成为世人研究的对象，成为学术研究的范畴，亦有助于唤起其"文化寻根"的客家意识，有助于其对自身族群存在的处境与文化发展的方向进行重新理解与诠释，并重建且赋予新意。此正说明了台湾客家意识的觉醒与客家学的发展有辩证的关联。

四、台湾客家学研究方法与方法论反思

一般人或许不会探问台湾现代社会与客家学的关系，以及什么是客家语言与文字。但是客家人或客家学术研究者可能会问：客家学与现代社会彼此的关系如何？客家语文是否需要整理？如果从客家意识与哲学的观点来看，现代台湾客家人如何表现社会关怀，并从客家人的意识来看待客家学的发展，提出针砭，为台湾客家学的长期发展指明方向，提供客家学研究者从事研究时的参考；而且要思考，客家语文的整理对客家话传承的意义及客家学在台湾现代社会的存在意义。

虽然，如同德国哲学家海德格尔所言：整个现代社会或现代性基本是建立在一套主体哲学上面，但是海德格尔主张"主体是幻觉""主体已经死亡"。[①] 不过，主体本身的自觉与对主体的尊重，仍是 21 世纪的核心价值。台湾客家人需要自觉，客家学也需要关怀客家社会的研究主体来参与。台湾客家人不能没有客家话，台湾社会也不能没有客家学，客家学亦

---

① 沈清松：《结构主义之解析与评价》，载《现代哲学论衡》，台北：黎明文化事业股份有限公司，1985 年，第 257 – 288 页。

不能没有社会支持。台湾的语言若缺乏客家话，是不完整的；台湾社会若缺乏客家学术与客家学，亦是不完整的；客家学若不关怀客家语言与社会文化的发展，则是空洞的学问。

（一）台湾客家学的研究方法

客家学的发展与存在，是客家社会文化历史发展的产物，是与客家话、客家人与客家意识的醒觉息息相关的。客家学的开展与其丰富内容的呈现，则与客家研究主体所使用的研究方法及方法论的建构有关。从方法学的观点来看，方法不但是推动经验成长的方法，亦是经验完成时的综合状态。换言之，学术研究的充实，有赖于研究方法的正确使用；学术要成为严格学科，更有赖于方法论的严谨与建构。因此，客家研究与其他学术研究一样，所使用的方法不仅具有方法学的意义，还有历史的意义及存在学的意义。

客家研究需要不同的方法，客家学术的建构是由方法构成，在发展上则是由方法推动。就存在学的观点而言，我们可以把台湾客家学历史当作是存在的展现、流行的历程与痕迹。存在必须透过诸存在者运行之历史，尤其透过研究主体思想运行之历史，始得彰显客家学的奥蕴。也就是说，客家学发展的历史经验与其所使用之研究方法，决定了台湾客家学的存在。如同海德格尔在《存在与时间》（*Sein und Zeit*）一书中所说：科技社会所假定的形上学，只是把存在当作呈现于现前可用思想与规则予以控制的对象，而忽略了存在即开显，存在是一切开显的原始动力。存在之投现构成了人的存在之存在性，对人存在的存在性做解析，才能提出存在的问题。人在超越历程中构成了时间化，由于人的时间化而构成了时间性，时间于是成为存在问题提出之境遇。海德格尔对人的存在的存在性之解析，解出人的存在的原始结构为针对"已是"而有的"境遇感"（befindlich-keit），针对"能是"（seinskonnen）而有之"理解"（verstehen），以及针对以上两者的"表诠"（rede），显示出存在在人的原始结构中的逐步开显。①

就台湾客家学的开显而言，"已是"的客家文化式微危机，兴发了客家意识与客家学术危机的"境遇感"，唤醒了客家研究之主体，把客家文化传统拿来做研究的对象，抒发其中的"能是"，并采用经验研究的方法，来"理解"客家学术的真理，并对之予"表诠"。因此，台湾客家学的发

---

① Heidegger M., *Sein und Zeit*, Tubingen：Max Niemeyer, 1960：pp. 38 – 42.

展逻辑，是能以原创性的方式，采用能推动经验成长的方法，对各种客家社会发展的存在做深入理解并加以诠释。换言之，方法与方法论，决定了台湾客家学今后之发展方向。

而且，当前台湾社会客家文化式微的危机，表现在客家话使用者的流失严重性上，若不迅速采取补救的方法，专家预言五十年之内，台湾将无人会讲客家话，客家语文将成为死的文献，不再是活生生实存的语言。

笔者认为，现阶段台湾客家学仍是采用诸多学术上已存有之"学科"之理论与方法，做科际整合之客家研究工作。例如，研究客家语言的结构，一定要有语言学的基础，使用语言学、文字学的相关理论，来分析客家话的发展与变迁，并且为能有助于学习与传播，所有常用的客家话，有必要用汉字来加以记载与整理；同时又必须采用社会科学田野调查的方法，深入台湾各地客家社会，实地访查客家人使用的各种不同的腔调、语词，才能详细记录，提供做比较研究；并要将客家俗语、俚语、行话、谚语、谜语等一一搜罗，录音建档，避免失传。又如，做客家文化研究，必须依研究主题而使用相关学科的方法，做学科间科际整合的研究工作，如研究台湾客家义民信仰的形成，可能要使用到历史学、政治学、文化人类学、哲学、心理学等学科之方法；再比如说，研究为何台湾客家儿童容易得蚕豆病（favism），必须要使用医学或自然科学基因学方法。

（二）台湾客家学研究方法与方法论的反思

目前为止，台湾的客家学研究已有一定的成果，根据《台湾客家关系书目与摘要：专书、论文、研究报告类》（上、下册）一书，我们发现，台湾客家研究的范畴，包括移垦、产经、政治、社会、语言、民俗、学艺、人物、一般论述等项目；在学艺项目下又分综论、文教、建筑艺术与特色、古迹、民俗文物、戏剧、音乐、民俗技艺、美术、工艺、摄影、传播媒体、文学评论、故事与传说、艺文活动、其他等子项。[①] 然而，客家学能否成为一门严谨的科学？能否建构客家学严谨的方法论？这些问题开始受到客家研究者的重视。如同西方现象学（Phenomenology）之创始者胡塞尔（E. Husserl, 1859—1938）的哲学理想一样，他想为一切学术建立绝对的基础，认为哲学是严格的科学，是科学的科学，以拯救欧洲学术危机，即拯救欧洲精神的危机。而且，他为统一各种科学，认为应建立科学的科学，建立诸科学的共同逻辑；他认为各种科学皆是不完整的，甚至连

---

① 陈逸君主编：《台湾客家关系书目与摘要：专书、论文、研究报告类》（上、下册），南投：台湾省文献委员会，1987 年，第 257 - 288 页。

广受赞颂的精密科学如数学、自然科学也一样。一方面由于这些学科已发展的学说内容仍有许多的缺陷，到处有不清晰、不完美之处；另一方面，这些学科有无限的领域，此前的研究成果仍不完整，研究者应继续研究，丰富其内容，不能有片刻停止，应不断地成长，不断地迈向新的方向。

按照胡塞尔的说法，逻辑是一般科学的科学、科学理论或科学论。逻辑应规定每一学科应具有何种条件与要求才能称为科学，规定科学的科学性何在，并且应该建设和指导各项个别科学。逻辑学找出各种学术应遵行的绝对规律，而哲学则据此以建构全部的学问体系，这也是哲学成为严格科学的理由。

在这种意义下反思台湾当前客家学的建构，使用各种学科的研究方法所建构的客家学，当然可以丰富客家研究的内容，让客家文化与精神得到诠释与展现。然而，为了进一步使客家学成为严格的科学或学科，让客家研究成果更丰富，促使它不断地成长、不断地迈向新的方向，研究者必须探究客家学的逻辑，也就是探究客家研究的方法与方法论。

台湾之"客家研究/客家学"应该使用什么方法？由于台湾是多元族群的社会，客家研究可以累积好的研究成果，可以用科际整合的方法，使用许多现有学科的方法，研究台湾客家学的范畴。[1] 笔者认为，客家学在学术上具有多重意义，除了客家学研究是汉学研究特殊的一部分，以族群互动关系研究台湾客家移民社会，不能忽视全球体系下的移民浪潮、科际整合或跨学科研究团队的建立，以及整合人文与社会科学研究方法，甚至将自然科学的研究方法用在客家学的建构上，都有其急迫性。[2]

客家学与人类学、历史学、哲学、社会学等学科一样，可以以学术理论进行研究。但是客家学没有明确独立的进路（approach）与理论（theory），而是借其他学科的方法与理论来进行研究，使客家学具有学术研究性质，客家学可以说是以相关学术理论对客家进行研究之丛集（cluster）。[3] 因此，21 世纪的客家学才能够发展成为有自己独立清晰之方法论与理论之客家学。

如果从一般逻辑的角度来看客家学，客家学应有其定义（definition）、内涵（intension）与外延（extension），而客家语文之研究包含在客家学

① 施正锋：《台湾客家族群政治与政策》，台北：翰芦图书出版有限公司，2004 年，第33 页。

② 庄英章：《试论客家学的建构：族群互动、认同与文化实作》，载《"客家学术研究特质及整合计划规划"工作坊论文集》，2005 年。

③ 杨国鑫：《从方法论的角度论客家学》，载《"客家学术研究特质及整合计划规划"工作坊论文集》，2005 年，第 17 页。

之内。

定义：所谓客家学，就是一门运用一种或数种学术或学科的研究方法去研究客家语言、客家民系、客家种种文化资产与产业等相关的学问。

内涵：全面而有系统地研究以上定义内有关客家一切内容之学术，并解释其客观发展规律、历史经验法则与未来发展趋势。

外延：将客家学与其他学科做对比与整合研究，充分发挥学术研究之强度性、广度性与丰富性，借着对比研究经验，显示客家研究之复杂性与开创性，导向更深入之客家学发展。

这里所谓的学术，是指德文中的 wissenchaften，即指广义的学术。而对比是指对比法（method of contrast），此一方法是由沈清松所提出。此方法的提出是为了取代一般所谓的比较研究法和修正过分强调否定性的辩证法，希望能够兼顾思想与存在中各种因素的差异性和统一性、断裂性和连续性，以便作为今后任何不同的因素、思想和文化传统相遇与交谈，对照与会通，甚至进而综合与创新的根本观念及步骤。对比不但是一种方法，而且是历史和存在借以呈现与演进之基本律则。① 换言之，对比不但是一研究方法，而且是一种哲学。

就其作为研究方法而言，对比法的主旨就在于将数个研究对象（例如客家与儒家、客家文化与闽南文化）在研究者的经验中予以对照，以便显示出其差异性与统一性。对比不但是推动客家学成长的方法，而且是客家学整合研究经验完成时的综合状态。任何方法都隐含主体的参与，方法不仅是一套有效的操作，而且是引导个人的主体和社会的共同主体步向其经验之发展与完成的途径。

就其作为哲学而言，对比哲学更由经验的成长推向历史和存有。首先，历史在结构上是由既有差异又统一的各种因素所构成，在发展上则是由既断裂又连续的律则所推动。其次，存有亦必须借种种对比而彰显，亦即透过各种存有者、各种思想潮流、各种文化、各种历史彼此的相似和差异、距离与共属，来展现存有的丰富创造力。

从以上的说明可知，用对比的方法与哲学运用在客家学研究之上，是注意到客家文化受到现代化与科技冲击之后，客家学研究不能抽离现代社会，在全球化科技时代讨论客家文化的前途，并不能抽离科技因素来讨论文化，反而在研究上，要特别针对客家文化中的诸多面向与资产，指陈其特性与客观发展规律、历史经验法则与叙述其变迁，预测其未来发展

---

① 沈清松：《解除世界魔咒 科技对文化的冲击与展望》，台北：时报文化出版企业股份有限公司，1984 年，第 9－10 页。

趋势。

因此，客家学研究方法并不像一般的学科那样，只从理论建构与经验检证的观点来讨论科学，亦不只从运作的程序和社会学、政治学、人类学等学科之角度来讨论，而是把客家学安置在整个台湾现代文化发展与活动里面，予以定位，并以之作为带动台湾现代21世纪族群融合，创新台湾新文化的历史脉络。同时，客家研究从诠释学的观点来看，不仅是所有客家研究主体可以分享共同"境遇感"与共同"理解"，而且要综合与重构现代客家文化与客家研究的意义。所谓"理解"就是从思想与生活的主体出发，使所理解的客家文化成为主体生活与存在的一部分；理解的判准不在于一般学科所强调的逻辑一致性，亦不在于经验的证实与证伪，而是在于意义的丰富。进一步用伽达默尔（Hans-Gerog Gadamer）的观念来形容：使用诠释学方法诠释客家学的目的，不仅止于意义的理解与丰富，而且要达到研究视域之融合（fusion of horizons）。[1] 因为，传统与现代的客家文化，客家文化与其他文化，分别有其客观的视域与意义，必须经由研究主体的诠释过程，来予以融会贯通。传统客家文化产业亦必须加上现代创意，才能活化成为现代客家文化创意产业，带动客家地区经济产业之新发展。唯有在现代人以不同态度对传统进行"过滤"后，才有可能创造出新的文化产物，这就是历史真正的价值所在。[2]

现今社会科技的发展均有其自身的理趣，波普尔（K. Popper）即认为，科学发明有其内在逻辑，科学家在尝试解释物理世界或心灵世界时，必须诉诸由理论、符号与象征所构成的客观世界；科学的变迁与发展，唯有肯定这一客观的理论界，始能获得充分的解释。[3] 也就是说，科学的发展与变迁是动态的，是进行式，客家学的方法亦然。就学术系统而论，自然科学、社会科学和人文科学各有其领域，但其方法在方法论与知识论上，有其差异性与连续性，乃可以形成相辅相成之科学，适合以多元与科际整合之模式，运用到客家学研究之上。客家学成为一门有特色的学问，需要更细致的分析与建构，从社会科学发展的传统，以及近年来台湾客家研究的特质来观察，客家学作为一门跟理性社会（rational society）的发展相关的学科，进行其构成要素的思考与解析，将有助于认识客家学的

---

① Hans-Gerog Gadamer, *Truth and Method*, London：Sheed and Ward Ltd. , 1975：pp. 273 - 274.

② 黄光国：《社会科学的理路》，台北：心理出版社股份有限公司，2003 年，第 381 页。

③ K. Popper, *Objective Knowledge*, Oxford：Oxford University Press, 1972：PP. 153 - 161.

特质。①

当前台湾社会已趋近多元，台湾客家学也正处于一种迈向多元分化的局面，我们赞同此种多元倾向，而不能以主观的化约主义，认为唯有使用单一研究方法（如社会科学方法）所研究的才是客家学。因为现代客家社会的问题相当复杂，包含了各种不同的角度，需要用各种不同的方法去研究与诠释。虽然现代社会以自然科学和社会科学为其认知体系之主干，但两者皆需要严格的理论结构和翔实的经验数据，必须从后设的观点、方法学的角度，来予以奠基。正如同西方哲学一样，逻辑实证论和批判理性论主要是通过理论和经验两方面的检查，来探讨自然科学和社会科学理论的有效性和运作的严格性。两者的不同，在于逻辑实证论以肯证（verification）为判准，而批判理性论则以否证（falsification）为判准。这两种哲学都只考虑就当前可运用的方法与工具去达到研究目的，至于目的本身与所要实现的价值是否恢宏，则不在考虑之列。

今日台湾的客家研究，其主要目的是避免客家话的沦亡，让客家人提升客家意识、去隐形化，敢大声地说："我是客家人"，同时有助于客家人政治与经济地位的改善与提升。而更恢宏的价值是发扬客家文化，让客家文化传播到海内外去。而重要的是，没有客家语言就没有客家人，没有客家人就没有客家文化，客家文化将成为博物馆学，供后人凭吊。因此，客家学最重要的目标与价值，是提供客家语言与文化活化的源泉活水。也就是说，客家学研究绝不能缺乏客家语言之研究；如何翔实地记录各腔各调的台湾客家话，做成有声图书，且让客家话变成客家字，使其容易学习与流传，是客家研究最恢宏的目标之一。

当然，客家学研究不能不使用自然科学与社会科学的方法，此两者皆需要严格的理论结构和翔实的经验数据。任何与客家社会文化或经济的研究，需要实地田野访查，收集经验资料。然而，更需要使用诠释学的方法，因为客家文化的存在意义，实有赖研究主体的诠释，才能开显诸多可能的存在意蕴，以更深刻的观点，了解台湾现代社会建构客家学的意义。

五、台湾客家意识与客家学之辩证发展

台湾客家意识与客家学的建构与研究，呈现出一种辩证发展的关系，若从台湾近数十年来客家意识之勃兴来看，客家意识是与客家人文关怀、客家历史文化意识之觉醒息息相关的。台湾的民主化历程中，客家群族意

① 张维安：《客家研究与客学的构成要素》，载《"客家学术研究特质及整合计划规划"工作坊论文集》，2005年，第5页。

识到客家文化在制度上长期受到不公平的待遇，导致客家文化式微，政府也欠缺发展客家文化的相关政策。客家文化意识觉醒，客家族群与客家人的权利意识随之抬头，转而向政府提出呼吁与诉求，争取客家人的权益，制定合理的语言政策，保障客家语言和文化的传承。而客家意识之凝聚，客家文化日益受到重视，客家学的学术研究也方兴未艾。

进入 21 世纪之后，在强大的民间压力下，台湾当局为了加速客家学之建构，推动并建立客家知识中心及工作平台，设立客家学院，提升客家学术研究的经费与培养相关人才，扩大客家知识社群，开阔客家学术发展空间。可以说，客家意识的觉醒，导致政府重视客家研究，加上过去民间客家研究的积淀，才有今日台湾客家研究方法与方法论的思考，才有客家学与客家学术研究的总体。

事实上，带动台湾现代客家学发展的两个最基本动力：一个是客家人文关怀带动客家历史意识觉醒；另一个是政府与民间普遍注重客家学研究。用海德格尔的观念来说，人存在的意义在于彰显"存有"，"存有"之彰显，并非科学概念体系所能网罗控制，人无法用知识与方法包办"存有"的自显，而应进一步去体会，一切有意义的客家学，都是"存有"在某一时代开显的结果。也就是说，一切客家学术，皆应以对客家历史的"境遇感"和对未来的共同"理解"为基础；而一切有意义的客家学研究，皆在言诠客家文化在长远传统中所形成的共同主体性，彰显与表现台湾客家学的特殊意义形态，呼应当前台湾客家意识的召唤。换言之，现代台湾客家学的开展，是迈向一个参与的、创造的，以及表现客家意识所蕴含的客家人文主义。而这种重参与和创造的、以客家意识为优先的人文主义，亦如同汉学家的汉学研究精神，"赞天地之化育，与天地共参"正是此种思想的表现。

客家学应以研究主体为反省行动的源头，在道德上必须以反省后的主体来负道德责任；进一步而言，是以主体为所要寻求、实现的目标，因此道德上并不以主体负责任为首要，却以呼应客家意识存有的召唤为主。所以，客家研究者或客家研究主体性并不是客家意识的源头，而是要去完成的终点，是客家意识必须在文化与历史的创造中去完成的结果。如同前述，海德格尔在《存在与时间》一书中，开宗明义便指出：当代人所遗忘了的，正是存有的意义问题，哲学必须重新关注这个被遗忘的问题。① 也就是说，海德格尔注意的是价值的问题。重视价值，就是重视人的主体如

① 殷鼎：《理解的命运》，台北：东大图书股份有限公司，1990 年，第 197 页。

何立在天地之间及所必须使用的各种途径，人必须表现出一种人文精神。当客家变成研究对象时，其所研究的就是具体存有者，以及具体存有者彼此之间的关系。如此容易使存有退却，更被遗忘。使道退却，使道被遗忘。因为只有在真正聆听存有的时候，存有"道"才向人召唤，向人开显；"道"不断通过人来彰显，人生才有真正的意义。把存有比喻为客家人的客家意识，把存有者看成是客家学，就知道两者间的关联。本来台湾客家人应该在日常生活实践中去体会存有"客家意识"的开显与召唤，如今存有者竟变成学术所研究的对象，说明了存有过去被遗忘与退却的事实。如果经由客家学的研究，让客家意识更为开显，客家文化才有真正的意义。

基于此，台湾现代客家学的开展意义，是立足于台湾现代客家意识的觉醒与客家主体性之显豁。凡人不可无自己的主体，客家族群亦不可无自己的主体。客家主体性的形成，是在领会客家在大时代之脚步，跟上历史的韵律，而在自觉中成就出主体性，并予以创造性的延续，以承接客家先贤所创下之客家文化典型。客家人心中常须自我提醒，今天台湾客家语言与文化式微的问题，是一个很严肃的问题，这牵涉客家文化能否延续下去，也牵涉传统客家文化的意义是否能通过这一代的历史创造，通过客家学的展开，使其得以延续和发扬。

当然，客家学的建构必须进行自我批判的工作，批判之必要，是由于现代客家学建构不但出自有意向、有计划的行动，也出自由不自觉的意识形态所左右的行动。前者是指基于客家意识、有感于客家语言文化的式微而起的一种振兴客家的研究行动；后者是指一种世俗化理性主义，把客家学建构限定在汲汲于名利，讲求功利、实用，为分食与抢夺研究经费之"大饼"。此种世俗理性主义，若能从事实事求是的科学研究与客家学工程建构，重视学科上的严格和技术上的效率性，仍能积累客家学术研究成果。不过，此虽有助于客家学研究方法的工具理性与运作理性，却无关乎客家学价值理性的恢宏与否。因为，客家学价值理性的恢宏，实有赖于客家人文关怀的深化与客家学研究方法和方法论的严谨建构。

虽然，民主化之后，台湾客家学蓬勃兴起，客家电视台也已开播，"客委会"也致力于推动与补助大专院校客家相关学术之研究。以各种台湾客家腔调的客家话发音播出的电视节目，的确让客家人增加学习母语的机会，加上乡土语言教学的客家话学习，客家人在传播与教育方面争取到了比较合理的政策分配比率，满足了客家人客家意识兴起时的诉求；大专院校客家学院的成立，政府提供更多的经费给客家学术研究，的确符合客家民意的盼望与需求。这些客家学院的设立，亦大致符合台湾客家族群之地域分布，桃园、新竹、苗栗三县市是客家聚居大县，"中央"、交通与联合三所大学，分别位于此三县市。

然而，也有人担心：如何分配客家学术研究之经费？这些院校的客家学术研究能否永续发展？如果只是为分配经费而设立客家学院，这些学院是否从事真正的客家学术研究？传统的客家精神与真正的客家意识，表现在"宁卖祖宗田，不忘祖宗言；宁卖祖宗坑，不忘祖宗声"的执着精神之上。明代大儒王船山有一段话最为感人："有家而不忍家之毁，有国而不忍国之亡，有天下而不欲天下之失黎民，有黎民而恐乱亡，有子孙而恐莫保之。"① 不忍客家语言灭绝，不忍客话文化危亡，而怀有以拯救之、光大之的仁心悲愿，这才是真正的客家文化意识。也只有具有真正客家文化意识的客家人，才会认真思考客家语言文化的传承问题，挖掘客家学研究的真正意义，把意义的核心明说出来。

由客家意识的觉醒，促使客家学的发扬，说明两者的辩证关联。当然，客家研究者未必是客家人，未必具有客家意识，他们可能只是纯粹把客家当作学术研究的对象而已。其实，客家人也未必有客家意识，具有客家意识的也未必是客家人。现今台湾各大学客家学院各系所所招收的学生，也不全然是客家人。有些家长对子女就读客家系所，是有所期待，想弘扬客家学术，为客家做事的；有些或许只是先选校，以后再转系所；也有人担心，客家学院所培养的人才将来如何就业；甚至也有人从族群公平与社会正义观来看，认为台湾的大学也应该设立"闽南学院""原住民学院"，以发扬与研究闽南或原住民之学术与文化。不管如何，就真正的客家意识而言，任何客家学研究或客家社会研究，旨在促进客家语言文化之复兴，因为有客家话才有客家人，有客家人才有客家文化。否则，千百年之后，客家将如同今日玛雅或古埃及文明一样，成为死的文化，变成后人的研究对象。当然，文化是活生生的呈现，台湾"客家运动"使得全台建造了许多客家文化园区或客家生活馆；这些硬件建造之初都有想要达到的目标，但是若成为"蚊子馆"，未能带动客家文化的永续传承，亦不是原初推动"客家运动"的目的。

进一步言之，客家意识的觉醒，促使台湾客家学的发扬，但是如果台湾客家人的经济地位没改善，客家地区仍然相对贫穷落后，即使有了丰富的客家学，亦恐怕无助于挽救客家话与客家文化走向灭绝的境况，因为在

---

① 蔡仁厚：《新儒家的精神方向》，台北：学生书局，1982年，第101－104页。

全球化时代，弱势文化往往容易走上被同化的命运。因此，把文化产业化加上创意，成为"文化创意产业"，是拯救弱势文化的方法之一。今日，台湾正积极推动文化创意产业的概念传播，希冀带动台湾文化的创新与发展。可以说，客家意识的觉醒，亦带动了客家文化创意产业的发展；如果客家文化创意产业的发展，能够有实质经济收益，将可带动客家地区的经济，提升客家族群的经济地位，改善与提升客家族群的生活水平，同时有助于客家文化之保存与发扬。如果客家文化产业也能造成全球"哈客旋风效应"，则客家族群与文化就能得到注意，使客家族群更能有自信，以身为客家人为荣，使下一代更有动力去了解、保存、发扬客家文化，一定有助于客家文艺复兴运动，促进客家话的传承。当然，要完成所谓的"哈客旋风效应"，须先了解客家文化的特质，并通过客家文化产业化与创意化的策略性推动，才可望能达到"哈客旋风效应"的理想效果，才能提升客家文化的产值。换言之，"哈客旋风效应"就是另一种客家意识的昂扬，与客家学的建构与发展也有连带的关系，"哈客旋风效应"亦能吸引更多研究者投入台湾的客家研究，促进客家学的发展。

六、结论

历史长远，文化深刻独特，是台湾汉系客家人的特征。台湾客家意识觉醒后，历经数十年的努力，客家人渐渐去除隐形性格，敢大声自称"我是客家人"了。客家学自客家学院纷纷设立后，也迈入新的阶段，正在开显诸多潜在的研究方向，积蓄更多的学术研究成果。如同台湾的民主改革一样，今后，台湾的民主必会更加巩固与深化，公民社会亦会日益成熟。民主虽关乎政治之兴革，而其要则在于台湾社会共同主体性的建立，要使每一社会成员皆能认同台湾，知道人人共同隶属于同一文化生命。就客家族群而言，认同台湾自不成问题，但是建立台湾客家研究主体性，有其更深刻的历史意义。须知客家文化是台湾文化重要的组成因素之一；任何一种科学或学科之研究，其研究成果皆是一个世界的展现，客家学与客家学术研究，能彰显台湾客家意识的提升，更是丰富台湾汉学的重要成分。

台湾客家意识与客家学研究仍然存在辩证发展的关系，唯有不断提升客家意识，促使更多研究者从事永续的客家研究，使其研究方法不断接受锤炼，建立更严谨、更具逻辑的研究方法，才能建构完整的方法论，有助于客家成为"学"或"学科"。长此以往，有了丰富的客家研究成果，开显诸多客学的存有面向，才能促使台湾建立全球客家研究之主体性，使台湾成为全球客家研究的重镇之一。同时，客家意识的提升，带动台湾客家语言与文化的复兴，在"全球本土化"和"本土全球化"之下，建立台湾客家文化创意产业的特色，吸引全球各地的客家人到台湾来认识本土的客家文化，台湾民主化促进多元族群与文化发展的形象才能浮显。在全球化、民主化与本土化的发展方向上，让台湾客家意识与客家学互为表里，互为因果，甚至互为体用，永续发展与创新台湾的客家文化。

庄子说："夫随其成心而师之，谁独且无师乎？"台湾客家族群应以世界为师，以历史为师，以蓬勃大有为师。台湾客家学亦然，世界、历史不断创化，大有亦不断展现，台湾客家意识与客家学的辩证发展，其理至切至明。客家研究者若把学问比作修行，个人之修德为一无休止的过程，不可耽于过去的成就，亦非如扣扳机一般，一击了事。如同大有之展现一样，乃一无穷的过程，不是在一刹那之间，道尽底奥；却应该时时努力，勤修己心，照应存有的开显，以一己之力，实现客家大我的丰富。最后在客家族群集体意识自觉中，产生一套整体行动，落实"哈客旋风效应"，对台湾客家语言、社会、经济、政治有积极的影响，并蔚成风气时势，促成台湾客家文艺复兴运动，以挽救客家文化之危亡，促使其结出丰硕的果实。

客家文化在台湾的传承与发展

粤台客家是一家

——以粤东地区与台湾地区为重点考察

房学嘉①

本文尝试利用粤台两地的文献，结合笔者近年来对台湾客家文化实地考察资料，将粤台客家文化放在客家人迁台垦拓、建设台湾的历史大背景下进行考察，分析客家文化在不同生态环境中的变迁及原因。所作出的初步分析，意在与学术界交流与探讨，祈望学界多多教正。

一、粤东客家人在台湾南部的踪迹

本文之粤东客家原乡是一个行政区域概念，即指清嘉应州（现为梅州市），下辖程乡县、兴宁县（现为兴宁市）、镇平县、长乐县（现为五华县）、平远县及潮州府属大埔县、海丰县、陆丰县等。现台南市东郊的归仁乡仑顶、沙仑村的大姓徐姓，跟六堆多数人一样，自认祖籍为粤东嘉应州镇平；而冈山至今还有"程乡"地名，这正是嘉应州的旧名。本文之六堆地区不是一个行政域，而是彼此有婚姻血统的交流，300多年来有同一历史、守望相助的族群聚居地区。高屏的六堆地区是台湾历史上最悠久的客家聚落社区。它包括现高雄县之美浓镇，屏东县之长治乡、麟洛乡、佳冬乡、新埤乡、万峦乡、竹田乡、内埔乡、高树乡、六龟乡、杉树乡等。②

粤东客家人何时何因进入南部高屏溪流域拓殖待考，但有一点是可信的，即当地客家人至今仍认为，他们是"退伍军人"的后裔，其祖先原是

---

① 房学嘉：嘉应学院客家研究院原院长、教授。
② 曾彩金主编：《六堆客家社会文化发展与变迁之研究：建筑篇》，屏东：财团法人六堆文化教育基金会，2001年。

解甲归田的官兵，如麟洛乡的徐姓居民认为，他们的祖先是郑成功的管粮官。恒春半岛最早的客家移民据说是郑成功的部下，他们在现车城乡屯垦。稍后有大埔县客属王那入居蚊蟀埔，也就是今天的满州乡治所在。现在恒春地区自认为是客家人的，多半是清朝中叶以后从六堆迁移的居民。他们以来自佳冬、万峦与内埔乡新东势者居多；部分则是1875年恒春设县治后直接从广东招募而来的。

1. 清初迁入高屏地区的粤东客家先民人数

清初迁入高屏地区的粤东客家先民究竟有多少？因缺乏文献考证，只能依据相关文献进行推估。查1721年朱一贵事件时，高屏地区的客家人曾组成民兵联防性质的"六堆"组织。朱一贵事件为清领台后第一次大型民变，客家人为求保护身家性命和得来不易的垦地，议决以拥护朝廷名义，组成民兵讨伐朱一贵，并按照防卫的需要，将屏东平原上的客家庄，划分为六个区域，按照位置分别命名为前、后、左、中、右、先锋六个堆，每堆管辖若干个聚落。从文献所载之六堆规模看，康熙年间涌入高屏地区的客家人已经不少。

2. 粤东客家人在高屏地区创建的早期村落

屏东万丹乡的滥滥庄是粤东客家人迁台后最早开基村落之一。早期的客家移民大部分在台南府城东门外种菜为生，随着时间的推移，人口压力日渐增加，他们继而向北、东、南方向迁徙拓殖，至康熙末年时，在屏东平原上的客家村落已达"大庄十三，小庄六十四"①。

3. 粤东客家人与清初高屏地区的市政建设

恒春在晚清设县后须建立城池，而建筑师就是来自嘉应州的梁燕。梁燕规划的恒春城四个城门至今仍存，甚至连城墙也大部分依然。其中南门内有"客家街"，据耆老介绍，那里原是客家人的聚居区。据田野考察，现恒春镇区内分布着相当数量的客家居民点，其中在清末《恒春县志》内可查考的客家庄或"客番"杂居庄有十几个，包括最有名的"垦丁"，也因来此开垦的客属壮丁而得名。以佳洛水风景区闻名的满州乡，乃是客家移民在恒春地区最密集之处。②

4. 粤东客家人与福佬人的关系

客家人迁台之初，缺乏经济基础，大部分依附于大垦户做佃农以求落脚，春去冬归，如同候鸟。据客家文史资料及口述历史，他们的祖先初入屏东平原时当地尚属荒野，当时是福佬垦号地主何周王招募客家佃农入垦

---

① 邱彦贵、吴中杰：《台湾客家地图》，台北：猫头鹰出版社，2001年，第75页。

② 邱彦贵、吴中杰：《台湾客家地图》，台北：猫头鹰出版社，2001年，第76—77页。

形成村落。总的来说，客家人比福佬人稍早进入屏东平原，并进入高屏溪上游将冲积扇一带水源最充足之处悉数占领。而位于河流下游的福佬人的田园，旱季常因缺水而影响劳作。随着屏东平原开发日趋饱和，土地跟水源愈加珍贵，地权的纠纷不断，每在旱季爆发灌水的使用权之争。"六堆"的成立和讨伐朱一贵，虽然化解了屏东客家可能被灭族的危机，然而朝廷对客庄的封赏和对闽庄的处罚却激化了两族的对立，此后分类械斗时有所闻，直至清末仍难以化解。①

5. 高屏地区的社会经济文化

高屏地区的屏东平原地处热带，气候湿热多雨、土地肥沃，农经作物产量高，特殊的地理环境及自给自足的经济体系使客家人产生安于现状的价值观。一如上述，高屏地区的客家人由于与毗邻的福佬村落社会关系紧张，往往直接和广东原乡贸易，而有"原乡货"的说法。这表现在居所建筑上则是少华丽居所，说明社区内普遍均匀的经济水准。而位处台湾北部之桃竹苗等客家地区客属则因商业化较深，贫富差距拉大，反映在建筑物上，有钱人家屋宅装饰复杂精致，门槛加高以示尊严。而一般人家的住宅朴素无华。②

6. 粤东客家人在新的聚居地创建集血缘与地缘文化于一体的宗祠

从田野考察看，高屏地区客家宗姓虽来源不一，但都受传统宗族文化的影响而重视宗祠建设，重视祖先崇拜，借此加强对族人的教育及宗族的凝聚力。20世纪80年代，台湾客家各宗姓纷纷派人或组团到客家大本营如粤东、闽西地区如程乡、镇平、兴宁、上杭、长汀等地寻根，通过访查，他们惊奇地发现，几百年来两地宗族文化并无太大的变化，仍然沿用大陆渡台前的姓氏，仍然是年年要集体祭祀祖坟、祖牌，而且祖牌就像族谱一样，所有同血脉的祖先可一一对应在祖牌上查到。

二、粤东客家人在台湾北部的踪迹

1. 粤东客家人在台湾北部的迁居情况

本文所述台湾北部，是一个地理概念，指台湾岛之北半部。从现有资料看，台湾北部的客家人，如以人数而论，比较集中的聚居地主要在桃竹苗地区，如果从赴台参与台湾北部的开发建设历史上溯，以区域分应始于北海岸。以迁出区域分，在北海岸，包括淡水、三芝、石门一带的客家移民主要来自粤东的嘉应州和闽西的汀州府。如新店老街区的萧、罗等家族

---

① 邱彦贵、吴中杰：《台湾客家地图》，台北：猫头鹰出版社，2001年，第72-74页。
② 邱彦贵、吴中杰：《台湾客家地图》，台北：猫头鹰出版社，2001年，第109、125页。

均来自粤东嘉应州。永定江氏在三芝乡的各处经营农垦，传说当地最早的杂货铺"茂兴店"，就是由旧庄的江怀品所开设。以垦区分，18世纪初期，永定胡姓组成的"胡林隆"垦号，以及粤东饶平县客家人刘、林家族，开垦了淡水河南岸的平原上观音山脚下水源充沛的地带，范围北起今天三重市头前里的头重埔，南至北桃交界的丹凤、回龙。现台北大都会之内湖也有不少客家人，其中饶平的陈姓是最早进入内湖的汉人，并先后建立顶陈、下陈两个聚落，家族而今分居内湖与桃园。入住内湖的还有来自镇平县的黄其滞家族，其后裔有不少迁往苗栗头份。中山区原先有饶平刘姓入垦。松山区则有镇平的张姓入垦致富，并捐出田产建造新庄老街上的关帝庙。① 据此推理，客家人赴台开发台湾北部的时间当在1710年前后，即在17世纪末18世纪初。目前，泰山乡14个世居大家族之中，就有嘉应州邓姓、大埔县黎姓、饶平县林姓、陆丰县张姓、永定胡姓属客家族群。

六堆地区客家宗祠及创基时间简表

姓氏	祠堂名号	祖籍	宗祠地址	宗祠特点	创基年份
刘	彭城堂	嘉应州	万峦乡五沟村	二堂四横围屋，有化胎、五方龙神等	1864
李	陇西堂	程乡	万峦乡万和村	一堂二横三合院式，祠前有大池塘	1709
张	万三祖祠	嘉应州东厢堡	竹田乡头伦村	二堂二横四合院式	1947
邱	河南堂	嘉应州镇平县	长治乡长兴村	二进三合院式	1697
曾	宗圣公祠	嘉应州镇平县	屏东市		乾隆年间
冯	凌云堂、官宝堂、福源堂、始平堂	嘉应州松口堡	麟洛乡田道村	二进"月"字形围屋建筑	1742
曾		嘉应州镇平县	内埔曾屋		

---

① 邱彦贵、吴中杰：《台湾客家地图》，台北：猫头鹰出版社，2001年，第38－40页。

（续上表）

姓氏	祠堂名号	祖籍	宗祠地址	宗祠特点	创基年份
钟	江南户	程乡	内埔乡妈祖庙附近		1786
李	陇西堂	程乡云车乡	内埔乡钟家祠附近	二堂二横式三合院，正屋右边屋内有口水井，奉井神	1887
徐	东海堂		内埔乡美和村	二进三合院围龙屋，屋后化胎特别广大	1941
张	清河堂、巽诒堂	嘉应州东厢堡	新埔乡新埠村	二堂二横式四合院	乾隆年间
萧	勤业堂	嘉应州石扇堡	佳冬乡六根村	五进五堂四合院，每一进前面有天井，祖堂奉祖神外，奉"天地君亲师"及福德正神、井口龙君神位等	嘉庆年间
罗	豫章堂理学第	嘉应州镇平县	佳冬乡六根村	五进五堂四合院，正身横屋屋顶以马背设计	1786
林	西河堂问礼第	嘉应州镇平县峰口南山下	佳冬乡佳冬村	林氏祖祠，二进四合院	乾隆年间
杨	云由公祠	嘉应州镇平县	佳冬乡六根村	四合院式	雍正年间
刘	彭城堂	嘉应州石扇凤岭	高树乡东兴村	祖堂设计依地理方位，天公尺寸测量，讲究吉利	1986
温	太原堂	嘉应州松口堡	高树乡高树村	祖堂奉祖神外亦奉土地龙神等，祖堂屋脊为马背形	1910
叶	南阳堂		高树乡南郡	一堂两横三合院，祖堂屋脊为马背形	约一百年前

（续上表）

姓氏	祠堂名号	祖籍	宗祠地址	宗祠特点	创基年份
林	济南堂		美浓镇中正湖	林氏宗祠，二堂二横四合院，屋脊为马背形	1911
钟	颖川堂	镇平县徐溪乡	美浓镇龙肚	三合院式	

注：本表参考徐正光、钟喜亭《六堆客家社会文化发展与变迁之研究：社会篇》（屏东：财团法人六堆文化教育基金会，2001年）相关资料及笔者搜集部分族谱编制而成。因资料所限，表中部分数据可能出现误差，容后补充修正之。

粤东客家人在台湾北部创建村落最密集的要数桃竹苗地区，此处地形多山，交通不甚便利，但经济生活不封闭。在经济上，虽然这里稻作等农产品不能自给，但茶叶、果树、樟脑、矿石等资源丰富，是地方产业重心，都是商品。该区在维生活动上，始终跟滨海一线的福佬人有依存关系，故其经济生活和建筑形态深受福佬风格影响。在文化上，这里虽占地广袤，闽客与原住民杂处，但客方言仍保存完好，是台湾"四县话"的主要区域。当然，由于这里的客家人祖先主要迁自原乡镇平县，故"四县话"实际就是镇平方言。

粤东客家人何时入垦桃竹苗地区，目前尚未见有可资参考的官方文献记载。唯据私家族谱，雍正末年，嘉应州人曹高英、高雄、高腾兄弟，率族人进入苗栗通宵湾从事开垦。通宵设于乾隆时期中叶，随着垦民日众而渐次为市。乾隆二年（1737），嘉应州白渡堡之谢雅仁、昌仁、鹏仁、成仁兄弟率族人赴台垦荒，起先暂居后龙底，后入垦维祥、玉清附近。[①] 程乡谢昌仁等四兄弟，率族人开垦苗栗平原之维祥、内麻（今恭敬、胜利里）、芒埔（今玉清）一带。乾隆五年（1740），镇平塘福岭人陈世荐，率族人由沙辘社北迁，在嵌顶开垦设庄。乾隆十六年（1751），镇平县血缘团体林洪、吴永忠、温殿王、黄日新、罗德逢等之裔孙两百余人，在今头份与中港间设田寮以为开辟之根据地。尔后，粤东垦民接踵而至，先后有：程乡谢永江垦殖社寮冈（今上苗、北苗里）及嘉盛、芒埔的一部分；镇平张清九、程乡刘明周开垦嘉志阁（今嘉盛）；程乡罗开千兄弟开发大

---

① 黄鼎松：《苗栗的开拓与史绩》，台北：常民文化事业股份有限公司，1998年，第61、93页。

田庄（今福星里）；镇平徐华均等兄弟开发西山（今福丽、文山里），汤子桂开垦五只寮，陆丰何子报开发羊寮坑（今新川）；陆丰彭祥瑶殖垦嘉志阁大墩下。乾隆时期中叶，继续有徐金升、张仁琳、汤玉新、叶朝利到苗栗各地垦芜。其时粤东垦民在苗栗已垦辟田地八百余甲。乾隆二十年（1755），谢雅仁发起捐造猫里三汴圳，灌溉维祥、嘉盛、南兴、西山、中兴、大田六庄农田，奠定山城苗栗日后发展的基础。该圳后称龟山大陂圳，为苗栗农田灌溉的大动脉。乾隆三十年（1765），镇平人徐明桂、吴有浩率百余族人，至头份东兴茄冬坑一带开拓辟荒，垦成上、中、下东兴及桃仔园等地。同年，镇平人徐德来为垦首，拓垦沙菁埔、兴隆、粪箕窝等地。① 自乾隆中叶至嘉庆年间，粤东嘉应五属及潮州府属大埔、海丰、陆丰之客家移民，陆续入苗栗开垦者，不下百户。

粤东客家人将乱石河滩改造成良田。在日据时代，日本人曾先后用现代工程技术改变台湾境内若干大河流，工程结束后，在老河道上出现了许多新生地。当时，当地居民对这些石头遍布的河床地不屑一顾。然而对入垦桃园台地或竹苗丘陵的客家人来说，治理这样的自然环境有着丰富的经验。所以彰化的浊水溪故道、云林的虎尾溪故道、嘉义华兴溪与高雄的老浓溪河床，乃至花东的秀姑峦溪与卑南大溪河床，均被桃竹苗客家人用勤劳的双手硬是将石块一一挖起，化溪埔为良田。②

如前所述，苗栗县的客家人，其先祖大部分迁自嘉应州的镇平县。镇平人移居台湾的情况，清代该县的县志已有记载。丰饶的台湾，使无数镇平乃至嘉应州内各县的农民，离开山多田少的家园，"竟（终）以台湾为外宅"。久而久之，这些嘉应州季节性的移民先后在台定居下来，随着清廷携眷渡台禁令的逐渐放松，有的人带着家小赴台，有的则娶当地平埔女子为妻，终于落地生根于台湾岛。他们一方面将家乡的祖先牌位分香赴台，以免年年回乡祭祖之苦；另一方面又捐资修建原乡的宗祠，以免数典忘祖，从他们在台湾另立祭祀公业等可初步推断，嘉应客家人至迟在清朝中叶就结束了候鸟式的生活转而定居落户，成了台湾的一部分。由于镇平赴台人数甚多，如今在台的乡亲多出祖居地居民人数两倍以上，该县的钟、徐等大族在台湾客家人中也成了超级大姓。③

---

① 黄鼎松：《苗栗的开拓与史绩》，台北：常民文化事业股份有限公司，1998年，第35－36、69页。

② 邱彦贵、吴中杰：《台湾客家地图》，台北：猫头鹰出版社，2001年，第134页。

③ 邱彦贵、吴中杰：《台湾客家地图》，台北：猫头鹰出版社，2001年，第46页。

2. 客家人在台湾北部开发建设中的贡献

黄祈英是一位深受原住民欢迎的客家经济与文化使者。程乡县人黄祈英于嘉庆十年（1805）由粤东赴台，先后在头份斗焕里受雇于闽南人士经营之商号，负责与原住民交换物品等事务，由于黄祈英生性豪爽，且能厚待原住民，深得原住民的信任，被原住民称为"多阿奈"（为同庚之意）。后来，黄祈英因亏空所经手之款项，闽人加之以私刑，几濒于死，被樟加礼所营救，并将爱女许配黄祈英。据说，后来其继樟加礼为总头目。尔后，黄祈英先后认识张大满、蔡细满，三人结拜同年。嘉庆二十五年（1820），黄祈英、张大满、蔡细满等率族人入南庄拓殖垦。张、蔡亦娶原住民女孩为妻，开田成业。黄祈英对以后陆续而至的粤籍垦民，都以宽厚待之，并发明"腰牌"（类似现在的入山证），作为安全之保障，客家垦民遂得以源源不断进入南庄，从事垦荒耕作。①

黄南球是参与苗栗开发的客家人中影响最大者，为晚清苗栗内山武装拓垦的传奇人物。他白手起家，经十余年时间的艰苦奋斗成为晚清台湾屈指可数的富家。连横的《台湾通史》将他列名货殖列传，与陈福谦、李春生同列近代台湾的三大货殖家。1863 年，年方 24 岁的黄南球集股创办了"金万成"垦号，以糖业起家。光绪元年（1875）自大坪林（今大坪村）入垦大河底，再向南垦殖狮潭大湖。光绪二年助平吴阿来乱，授六品衔；光绪七年至八年间，受知于巡抚岑毓英，奉派招抚中、北两路土著，授五品衔。在清末"开山抚番"时，被委以"新竹总垦户黄南球戳记"，并兼办内山垦务。其间曾助工 300 名，修筑大皿溪桥堤，并以捐例授贡生。光绪十四年（1888）初，创办"广泰成"垦号，招佃在今南湖、东兴、栗林、新开等地进行大规模垦殖。② 樟脑在清代和日据时代都是赚取丰厚利润的林产品，被政府指定为专卖，民间不得私自采制。但黄南球在承揽"陆成安"隘务后，可谓与时俱进，面对国际上的樟脑价格飞涨，除从上游伐木制作樟脑外，还适时承包行销，与"金广福"和板桥林家、雾峰林家等豪门巨室携手合作。刘铭传兴修台北至新竹的铁路时所用的枕木，多半来自黄南球前半生的事业区。直至今天，苗栗内山地区的老一辈人还记得"阿满头家"黄南球，因为以往要向他家纳租。③

---

① 黄鼎松：《苗栗的开拓与史绩》，台北：常民文化事业股份有限公司，1998 年，第 74 - 75 页。

② 黄鼎松：《苗栗的开拓与史绩》，台北：常民文化事业股份有限公司，1998 年，第 42 页。

③ 邱彦贵、吴中杰：《台湾客家地图》，台北：猫头鹰出版社，2001 年，第 47 - 48 页。

参与新竹开发的客家人中，影响最大的要数姜秀銮。① 姜秀銮的曾祖父姜朝凤是 1737 年赴台落脚为新竹佃农的，至 18 世纪晚期，姜家已发展成为当地的重要家族，而姜秀銮是姜家迁台第四代，成年后领导民防团，表现杰出，素为官府所倚重，被委以重任。19 世纪初，原先在桃竹苗河谷中务农的客属农民，渐次感受到人口的压力，于是开始往各河川的上游争取生存空间。随着农垦区的推移、清朝政策的"开山抚番"，且因缘际会地恰逢 19 世纪末国际樟脑市场的兴盛，长期从事樟脑生产的姜秀銮，与福佬绅商周邦正在新竹共同创办了全台最大的隘垦"金广福"，进垦新竹东南山区，即今北埔、宝山、峨眉。

3. 茶是粤东客家人在开发台湾北部山区农业、林业经济中的重要贡献

台湾茶闻名海内外，而台湾茶的生产几乎与客家密不可分，除了大台北地区广义的文山茶为泉州安溪移民所栽种外，北海岸与桃竹苗的茶产区，都属客庄。从某种意义上来说，客家山歌的传承盛极于台湾北部，实在得助于茶业的繁荣。②

台湾茶早在清代已远销至北非摩洛哥，联结上国际商品网络。丘陵区茶叶向来要运往下游河口的城市，客家茶农要看福佬茶商的脸色，因为茶商决定收购的价格和数量。福佬人认为北埔的茶品质不如该地茶农所说的好，遂将此茶称为"膨风茶"，意为吹牛、言过其实。但这种嘲讽性的称呼后来竟被彼处客属沿用，至今仍自称所产茶叶为"膨风"。然而，这真实地反映了茶业的主从支配关系。

总的来说，无论是采樟脑还是采煤、石灰、玻璃砂、天然气等矿产，都因政府规定，或须有专门技术，或有庞大资本，因此桃竹苗地区的矿产开发往往掌握在非客属手里，客属多半只是雇工。因此不论茶农、果农、脑丁、隘丁，还是矿工、林班工人，都对城市里的福佬地主官商有某种依赖，而非一般印象中封闭自足的客家小农经济。

三、思考

传统的说法是，客家人较之福佬人"比较晚"才参与台湾岛的开发建设。但据德国史学家 Riess 研究荷兰史料后发现，荷兰人刚来台湾与原住民沟通时，大多是由客家人居间翻译的，且因为来台甚早，所以他们讲的客家话，混合了台湾原住民说的南岛语。笔者认为，Riess 之说是可信的。从华侨史研究发现，早在宋末元初，就有大批客家人赴南洋谋生，尤其是

---

① 钟孝上：《客家的过去、现在与未来》，屏东：中菱印刷公司，1991 年，第 71 页。

② 邱彦贵、吴中杰：《台湾客家地图》，台北：猫头鹰出版社，2001 年，第 126 页。

在西加里曼丹，有程乡白渡镇人罗芳伯等向荷兰东印度公司承包矿区的开发，创建兰芳公司，整整集合了数万客家矿工。实际上，其时荷兰殖民势力已远伸向台湾岛。因此，当荷兰人开发台湾时，带一批客属农工赴台是有可能的。但这样一批农工商的人数估计不会多。

台湾客家人与福佬人为移垦台湾的两大族群，清代实施长达33年的渡台三禁令（康熙二十三年至五十五年，1684—1716）——严禁粤人来台。随着海禁的逐渐放松，潮州府的丰顺、揭阳、大埔，惠州府的海丰、陆丰、博罗以及嘉应州的程乡、镇平、兴宁、平远、长乐先后有一批批的客家人渡海赴台。总的来说，客家先民冒险渡海赴台的原因与粤东客家原乡大多为崎岖不平的山区或丘陵地带，山多田少，农产品不足有关。尔后加上人口压力不断增加，为求温饱必须出外"过番"谋生。于是在乡亲彼此呵护、协助的情谊中，愈加呼朋引伴，向台湾或更远的南洋各地找寻工作或垦殖的机会。

早期客家先民渡海赴台，是需冒着九死一生的危险，排除人为与天然的恶劣险阻的。当一部分人赴台尝到垦拓的利益后，逐返乡带领族亲成群结队东渡赴台。而赴台落户定居的第一代先民称为"来台祖"，或尊称为"开基祖"。

史籍对客家先民进行了一些实际的描述，如康熙五十六年（1717）周钟瑄所撰的《诸罗县志》卷八《民俗志》："佃田者多为内地依山犷悍无赖，下贫，触法亡命；潮人尤多，厥名曰客，多者千人，少亦数百，号曰客庄。"这段较早出现针对客家民众的文字描述，充满了负面叙述，可见当时一般民众生活状况的低下。

雍正十年（1732）蓝鼎元《粤中风闻台湾事论》："广东潮、惠人民，在台种地佣工，谓之客子，所居庄曰客庄，人众不下数十万，皆无妻孥。"这一段文书注明了清代初期在台客家人口"不下数十万"之多。他又进一步述说这些客家移民的志愿："时闻强悍，然其志在力田谋生，不敢稍萌异念。往年渡禁稍宽，皆于岁终卖谷还粤，置产赡家，春初又复之台，岁以为常。"

蓝鼎元笔下的这批客家民众是来往两岸谋取生计的一群。而成书于道光年间的《台湾采访册》则描述了维持较稳定生活面貌的客家庄头："粤大庄多种棘竹数重，培植茂盛，严禁剪伐，极其牢密。凡鸟枪、竹箭无所施，外复深沟高垒，庄有隘门二，坚木为之。又用吊桥，有警及辘起固守，欲出门则平置，归仍辘起。其完固甲于当时之郡城矣。"

上述两种来台工作及居住的历史现象，已经足以说明早期客家先民的心理，以及包含在其中的艰辛及困难，其中严酷的过程不但有人与大自然挑战的险阻，更有人与人之间的争斗、纠缠，内容实在相当复杂。据有关资料显示，目前台湾地区有 500 多万客家人，分布于全岛各个市县乡镇，比较集中的聚居地有两个，一是台南的六堆地区，二是台北的桃竹苗地区。据民间族谱及访谈资料，上举两地的客家人其祖先称粤东程乡县（现为梅县、梅江区）、镇平县（现为蕉岭县）及饶平县等是其原乡。台南的六堆地区是粤东客家人早期迁台的落脚点之一，而台北的桃竹苗客家地区则是在台客家人第二次移民形成的聚居地。

不管如何，从文化渊源上看，上举资料充分说明了一点，就是粤台客家是一家；从整体上看，虽然粤东客家人迁台的时间较闽南人晚，但他们在参与台湾岛的开发与建设中，所作出的巨大贡献不容小觑。

参考文献

[1] 房学嘉：《客家源流探奥》，广州：广东高等教育出版社，1994 年。

[2] 房学嘉：《粤东古镇松口的社会变迁》，广州：花城出版社，2002 年。

[3] 陈运栋：《客家人》，台北：联亚出版社，1978 年。

[4] 陈运栋：《台湾的客家人》，台北：台原出版社，1989 年。

[5] 邱彦贵、吴中杰：《台湾客家地图》，台北：猫头鹰出版社，2001 年。

[6] 钟孝上：《客家的过去、现在与未来》，屏东：中菱印刷公司，1991 年。

[7] 曾彩金主编：《六堆客家社会文化发展与之研究：建筑篇》，屏东：财团法人六堆文化教育基金会，2001 年。

[8] 徐正光、钟喜亭：《六堆客家社会文化发展与变迁之研究：社会篇》，屏东：财团法人六堆文化教育基金会，2001 年。

[9] 黄鼎松：《苗栗的开拓与史绩》，台北：常民文化事业股份有限公司，1998 年。

客家文化在台湾的传承

谢重光①

　　客家人从大陆原乡迁居台湾，不仅由于文化固有的惯性，还由于客家人"宁卖祖宗田，不忘祖宗言"这样的对族群文化的热爱、执着和保守，更由于迁居到台湾的客家人多数仍然处在山区或半山区聚族而居、与在大陆时相似的生活状态，因此客家人的种种文化传统，从其特有的性格，到岁时习俗、神明信仰、宗族形态，到流行和偏好的文艺形式，以及作为民系文化载体的方言等，在台湾客家人中都得到全面的传承。

一、衣、食、住

　　先从形象直观、看得见、摸得着的衣食住谈起。

1. 吃

　　台湾客家人重大米干饭，为了节省才吃粥；② 米饭常常要掺些番薯混合着吃，目的也是节省粮食。菜肴的烹饪"不讲究佐料，不讲究色、香、

---

① 　谢重光：福建师范大学历史系教授。

② 　台湾客家出身、祖籍嘉应州的旅日台胞林彩美在杂志《言语》1980 年第 9 卷第 3 期撰文如是说。台湾学者陈运栋则说台湾客家人"一日三餐之中，中上层的家庭，早、中两次吃干饭，晚上吃粥。或者，早晚两次吃粥。或者，早晚两次吃粥，中午吃干饭……但是，客家人吃的是稠粥，不是稀饭"。（《客家人》，台北：联亚出版社，1981 年）其实林彩美讲的是客家人的老传统，陈运栋讲的是台湾客家人的新习尚，两者各有道理。

味，技术颇差"，① 正好符合论者所谓客家菜肴比较"粗"，有"菜名不够文学化，菜形不够艺术化，菜料不够'贵族化'，菜款不够复杂化"的特点。② 客家人喜欢用米磨成粉做成各种"粄"，这在台湾各客家住区也仍相沿不替，如新年的甜粄、红粄、龟粄，五月节的粽子、白头公（一种野菜粄），七月半的芋粄，冬至的圆粄仔等。此外还有平日喜吃的面帕粄（闽西叫簸箕粄）、禾米粄、老鼠粄等。

大陆客家名菜"酿豆腐"，在台湾也仍是客家名菜；此外，像煲狗肉、红烧猪肉等，仍深受不少台湾客家人的喜爱。另一客家名菜"盐焗鸡"，在台湾稍加变化，变成"蒜拌鸡丝"，亦被列入"传统客家菜系列"。③ 由于客家住区离海较远，海味难得，所以养成了客家宴席山珍多于海味的特点，有些客家人在嗜好上也偏爱禽肉，不太喜欢海味，这样的现象在台湾客家人中也仍然存在。

2. 衣

台湾光复前，台湾一般客家百姓与大陆客家原乡的百姓服饰基本一致，"男人穿的是无领布扣衫（唐装），白色或灰色，同色的唐式裤褂。女人则多是蓝布长衫（大襟衫）或短衫，或唐式裤褂。概以蓝色为主……蓝布大襟衫绣有朱花边的则是少女、少妇的盛装。头挽高髻，足踏绣花鞋，穿朱边大襟衫，就是最漂亮的打扮"④。其中妇女的蓝色大襟衫作为客家传统服饰的标志，进而升华为客家庄的标志。美浓人就自豪地声称蓝衫为美浓的色彩，他们认为台湾客家人保持原乡的蓝衫传统有环境和经济两方面的原因，而蓝衫也体现了客家人的种种美德，因而极富感情地向子弟们和外来朋友们介绍道：

六堆客家祖先在开垦初期，因住地交通不便封闭保守，因此生活习惯大多维持原籍远祖的文化传统，服式方面也自然承袭了先人的习性。服装材料在早期使用本地或原乡运来的棉质布料及葛麻等，均结实耐用，种类不多，颜色以蓝、黑、暗红、白灰为主，并以素面为多。质料适合气候环境使用，实用价值颇高，且合乎经济原则。……男女的衫裤，均系直线裁

---

① 钟壬寿：《六堆客家乡土志》第九篇《六堆民情风俗》，屏东：常青出版社 1999 年，第 306 页。
② 王增能：《客家饮食文化》，福州：福建教育出版社，1995 年，第 17 页。
③ 钟永发：《六堆客家民风》，《六堆杂志》2000 年第 78 期。
④ 钟壬寿：《六堆客家乡土志》第九篇《六堆民情风俗》，屏东：常青出版社，1999 年，第 307 页。

剪，亦即现今所谓的平面构成，各种衣襟为全开式形态，衣服均为宽大的形式，因其平面而且宽松所形成对体形的隐蔽性，致使对各种体形及各类活动的高度适应力。必要时，还可供家人共同穿用。又如收藏得当，亦能留给后代穿着。如此一衣多穿的效用，既合乎经济原则，又不失为纪念传统精神的实际作法。衣服的颜色及图纹等装饰，样式简单，色彩纯朴，表现外观的单纯与洗练。男、女衣裤的使用均上衫下裤，视需要可任意调节其长短，又以腰带兼做钱包，及衫裤被遮盖处使用较差的布料等，均表现了节俭美德。又依季节变化的换衣，调节幅度较小，如棉质布衣，四季均用。

现在，台湾客家人和大陆原乡客家人一样，改穿西式服装、新潮服装了，但蓝衫作为客家人的传统服饰，成了不少客地学校对孩子进行传统文化教育的重要内容，纷纷办起"蓝衫乐舞团"，"以舞蹈教学的方式将客家的文化融入其中，并透过客家音乐的教唱，寓乡土教学于艺术文化传承中"。

3. 住

无论大陆还是台湾，早年客家人的民居都是比较简单甚至是简陋的。台湾客家庄在 20 世纪 60 年代以前还随处可见的"穿凿屋"，是选择近水源而高且干燥的地方，就地取材用竹和茅草搭寮居住。这实际上就是粤东畲族在"山林中结竹木障覆居息"的遗意，过去闽粤赣边贫穷的客家人也常如此编竹架茅为居。

至于大户人家，大陆客地有土楼、围屋、围龙屋、五凤楼、大夫第，取意都在于安全防卫和聚族而居。台湾客家庄也有类似的民居建筑，大都是刻意仿效原乡建筑而建造的。如六堆内埔曾屋，被认为"是台湾客家人的建筑中，规模最大也最具'原乡'味的'围龙屋'"。据研究，这座宅院的主人曾任六堆第六任大总理，家世显赫，地理位置又居于六堆的中心，建造时应是想模仿原乡建成多达三圈的围龙屋，但三圈圆弧都没有像原乡围那样完整，原因是匠人"忘了"原乡的建筑形制。此外还有内埔黄屋，六堆高树简屋，台中西屯体源堂廖屋，东势地区围龙屋群、花莲钟屋等大型民居，都是仿照原乡围龙屋而建造的，只是由于种种原因，有的造得像一些，有的不完全像罢了。其中台中西屯体源堂廖屋，"大概是现存台湾形制最为完整的一间围龙屋。据现任主人表示，当年的主人（也是现任主人的祖父）为了盖这栋房子曾特意回到大陆去画图回来"。研究者认为，"这么完整的'原乡'式建筑，如果不是异乎寻常的刻意，是极不容易在他乡重现的"。

此外，建筑中对风水的讲究，建筑内部空间结构安排上的祖宗崇拜意识，利用门联、栋对居住者进行伦理和人生价值观的教育，以及正厅香桌下安龙神、屋后化胎、屋前半月池一类希冀吉利的设置，都仿照原乡，样样齐备，客家味十足。

二、宗教信仰

客家人的宗教信仰，除了具有汉民族一般宗教信仰的共性，还有比较具有民系特色的内容：一是属于宗法性传统宗教的敬天尊祖观念和行事；二是属于土地神的伯公信仰；三是富有地方特色的三山国王、定光佛、惭愧祖师等民间信仰；四是沾染宗教色彩的各类巫术信仰。凡此种种，在台湾客家人中都得到很好的传承。

仍以六堆地区为例，关于敬天尊祖和伯公信仰，《六堆客家乡土志》记载道："六堆村落，最基本也最普遍的就是敬天尊祖的观念。家家户户都有祖牌神位。大厅前的天井必有天神（天公）神位。厨房则有灶君神位，逢年过节，或家有喜庆，祭祖同时必不忘天神灶君神位的花果、上香和敬茶。正月初九是天公生日，一般习俗，这天晒衣不能露天"，"六堆村落的庄头或庄尾必有伯公，是村里的守护神，开庄同时便有伯公坛的恭设，其后随着村落的扩展，东西南北角落空地更可增祀伯公。虔诚的老人，晨昏打扫，奉香敬茶。婚嫁时男方必于结婚前一日敬伯公。阴历二月初三、八月初二为其生日"。

三山国王本是广东潮州境内巾山、明山、独山之神，原来是包括客家、福佬和畲族在内粤东各族群共同的民间信仰，[①] 但由于三山国王的祖庙在揭阳（今为揭西县）河婆，是客家人聚居区，加上早期从粤东渡台的移民多为客家人，故在台湾一般视三山国王为客家人的保护神，凡客庄基本有三山国王庙，不少客庄福佬化之后，一般学者乃以三山国王庙或其遗址作为辨识客家人早期活动范围的标识。

定光佛是闽西客家人共同的保护神，伴随着闽西客家人移民台湾，定光佛信仰也在台湾扎根，成为迁台汀州客的保护神。由于台湾的汀州客数量较少，所以台湾的定光寺院，目前所知仅有彰化定光庵和淡水鄞山寺两处。彰化定光庵建于县城内西北角，清乾隆二十六年（1761）由永定县士

---

① 这些观点是笔者的研究结论，见所撰《三山国王信仰考略》（《世界宗教研究》1996 年第 2 期）。

民鸠金公建，道光十年（1830）贡生吕彰定等捐修。现殿内尚存乾隆、嘉庆及道光古匾等文物，其中有乾隆三十八年（1773）所立之"济汀度海"匾，殿中两幅楹联题曰："活百万生灵迹托鄞江留一梦，觑三千世界汗挥线地有全人""古迹溯鄞江换骨脱身空色相乎圆光以外，佛恩施台岛灵签妙语示吉凶于前定之光"，[1] 体现了定光佛信仰在闽西客家移民台湾艰苦创业过程中的巨大作用，表达了闽西客家移民对定光佛的由衷感激之情。

淡水鄞山寺始建于道光二年（1822），为"汀郡众姓同立"，主要捐建者为永定人，为建寺出钱出力者还包括龙岩武平、粤东及江西龙冈人士。[2] 这些情况表明，这座定光寺所团结、激励的除全体汀郡客家移民外，影响还广及粤东及赣南客家人。

彰化定光庵和淡水鄞山寺都充当了当地的汀州会馆。会馆是一种以地缘为纽带的社团组织。联系到乾嘉以来台湾北部汀籍客家移民持续增多，以及自道光以降北部连续发生惨烈的闽粤分类械斗，我们认为鄞山寺在当时一定发挥了团结同乡、捍卫族群利益的作用。有一则古老的传说，叙述淡水鄞山寺建立时闽西客家人与邻近的草厝尾街居民发生的冲突，大意说鄞山寺选址在一处水蛙穴上，这种风水有利于建庙的人，却会使邻近草厝尾街的居民利益受损。结果酿成双方一场械斗，水蛙穴的一只"眼睛"被破坏，汀州人赶紧举行盛大的祭典，才能保住水蛙的另一只"眼睛"。[3] 这则传说曲折地反映了鄞山寺对汀籍客家人利益的卫护作用，实际上也就是定光佛信仰对汀籍客家人的团结、凝聚作用。

当然，台湾闽西客家人对定光佛的信奉，并不囿于上述两座寺庙，实际上，在台北一带的闽西客家人聚落家户均供有定光古佛。[4] 而光复后新迁到台湾定居的汀籍客家人，特别是武平人，亦以定光佛作为精神慰藉和族群凝聚的依托，故屏东、高雄一带的闽西新客家移民家庭，往往把定光佛供奉于家中，一些来自汀郡的县级同乡会——如台北市福建武平同乡会也供奉定光佛，把它作为缅怀桑梓、增进乡谊的象征。

惭愧祖师信仰亦起源于粤东。惭愧祖师俗姓潘，名了拳，福建沙县夏茂镇洋元村人。传说于唐元和间苦修悟道，17 岁离闽赴粤弘法，为阴那山（介于梅县和大埔县之间）灵光寺开山祖师，寂灭前自号惭愧，遂以惭愧

① 李乾朗：《鄞山寺调查研究》，台北：台北县政府，1988 年。
② 李乾朗：《鄞山寺调查研究》，台北：台北县政府，1988 年。
③ 高贤治、冯作民：《台湾旧贯习俗信仰》，台北：众文图书公司，1989 年，第 301 页。
④ 高峻、俞如先：《清代福建汀州人入台垦殖及文化展拓》，《福建师范大学学报（哲学社会科学版）》1994 年第 1 期，第 109－113 页。

祖师名世。粤东客家人移民台湾时，有人把家乡惭愧祖师的香火带着同行，于是惭愧祖师信仰便在台湾的粤东客家移民中广泛传播，特别是中部南投县山区，有不少惭愧祖师庙。

关于巫术信仰，台湾客家人的情况亦与大陆原乡大同小异。陈梦林《诸罗县志》① 记述了清代台湾中北部的"信巫尚鬼"之俗，曰：

> （民间）尚巫，疾病辄令禳之。又有非僧、非道，名客仔师。携一撮米，往占病者，谓之米卦，称说鬼神。乡人为其所愚，倩贴符行法而祷于神。鼓角喧天，竟夜而罢。

台湾中北部民杂客家、福佬二系，福佬人称客家人为"客仔"，称客家巫师为"客仔师"，又称"客师"。所以上述记载中"客仔师"用"米卦"为人治病，正说明信鬼尚巫、以"米卦占病"之俗随着客家人的迁台而流行于台湾中北部。

三、客家文艺

客家文艺最有代表性的样式，声乐方面是客家山歌，器乐方面是八音，戏曲方面是采茶戏。这些文艺形式在台湾都得到了很好的传承。

台湾客家山歌又细分为老山歌、山歌仔、平板，主要从广东梅县区及其周围的镇平（今蕉岭）、兴宁、长乐（今五华）、平远等县（台湾俗称"四县"）传入，故"以四县的声调（包括阴平、阳平、上声、去声、阴入、阳入等六个声调），在客家独有的传统旋律型（melody—types），做高低、长短、升降的变化"。由于其音乐表现形式及音乐性格与客家人的生活环境和民系性格息息相关，表达了客家人的思想、生活和感情，反映了客家的民性，因此客家山歌在台湾客家人中极受欢迎。"民间的山歌演唱、比赛等活动，有愈来愈盛的趋势。""参加这项活动的人之中，有年愈百岁的人瑞，也有五六岁的儿童；有政府的官员，也有地方的代表；有企业的董事长、总经理，也有工厂的厂长、员工；有学校的教师，也有种田的农夫、农妇，它可以说是客家全民的民间音乐活动。而其参与的盛况，不仅是当今的中国，即使在世界上也是少有的现象。"②

当然，在某些地方、某个时期，客家山歌的流行和自由发展也曾遇到

---

① 清代诸罗县辖新港溪以北台湾中北部广大地区。

② 以上三条引文均见谢俊逢《客家的音乐与文化》（收于徐正光主编：《徘徊于族群和现实之间：客家社会与文化》，台北：正中书局，1991 年，第 46 – 47 页）。

阻力，特别是爱情山歌一度受到保守的老人和社会舆论的限制。① 但由于"客家山歌的趣味，是置重点于男女之间的因问作答与即兴创作"，而客家情歌自由、热烈地表达爱情，正契合客家人的气质和性格，故父老禁制等某些不利条件只能在有限的范围有限的时间内起作用，并不能长期阻挠客家山歌的正常发展。根据学者的调查，无论是台湾还是大陆，客家山歌都是"情歌类包括的分类和数目最多，歌曲的内容最丰富"②。

客家八音是指用八种乐器演奏的器乐合奏。八种乐器是从金类的钟、铙、铎等，石类的磬，丝类的琴、筝，竹类的管、箫，匏类的笙、竽，土类的薰、缶，革类的鼓，木类的祝等乐器中各选取适宜的一种，在汉剧的过门中运用，也常在结婚喜庆中或寺庙里演奏。关于八音在台湾客家人聚落中的流传，陈运栋先生有如下的记载：

清初开始，广东客家人（少数福建客家人）先后迁居台湾……客家八音也随着客家人的风俗习惯及生活需要而流传下来，无论是庙会、结婚喜庆宴客的场合，没有八音就显得寂寞无声，不够热闹。

20世纪20年代的童年时代，我在客家村庄里，常站在一大群人中欣赏以唢呐（当时叫吹笛）为主，以锣、鼓、弦索为辅的"闹八音"。③

目前，由于时代环境的变迁及观众欣赏兴趣的改变，八音逐渐没落，但不少客庄仍有八音团，并努力辅以先进的技术设备，力图使其振兴。如美浓镇的八音团在演奏小调时就使用投影片加以解说。④

台湾客家采茶戏主要流行于苗栗、新竹及桃园的中坜、平镇一带，"以《平板》（即《采茶调》）为主要唱腔，《山歌仔》是次要唱腔，其余

---

① 据介绍，六堆地区"民谣和山歌多是传自梅县、蕉岭等原乡，调子很高，不容易唱，但也有不少人会唱。尤以牧童在牛埔（牧场）放牧牛只时，常引吭高歌。莳禾、割禾尤其于莳草时（昔时客家村多妇女耕草，不是像现在那种跪在田里双手搔草，而是一只手撑着伞一只手依着竹杖，站着用脚踏草的方式）也有很多人唱。男女对唱情歌的也有，只是由于六堆父老对男女自由恋爱禁制得相当严格，所以唱得较少。"见钟壬寿：《六堆客家乡土志》第十篇《故事、笑话、山歌、民谣》，屏东：常青出版社，1999年，第356页。另见钟永发：《六堆客家民风》，《六堆杂志》2000年第78期。

② 郑瑞贞：《客家山歌歌词的内涵、艺术表现手法和音乐特性》，收录于徐正光主编：《宗教、语言与音乐——第四届国际客家学研讨会论文集》，台北：台湾"中央研究院"民族学研究所，2000年，第407页。

③ 陈运栋：《客家八音》，《六堆杂志》1999年第76期，第9页。

④ 1999年高雄县文化节成果专辑《恋恋客乡·情在美浓》（高雄：高雄县文化中心，1999年，第56页）。

《九腔十八调》则是点缀性唱腔。《平板》《山歌仔》的曲调，随着歌词的变化而略作改变，能表现愉快、欢乐、悲伤、愤怒等不同的情绪。其伴奏乐器以二弦、胖胡（椰胡）为主，另加：锣、通鼓、梆鼓、小锣、三弦、铁弦、大广弦、洞箫、唢呐、扬琴、钹、拍板等"①。其渊源可以追溯到粤东北的采茶戏，是由粤东移民带到台湾的。据载，清末台南民间演唱活动中已有"采茶唱"戏曲。②及至民国初年，台湾采茶戏达到鼎盛期，各地相继成立戏班，自编新剧目。有的在山歌曲调中填入新唱词，加上对白，表演简单故事情节；有的以小调对唱加对白、表演。这两种形式都以丑、旦戏谑对唱为主，故被称为"相褒戏"。日治时期，在"皇民化"运动中民间文艺大受压抑、摧残，采茶戏也受到沉重打击，只在民歌演唱的形式下保留了《卖茶郎故事》的片段。台湾光复后采茶戏与其他戏剧一样得到复兴，而在 20 世纪 60 年代后，受到电影、电视、激光唱盘等新的文艺形式的冲击，又走向衰落。

四、客家人的性格、气质

以民系性格而言，客家人的劲毅、耿直、尚气、忠义、勤劳、俭朴、爱国家、爱民族的禀性，在台湾客家人中都得到很好的继承和发扬光大。这样的民系性格，大部分在日常生活的一言一行、一举一动中就可以观察到。例如艰苦朴素、勤俭节约、劲毅直爽等品质，我们透过老一辈的台湾客籍作家钟理和、钟肇政等人的作品，有很深切的感受。在现实中，也常能遇到这样的人、这样的事。笔者在一次访台期间，就有过一次亲身的体验。

那是在 1994 年，笔者在定居高雄市的族兄陪同下，专程前往美浓镇去拜访钟理和先生的长公子钟铁民先生。相见时，族兄的一位老同事、原乡在广东梅县的乡亲也来了，钟先生便在镇上一家客家小餐馆请我们吃饭。按现时大陆的规矩，对远道而来的稀客，怎么也得弄几样美味佳肴加以款待，以显示主人的热情好客。但钟先生并没有这样的浮华客套，而是很实在地请我们吃当地特产客家粉板，一人一碗，边吃边谈，气氛自然而亲切。席间，钟铁民先生还讲了一个故事，说他有一次与一位友人上馆店吃

---

① 王耀华：《客家艺能文化》，福州：福建教育出版社，1995 年，第 28 页。
② 光绪年间成书的《安平县杂记·风俗现况篇》载："酬神唱傀儡班，台庆、喜庆、普度唱观音班、四平班、福路班、掌中班、采茶唱、艺妲等戏。"转引自陈雨璋：《台湾客家三脚采茶戏——卖茶郎故事的研究》，"国立"台湾师范大学硕士学位论文，1984 年。本节关于台湾茶戏的论述，主要参考此文。

饭，叫了两三样菜，菜没有吃完，钟先生感到饱了，想要停箸不吃。那位友人说："这怎么行！叫来了的饭菜不吃完，岂不是暴殄天物吗？"听了这话，钟先生深感内疚，连忙举箸勉力再吃，直到把叫来的饭菜都吃完了，才离店而去。

这次吃饭入席之时，钟先生的女儿也在场，所以叫了五碗粉粄，不巧钟小姐临时有事先走了，剩下一碗粉粄，大家又吃饱了，无法把它分吃掉。钟先生请族兄的那位老同事把它打包带走，那位乡亲也不推让，爽快地说："好，我带回去给老伴吃。"

听了这个故事，看着钟先生和那位乡亲的言行，笔者受到深深的震撼和感动。对比大陆的时尚，许多人，包括一些客家人，动辄大吃大喝，宴客时争面子，讲排场，山珍海味，十盘八碗，吃不完一推碗筷就走，以此显示阔绰和大方。相形之下，不能不承认，台湾客家人朴实、爽快，富而不忘勤俭本色，的确做得比大陆客家人更好。

至于忠义、爱国家、爱民族这类高尚品质，往往在重大的历史关头才能得到突出的表现，迸发出耀眼的光芒，例如乙未反割台斗争中客家义勇给予日本侵略者沉重的打击，涌现出像姜绍祖、吴汤兴、徐骧、胡嘉猷等一大批义薄云天的英雄，甚至连倡导"台湾民主国"的丘逢甲，在南部主持抗日战事的黑旗军统帅刘永福也是客家人，就是有力的证明。

客家民系性格的另一核心内容"耕读传家，崇文重教"，在台湾也被客家人保持得很好。台湾学者曾就客家与闽南两个族群的行业和职业分布、受教育的状况以及教育程度对择业的影响做过调查研究，得到了如下的结论："细究闽、客的行业分布之不同，仍有一些有意义的发现：例如客家人行业为农牧猎业、林业、矿业的百分比高于闽南，而闽南在渔业、商业的百分比高于客家，而且这些不同并没随着时间的演变而缩减，也没有日趋同质或同化的现象。"在职业方面，"细究闽、客的初职业分布，仍存在一些有意义的不同：例如客家人职业为农林牧工作的百分比高于闽南，而闽南在买卖工作的百分比高于客家；这与在行业分布上'客家在农牧猎业、林业的百分比较高，闽南在商业的百分比较高'，显得相当一致。而且两个族群在这些职业方面的不同，也是没随着时间的演变而缩减"。在教育状况及其对择业的影响方面，"社会学一向认为教育对于职业有重大的影响，正巧客家族群的平均教育年数，一直都高于闽南族群。在控制出生地、父亲职业、教育、母亲教育等背景变项后，客家族群的平均教育年数仍一直高于闽南族群。但是理论上受教育因素影响大的，平均职业声望却占不到优势，在控制教育因素后，客家人的职业取得也就低于闽南人；也就是说闽南人重商，客家人重农，即使教育程度一样，闽南人倾向于选择职业声望较高的买卖工作，客家人倾向于选择职业声望较低的农林渔牧"①。用通俗的话讲，客家人普遍受教育时间较长、程度较高，却大多选择从事社会上并不太吃香的农林渔牧工作，闽南人普遍受教育的时间和程度不如客家人，却大多选择从事社会上吃香的商业工作，对于这一现象的合理解释，只能在文化传统中去寻找：客家人的耕读传家传统，决定了他们读书多，但仍倾向于做与农耕有关的工作；闽南人重商的文化传统，决定了他们偏爱商业及与商业有关的工作。

关于台湾客家人坚持耕读传家传统、崇文重教，有一个非常典型的实例，那就是著名的客家文化镇美浓。这是一个几乎纯客家移民的乡镇，他籍人士鲜少，故民情习俗日常生活等迄今垂 300 余年，既不为闽南文化所影响，亦不因日本人统治被同化，鲜明地体现了原乡客家人的精神习尚。镇民多务农业，民风淳朴、勤俭、耐劳、笃实，绝少奢靡风气。男女老幼均日出而作、日落而息。镇民对子女教育事业最为热心，文盲比例极低。据 20 世纪 70 年代初的统计，全镇有国民小学 8 所，初中 1 所，在学学生逾 13 000 人，负笈他乡就读者不下 4 000 人。下面表1、表2反映了镇民所从事的行业和职业的特点，以及高度重视教育的情况：②

表1　20世纪70年代初美浓镇现住人口职业统计

性别	职业											
	农业	商业	工业	人事服务	交通业	公教人员及自由业	矿业	渔业盐业	其他	家庭管理	学生	12岁以下者
男	8 420	413	352	1 157	184	517	6	5	85	78	4 054	10 285
女	10 093	116	5	891	5	143	0	0	18	2 063	2 813	9 949
合计	18 513	529	357	2 048	189	660	6	5	103	2 141	6 867	20 234

①　张维安、黄毅志：《台湾客家族群的社会与经济分析》，收录于徐正光院主编：《历史与社会经济——第四届国际客家学研讨会论文集》，台北：台湾"中央研究院"民族学研究所，2000年，第 186 – 187 页。

②　钟壬寿：《六堆客家乡土志·美浓镇概况》，屏东：常青出版社，1999 年，第 434 – 436 页。

表 2　20 世纪 70 年代初美浓镇现住人口（满 13 岁以上者）受教育程度统计

性别	受教育程度									
	高等教育毕业	高等教育肄业	高中毕业	高中肄业	初中毕业	初中肄业	国民学校毕业	国民学校肄业	私塾	不识字
男（人）	150	180	1 000	703	1 595	2 520	7 227	2 075	565	862
女（人）	13	30	270	259	538	1 549	6 450	3 182	237	4 405
合计（人）	163	210	1 270	962	2 133	4 069	13 677	5 257	802	5 267
占 13 岁以上人口的百分比	1.1%		6.5%		19.3%		55.4%		2.3%	15.4%

　　两表反映的美浓人耕读传家的情况及读书人比例之高，比大陆客家原乡著名的文化县梅县的情况有过之无不及，而这还是近 50 年前的事。这些年来，美浓人受教育的普及程度和学历层次又有更大的提高，仅取得博士学位服务于世界各地的就有 300 多人。

　　台湾客家住区的许多文化遗迹也见证了台湾客家人耕读传家、崇文重教的族群性格。高屏平原六堆地区内埔乡的昌黎祠，是台湾地区唯一一座奉祀韩愈的庙宇，始建于清嘉庆八年（1803），是内埔乡人昭武都尉钟麟江为了推展文教，发扬客家人尊崇文士的观念而倡建的。当时，昌黎祠还聘有老师授课，教导客家子弟读书习艺，因而这里成了六堆的文教中心。①另外，台湾的客家分布区如桃园、新竹、苗栗、屏东、高雄等地，还保留了不少惜字亭，老人们仍虔敬地把有字的废纸集中到惜字亭里焚化，生动地反映了客家人深厚的崇文文化心理。而在大陆，这样的惜字亭已经绝迹了。

　　崇文重教、读书求贵的人生价值观，还反映在台湾民间歌谣里。有一首民谣唱道：

　　高山顶上起学堂，两边开窗好透凉；阿哥读书望高中，阿妹读书望恋郎。

　　台湾客家学者涂克韶对这首民谣做了这样的诠释："这首山歌透露出

----

　　①　刘还月：《台湾的客家人》，台北：常民文化事业股份有限公司，2000 年，第 113 页。

两个信息：一是在山区兴办学校，二是男女都接受教育。前者显示客家人居住地区；后者则表示男女地位比较平等与教育普及。……这显示客家族群重视教育，同时也显示，客家人的读书观是建立在功利主义求取功名、社会地位的出发点上，也就是'望高中'荣登金榜。"①

---

① 涂克韶：《台湾谣谚研究》，《六堆杂志》1999 年第 76 期，第 15－16 页。

台湾客家源流考

刘佐泉①

台湾著名学者连横曾强调：“台湾之人，中国之人也，而又闽、粤之族也。”②“闽、粤之族”者，即闽南人和客家人也。东移台湾的客家人，即来自福建汀州府属的永定、上杭、长汀、宁化、武平等县和广东省嘉应州属的镇平、平远、兴宁、长乐、梅县等县，惠州府属的海丰、陆丰、归善、博罗、长宁、永安、龙川、河源、和平等县，潮州府属的大埔、丰顺、饶平、惠来、潮阳、揭阳、海阳、普宁等县。

客家人何时去到台湾？他们为什么和如何去台湾？到台湾的第一批或者第一个客家人是谁？这是研究台湾客家人首先要解决的问题。现仅就粤闽台方志、族谱、民谣等记载来追溯那古老而又年轻的客家民系部分东移台湾的历史。

先就客家人聚居的闽、粤两省来看：“七闽地狭瘠，而水源浅远，其人虽至勤俭，而所以为生之具，比他处终无有甚富者，垦山陇为田，层起如阶级，然每援引溪谷水以灌溉，中途必为之硙，下为碓米，亦能播精，朱行中知泉州，有‘水无涓滴不为用，山到崖嵬犹力耕’之诗，盖纪实也。”③“福之为州，土狭人稠，岁虽大熟，食且不足，田或两收，号再有秋，其实甚薄，不如一获。”“嗟哉濒海邦，半是硗确地，三时劳耕耘，收

① 刘佐泉：岭南师范学院历史系教授。
② 连横：《台湾通史》（下册），第423页。
③ 方勺：《泊宅篇》卷三。

获尚无几，四体或不勤，将何活老稚，频年旱且潦，生理殊匪易。"① 沿海的福、泉地区尚且如此，地处闽西山区汀州府的客家处境更可想而知了。光绪《嘉应州志·礼俗卷》云："州俗土瘠民贫，山多田少，男子谋生，各抱四方之志，而家事多任之妇人。" 由于山多田少，地少人多，土瘠硗薄，闽西、粤东的客家农民为生活所迫，不得不再度迁移。

而与闽、粤仅一水之隔的台湾"地势盘穹，林木合抱，山曰翠麓，曰重曼，曰斧头，曰大崎……土润田沃，宜稼穑，气候渐暖"②。"备见野沃土膏，物产利溥，耕桑并耦，渔盐滋生，满山皆属茂树，遍地俱植修竹，硫黄水藤，糖蔗鹿皮，以及一切日用之需，无所不有，向之所少者布帛耳，兹则木棉盛出，经织不乏，且舟帆四达，丝缕踵至，饬禁虽严，终难杜绝，实肥饶之区，而险阻之域也。"③ 自古以来，台湾在广大中国人心目中就是个丰饶富裕的海上仙山，所谓"台湾钱，淹脚目"④。

康熙二十二年（1683）清政府消灭郑氏政权，台湾已处在一个统一政权的统治之下，距离既近，交通便捷，厦门到台湾"水程十有一更，六百余里，顺风二日夜可到，非甚远也"⑤。特别是泉州之蚶江与台湾彰化之鹿港对渡，"海道仅四百里，风顺半日可达"⑥。台湾荒地极多，移民在这里，不愁找不到土地耕种，而且气候常暖，雨水充足，土壤肥沃，"一岁所获，数倍中土"。《赤嵌集》说："土壤肥沃，不粪种，粪则穗重而仆，种植后听其自生，不事耘锄，惟享坐获，每每数倍内地。"⑦ 而租赋的负担反较内地为轻。经过二三十年的开拓垦殖，初期所出现的那种"人到辄病，病即死"⑧ 的情况已有很大的改善，所有这些对闽、粤客家农民具有很大的吸引力。

况且，台湾的原住民散居于山地或平原，为道地的部落社会，种族繁多，语言互异，没有文字，因此文化较为落后。同时，台湾又处于天灾地变及瘟疫时常发生的地带，所以土著各部落的人口增长很慢。因为他们人口不多，又缺乏组织能力，对闽、粤移民的入垦其境，实在无法抵御，于是往日原住民恃以为生的鹿场，就逐渐地为闽、粤移民所开辟而变为良田。就政治

---

① 真德秀：《西山先生真文忠公文集》卷四十。
② 汪大渊：《夷岛志略》"琉球"条。
③ 高拱乾：《台湾府志》卷十。
④ 黄荣洛：《渡台悲歌——台湾的开拓与抗争史话》，台北：台原出版社，1997 年，封底说明。
⑤ 周钟瑄：《诸罗县志》卷七《兵防志》。
⑥ 赵翼：《论台湾要害》，《皇朝经世文编》卷八十四《兵政》。
⑦ 《凤山县志》卷十一。
⑧ 连横：《台湾通史》（上册），第 19 页。

方面说，封建制度传入台湾才不过几十年，当地地主阶级还处在形成的过程中，而劳动人民的分化还不十分明显，封建政权、族权、神权、夫权的统治亦未完全确立。清政府在台设治未久，机构不全，吏员不足，统治势力所及，仅限于台湾府（今台南市）周围一带，与以郑氏残余势力为代表的当地地主的矛盾尚相当尖锐。台湾又是一个山高、路险、箐深、林密，天高皇帝远的地方，闽、粤移民一登彼岸，就有一个广阔天地可以自由驰骋，任意翱翔。即使有人触犯刑网，得罪势豪，不能在郡县立足，还可以逃匿深山，深山无法藏身，还可以避入"素来不服王化"的"番地"。①

同时，清朝政府害怕人民以海外为根据地，重树反清旗帜，严禁人民前往南洋谋生。康熙帝旨谕："海外如吕宋、噶罗吧（今雅加达）等口岸，多聚汉人，此即海贼之根。海中东洋，可往贸易，若南洋，商船不可令往。"② 并通令南洋一带的华侨，限三年回国，否则"不得复归故土"。③ "乾隆十四年（1749），有陈倚老者，在爪哇经商致富，挈眷回乡。被镇闽将军、督抚奏报，判发边远充军，全部财产抄没。"④ 况且，大海茫茫，烟波浩渺，交通不便，下南洋绝非易事。

再加上，由于"客头"的活跃致使很多人决定来台。"客头"者，"带路渡者"也。为了说明问题，这里介绍一个"客头"罗阿亮：

罗家原籍是"广东省惠州府陆丰县吉康都河田首甲许山下"，先祖来台是十四世祖，鹏申公（阿福）和鹏明公（阿亮）两兄弟，于嘉庆三年（1798）渡台，到今苗栗县头份镇。兄鹏申公从事农耕，弟鹏明则从事"带路"工作，兼做生意，即回大陆时带去台湾的物产，回台时带来大陆商品。

罗阿亮从事的带路工作，俗称"客头"，所带的人称为"客人"。当时从事这种职业人士的实际状况，因无相关文献可资研究，所以现仍不清楚。清廷领台初期虽有禁令，但渡海来台的人数激增，因之台湾和大陆往来的船只也开始频繁，大陆台湾间的贸易量自然增多，船行（主）为增加搭客而雇人拉客，贸易运货时，顺便也会拉客籍以增加收入。此等代人招客的人物，人面熟络后，有时会如罗阿亮般独立作业。清初清廷禁止广东人赴台，所以当时的客家人是靠走私抵台的。他们的冒险来台更需要向导带路，为了走私送人顺利到台，没有较大的组织是很难变成合法的。可以想象的是解禁后，冒险走私带人渡台时代的非法组织变成合法后，继续做

① 陈碧笙：《台湾地方史》，北京：中国社会科学出版，1982 年，第 103 页。
② 《明清史料》丁编，第八本。
③ 《清文献通考》卷二百九十七。
④ 《华侨历代开吧事略》。

这向导工作是应有之事。也许船行（主）和贸易行号也设有此部门负责人，从事有关带路的工作。①

在两三百年前治安不好的年代，有两三百万人来台，渡台人士为安全起见，常会选择信誉卓著的带路人或行号，并立一份渡台带路切结书。

渡台带路切结书

立请约人彭瑞澜，今因合家男妇老幼共九人，要往台湾。路途不识，前来请到亲罗阿亮亲带至台湾。当日三面言定，大船银并小船钱总铺插花在内共花边银叁拾壹圆正，其银至大船中一足付完。其路途食用并答（搭）小船盘费，系澜自己之事。此系二家甘愿，不得加减，口恐无凭，立请约付炤。

批明九人内幼子三人

见请代笔兄瑞清

嘉庆九年正月二十五日五时

书上亦明写"请到亲罗阿亮……"即知罗阿亮和彭瑞澜有"亲"的关系存在值得信赖。为了路途上的安全，一般人大多会找带路人或同样性质的行号以防意外。如此说来像现在的旅行社的组织可能存在。当然像罗阿亮是个人独立作业的，其他专业、兼业之带路人可能也不少。

罗阿亮所带的"客人"，据说大部分在中港登陆。所以现今中港溪流域之乡镇，如头份镇、造桥乡、三湾乡、南庄、峨眉乡等，甚至北埔乡可能也有他所带"客人"的子孙。②

由于上述诸方面的原因，闽粤无业游民大多将台湾"视为乐土，相率而往者岁数千人"③，"闽广沿海各郡之民无产业家室者，俱冒险而来，以致人民聚集日众"。④ 乾隆三十四年（1769）时，已有"闽人约数十万，粤人约十余万，而渡台者仍源源不绝"⑤。台湾人口在康熙、雍正、乾隆三朝猛增。据统计，康熙初年约有20万，乾隆时期中叶增至百万。嘉庆十六年（1811），全台汉人增至241 217户，2 003 861口。此为闽粤人口迁台的高潮时期。嘉庆十七年以后，户部《清册》不再有台湾的人口统计。但

---

① 《清仁宗实录》卷一百八十七。

② 黄荣洛：《渡台悲歌——台湾的开拓与抗争史话》，台北：台原出版社，1997年，第51、59－61页。

③ 《重纂福建通志》卷五十八。

④ 周元文：《重修台湾府志》，卷十《艺文志·公移·申禁无照偷渡客民详稿》。

⑤ 《清高宗实录》卷八百四十五。

据连横《台湾通史》所载："道光二十三年（1843），台湾人口约250万人；台湾建省后不久的光绪十三年（1887）统计，人口320余万。"

客家人大量东移台湾，根据早期有关文献及近人调查资料记载，差不多都在清代康熙二十年（1681）以后的事。在此之前的明郑时代，虽有若干闽西、粤东的客家人，曾跟随郑氏的部队入台（如刘国轩），但其人数终究不多，其后又都被清政府遣回原籍或归清朝后在大陆任官，因此不能视为自动自发的移民。在康熙二十五、二十六年（1686、1687）时，广东省嘉应州属的镇平、平远、兴宁、长乐等县的所谓"四县人"，曾大量跟随闽南人之后而赴台。到雍正、乾隆年间为最盛。此后，嘉庆、道光、咸丰、同治、光绪年间，仍不断有客家人迁居台湾。

客家渡台，首推镇平。"按镇邑广袤仅一百里，而山居其七，居之寄台湾为立锥之地者，良以本处无田可种故也。""邑中地狭民稠。故赴台湾耕佃者十之二三，赴吕宋咖喇吧者十之一。""台湾故有粤籍学额八名、廪额八名。嘉庆己卯（1819）科，黄骧云中闽省举人，占全省额。闽人诉于大府，奏闻得旨：粤籍每二十人乡试准中一名。粤籍之有举人，自骧云始。"台湾"地土沃饶，畜产蕃孳。置庄者谓之庄家，佃种者谓之场工。邑中贫民往台湾为人作场工，往往三四十年始归，归家尚以青布裹头，望而知为台湾归者"。"按邑志·名宦志：镇人以地窄人稠，多就食于台湾。而海防例严、苦无以渡。邑令魏公燕超请于上官并移咨闽省，准镇人给照赴台耕作，每岁资人无算。"①

康熙六十年（1721），台湾爆发朱一贵起义。康熙帝下诏招兵"平乱"。镇平等县客家人应征赴台。据陈公愚《蕉岭上代来台略记》一文考证："蕉岭人来台之始。因康熙季年，台湾朱一贵之役，黄冈镇台，奉命渡台'平乱'，惟该镇仅有兵百余人。乃派员沿韩江上游各县招足千人。所以沿江丰顺、大埔、饶平、梅县、蕉岭、五华及惠之陆丰各处招募。吾蕉青年男子多有武艺，应征求营者百人以上，如南山林姓、黄泥溜下陈姓、塘福岭陈姓。'平乱'后，有陈硕千封为武威将军，其后代现住屏东竹头角；陈硕扬以康熙六十年（1721）、雍正十年（1732）二次'平台'军功，封为淡水营副总府加千总，其后代现住万峦。"这次入台"'平乱'立功者，蕉岭人多达十六姓，即刘、李、丘、陈、张、傅、钟、林、谢、赖、涂、何、邓、古、吴、曾。这批由蕉入台的"平乱"官兵有的娶当地妇女为妻，有的遣人回乡招亲友来台定居，共同耕作开垦，在台开基繁

① 黄钊：《石窟一征》卷三《教养二》。

衍。有陈公愚作《蕉人留台竹枝词》记其事。

又，据乾隆四十六年（1781）重修《镇平县志》所录有关邑人去台的竹枝词有道：

> 黄昏人未掩柴关，明月刚看吐半山；弦索齐鸣檀板碎，开场先唱过台湾。
>
> 五月台湾谷价昂，一车闻说十元强；澎湖风浪今应静，个个迎门待玉郎。

自此亦可见，至乾隆年间蕉岭县各乡村渡台垦荒的人，已是相当普遍，同时也可看出台湾与蕉岭的密切关系。据《蕉岭乡亲入垦台湾概况》一文介绍：在屏东县古碑拓贴文集中，影印了一帧《文宣王祀典引》，该碑于乾隆四十九年（1784）正月，立于屏东县内埔乡昌黎祠观音厅内，碑上具列捐银人士一百九十二人，而镇平人士则有一百三十八人，几乎占了四分之三，有关姓氏有二十三个。① 又据《台湾区姓氏堂号考》一书所列载的一百个大姓中，有丘、何、利、吴、汤、巫、李、林、明、孙、张、徐、涂、许、陈、冯、傅、曾、温、黄、杨、廖、刘、蔡、邓、郑、卢、赖、戴、谢、钟、邝、罗这三十三姓与蕉岭有关。这些姓氏约占蕉岭原有姓氏的63%。此项资料来自户政事务所的调查，为嘉庆以前东渡台湾传衍至今者。② 后"因道光丙戌（1826）洪水为灾后，蕉人更多往台以求生活，乃由南移北至苗栗各乡开垦。所以，屏东、苗栗为蕉人来台根据地"。③

饶平属广东省潮州府，饶北客家人在"乾、嘉年间，山区各姓氏流赴台湾"④，亦有在康熙年间渡台的。

康熙末年，上饶堡詹润还后裔从新竹移卓兰。当时入垦苗栗县卓兰的人很少，开拓成就微不足道。自詹名会、詹时增、詹来口等人后，入迁卓兰的人数便像滚雪球一样越滚越大，越来越多。嘉庆末年，詹其结召集三十六股人，开发卓兰重要水利工程——内湾水圳。内湾水圳位于内湾里，是当地居民聚居之地，移民开发此地时受其强烈抵制。"清光绪十年（1884）泰雅族四百多人，大举袭击卓兰，与卓兰移民发生激战"⑤，双方死伤惨重。经过詹姓族人几代的冒死开拓，卓兰的老庄、中街、新荣等处，才成为欣欣向荣的经济区。现詹姓族人约占卓兰镇人口的45%。

---

① 谢道谋：《蕉岭乡亲入垦台湾概况》，载《台北市蕉岭同乡会会刊》，1980 年。
② 赖雨桐：《蕉岭客家移民开发台湾略论》，载《中国客家民系研究》，北京：中国工人出版社，1992 年。
③ 陈公愚：《蕉岭上代来台略记》。
④ 邓开颂、余思伟：《客家人在饶平》，广东饶平客属海外联谊会，1994 年，第 136 页。
⑤ 奚松等：《台中苗栗地区客家人入垦台湾中部地区》，《汉声》1990 年第 24 期。

上饶堡水口社石头乡的林先坤，偕兄林居震于乾隆十四年（1749）入垦台湾莆沙。乾隆二十三年（1758）林先坤回老家招引大批族人到竹北拓垦。此时他既是业户（通过申请取得大片土地开垦权的人）又是族长。数百户移民住在一起，边开拓，边建设。"每天早上出门种田的时候首先要开炮，集合大家，然后四五百人一起出发去耕田，中午吃饭的时候也要先开炮，再几百人一起开饭。"①

上饶堡康宾乡张姓族人"多出东土经商，寄籍流寓"②。从乾隆初至末年的五六十年间，该乡族人死于台湾彰化一带，尸骨抛荒露野的数百具。后族人张显文等倡建丛冢，"计收聚骨骸一百六十七缶"③，足见该乡张姓渡台者实属不少。

陈有光是康熙末年上饶籍移民陈智可的第五代孙。陈智可入垦彰化县后，几代人奋力拼搏，到陈有光时，陈氏家族成为彰化永靖地区的富户望族。光绪十年（1884），陈有光于彰化县永靖区港西村兴建"余三馆"，并特地回饶平请建筑师傅前往设计施工。余三馆由于构思独特，建筑精美，风格迥异，古朴大方，从建筑风格、镶嵌雕刻、彩绘粉刷注入粤东饶平客家韵味，于1980年被台湾当局"评定为第三级古迹"④，以台湾十大古宅之一的芳名誉播四方，为饶平客家人渡台开拓发展留下了辉煌的物证。

光绪十一年（1885），饶平詹姓族人于苗栗县卓兰镇兴建詹氏大宗祠，堂号"继述堂"，堂联云：

> 继起人文，桂馥兰香，永望台疆绵世泽；
> 述详事业，家风族谱，还从饶邑溯渊源。

也是光绪年间，三饶马岗乡移民第十五代孙张振中受台湾彰化乡亲委托回乡祭祖，并重修祖祠，赐名"永思堂"，祠堂正厅挂彰化乡亲敬送的楠木阴刻楹联两副，其一云："永怀祖德宗功，惠泽长流千百代；思念水源木本，精神不隔两重洋。"其内容意境深长，令人回味。⑤

据有关史料记载，在清雍正初年，广东省惠州府陆丰县客家人徐立鹏、曾国浩、黄君泰等陆续到达台湾新竹。徐立鹏81岁的裔孙徐胜芳

---

① 瞿海良等：《新竹地区竹北芎林乡潮州客家人》，《汉声》1990年第24期。
② 光绪《饶平县志》（点校本），第141页。
③ 光绪《饶平县志》（点校本），第141页。
④ 奚松：《彰化平原上的福佬客》，《汉声》1990年第24期。
⑤ 张松乐：《饶平移民开发台湾述略》，《广东史志》1990年第4期。

1990 年在台湾新竹县新丰乡说："我们徐家来这里有两百多年了。最早是立鹏公他们四兄弟一起来，立鹏公在新竹乡，其他兄弟都到别的地方去开垦了。"徐家至今仍保存乾隆年间的古地契。这地契记载着徐立鹏花七千五百两银子买下一大块地的事。在当时，这笔钱实在是一笔很大的数目，尤其在早期客家移民中，有此实力的大租户真如凤毛麟角。[①]

谈到徐立鹏这个人，可以说是"后来居上"的人物。他生于乾隆元年（1736），长大后移台谋生。先登陆南寮，迁竹堑住麻园庄，再迁红毛港新庄仔，招佃垦荒，见附近一带有不少先垦者，因缺乏财力，耕种甚拮据。乃专返原籍，筹备资金，急回红毛港，先向淡防分府缴纳一千银圆，获得淡地垦权。其界址东至大官路，西至海岸，南至凤山崎，北至杨梅笨仔港。界内小庄数以十计，皆属徐立鹏的势力范围，总称之曰萃丰庄。当地各垦户，由于没有向官府缴款给垦，所以都变成了徐立鹏的佃户。一律需向他缴纳大租，租额为收获总量的 1%。[②]

台湾新竹县北埔姜家的祖籍在广东省惠州府陆丰县盐墩乡。一世姜世良，二世姜通政，三世姜浩洄，四世姜茂恭，五世姜后石，六世姜继石，七世姜谦夫，八世姜乐沂，九世姜景辉，十世姜仕俊。在姜仕俊生存的时代，为顺治四年（1647）至康熙十六年（1677），娶李氏，生朝钦、朝爵、朝碧、朝凤、朝坤、朝玉、朝瑞七子，其中渡台垦辟的有第四子朝凤及五子朝坤两房。

其余姜世良派下裔孙渡台垦辟的有第十世的姜仕贤、姜世杰、姜升亮、姜文周、姜文能、姜文迎、姜文钦、姜公成、姜公喜九人。

北埔姜家的渡台祖是第十一世的姜朝凤，俗名阿妙。他生于清康熙三十二年（1693）。45 岁时，他为红毛港（今新竹县新丰乡）业主汪延昌的佃户，垦辟树林仔一带地方。他卒于乾隆四十二年（1777），享寿 85 岁，娶杨氏，生有胜捷、胜贤、胜韬、胜略、胜智、胜美、胜碧七子。据姜家谱牒的记载：胜捷、胜贤、胜智三房后来移居九芎林庄，胜韬一房则留居红毛港树林仔庄，而胜略、胜美、胜碧三房则不明其栖址。

姜朝凤之所以选择红毛港为他渡台后的落脚点，完全是他家乡是广东省惠州府陆丰县的缘故。如雍正五年（1727）垦辟福兴庄顶嵌头厝的徐里寿、黄君泰；雍正八年垦辟圆山、福兴的郭青山；雍正十年垦辟茄冬坑的徐锦宗；雍正十一年垦辟巾仑、十一股、福兴、大竹围、下嵌顶厝等地的罗朝章、黄魁兴、官阿笑等人；以及上文所提及的后来成为这一地区总垦

---

① 凌弘、邱顶彩：《台湾的陆丰客家人》，《陆丰文史》（第 4 辑），1990 年。
② 《新竹县志》卷九《人物志》。

户的萃丰庄庄主徐正鹏等都是陆丰县人。这种以祖籍地缘与血缘作为群体认同指标的情形，据近人研究，是大陆汉人移垦台湾初期非常普遍的现象。这种现象造成了前期台湾汉人移垦社会的流动性与不稳定性，频繁发生的祖籍分类械斗便是最佳的例证。

到了第四代姜秀銮时，姜家终于大放异彩。姜秀銮武艺高强，之后组织团练，担任芎林、竹东一带防番、防盗的任务。道光十四年（1834）淡水同知李嗣业命姜秀銮建隘巡防，保护垦户，设立"金广福"垦号。翌年成立了台湾最大的"金广福"大隘。姜秀銮曾兼军功七品衔、五品军功职衔。从姜秀銮以后第二代姜殿帮，第三代姜荣华、姜荣富兄弟，第四代姜金火，一连四代相继掌握"金广福"的事务。据台湾史研究会派员到陆丰考证姜氏祖籍渊源时述：姜秀銮之裔孙绍祖是甲午战后抗日保台的民族英雄。陆丰客家姜氏，从平凡的移民后裔，一跃成为台湾开发史上贡献卓越的家族。①

台湾新竹县关西镇上林里坪林范家，原居广东省惠州府陆丰县吉康都岭乡黄护寨。这一系列范家子弟是由一世祖范法澄，于元末明初随卫所屯兵，由祖籍程乡县迁来陆丰县新田，因立屯于卫，基于民不抗军的原则，乃避居岭乡。二世祖范均堡，三世祖范仁富，四世祖范文英，五世祖范崇球，六世祖范元章，七世范彩□，八世祖范耀川，九世祖范延简，十世祖范登辉。登辉娶妻叶氏，生昌贵、昌睦二子。

范昌睦与吴氏共生有绍权、绍文、绍德、绍岐、绍腾五子。这也就是旋谱上所说的"连生五子，干支五房"的第二代。他们兄弟五人，为继续谋求发展，纷纷离开定居地的新社庄，溯凤山溪，往溪谷中上游发展。尔后，主要从事制造贩卖樟脑和"回唐行贾"致富，并且兴建了暗潭祖祠与坪林"余庆堂"大厦。第三代的范汝舟及其三个儿子嘉鸿、国华、国桢都捐监生，也就是一般说的"例授大学生"，成为绅士阶层。

陆丰县大安镇旱田管理区艳墩村姜姓十世祖姜功成于清嘉庆年间渡台，落居桃园县新屋乡，现已繁衍至十九世，约有四千人。

陆丰县大安镇磁西管理区安西村的徐村十三世祖徐德辉、十四世祖徐殿才，于清乾隆二十一年（1756）渡台，落居桃园县新屋乡，至今已繁衍一万二千多人。

陆丰县大安镇博联管理区顶坊塘村黄姓五世祖黄鼎坤、黄鼎圳兄弟，于清雍正六年（1728）渡台，落居桃园县，至今繁衍近万人。

陆丰县大安镇南溪管理区上寮村罗姓十世祖罗弘正、罗弘东兄弟，于

---

① 凌弘、邱顶彩：《台湾的陆丰客家人》，《陆丰文史》（第4辑），1990年。

清嘉庆年间渡台，落居桃园县新屋乡赤栏村，至今已繁衍四千多人。

陆丰县大安镇陆军管理区环珠寨村向姓二世祖向振国，于清康熙四十一年（1702）渡台，落居桃园县观音乡大潭村，至今已繁衍近两千人。

陆丰县八万镇新湖管理区三径村王姓七世祖王华英，于明万历年间迁至澎湖，第二代再迁居台湾新竹县桃园厅德北二堡大溪唇，至今已繁衍四千多人。

陆丰县八万镇吉水管理区吉水村陈姓九世祖陈日勋，于清乾隆年间渡台，落居新竹县湖口乡，至今已繁衍一万多人。

陆丰县城东镇甘湖管理区竹坑村何姓十三世祖何本振，于清乾隆年间渡台，落居新竹县芎林乡，至今已繁衍一千七百多人。

陆丰县八万镇坪石管理区高烈村刘姓十五世祖刘文开、刘文举、刘文滔及宗侄殿奇、殿华、殿舟、殿贵、瑟锦先后渡台，落居彰化县员林镇立业。后遭洪水迁居云林境内。1990年4月委托台湾同胞来陆丰寻根问祖。

此外，陆丰县陂洋镇龙潭村傅姓，八万镇的周姓、涂姓、黎姓，大安镇石寨管区张厝铺村的张姓，陆军管理区铺仔村的陈姓，磁西管理区安香村的许姓等姓氏先祖早期渡台的后裔，都曾先后来人、来函寻根问祖。①

以上镇平、饶平、陆丰县客家先人渡台的情况，可视为广东省嘉应州、潮州府、惠州府客家先人渡台的缩影，限于篇幅，其他各县的材料不再赘述。

至于福建汀、漳二府。元代卢琦的《汀州道中诗》有："七闽穷处古汀州，万壑千岩草树稠"之句。汀州府四周群山围绕，诚所谓"万壑千岩"的奥区。而这奥区的客家先人也纷纷走出山门，渡海赴台。"从清康熙年间开始，从永定去台谋生的人越来越多，直至今日，祖籍在永定的台湾乡亲已达到十万余人。"② 康熙四十一年（1702），汀州人入垦台湾县顶牛罗汉内门里（今高雄内门乡一部）。

乾隆年间，永定胡永兴率众人入垦台中葫芦墩岸，先建石冈仔庄，即后来之牛庄（现为石冈乡）；永定苏昌龙同其他籍人一道入垦台中后里（今后里、厚里二村）；永定卢祯诚、曾日育入垦台中大里（今大里乡大里、新里二村）；永定卢清杰入垦台中阿罩雾（今雾峰乡）；永定胡焯猷、张必荣渡台，入垦淡水的兴直堡、海山堡；永定华氏入垦今台北三芝乡二坪村。

嘉庆年间，武平张祥云入垦台中地区后里（现台中后里、厚里二村）。

道光年间，汀州移民三十二户，计四十余口，前往宜兰地区苏沃镇附

---

① 凌弘、邱顶彩：《台湾的陆丰客家人》，《陆丰文史》（第4辑），1990年。
② 林添华：《吴伯雄家族及其祖籍地思贤村》，《客家学研究》（第2辑）。

近垦殖。

光绪年间，宁化黄开懋渡海到台湾开基，落籍在今天的台中市西屯区牛仔铺。

乾隆年间，开发台湾的汀州客家移民中，最负盛名的当推胡焯猷。

胡焯猷，字攀林，福建省汀州府永定县人，以生员捐纳例贡。乾隆年间迁台，居住于淡水兴直堡之新庄山脚。"当时的兴直堡一带，多未垦辟"，有"荒土之地"的古称。胡焯猷赴淡水厅请垦，出资募佃，建村落，筑陂圳，大兴水利，尽力农耕，"不十数年，启田数千甲，翘然为一方之豪矣"①。

闽粤客家先人如何从故乡渡过海峡徙居台湾？史籍、方志、族谱、家乘均未见记载，而在海峡两岸的客家山歌中却留下斑斑史痕。

因清廷所颁渡禁令中有：渡台人士不能携带家眷，已渡台者亦不得招来家眷。客家妇女不顾禁令，渡海寻夫，故有《十寻亲夫过台湾》的山歌。请看：

一寻亲夫过台湾，打算出门爱借钱，先日话郎容易转，谁知今日见郎难。

二寻亲夫就起程，包袱伞子紧随身，辞别伯叔并兄弟，出外寻夫正苦情。

三寻亲夫到三河，三河司官盘问多，妹子低头唔敢讲，衫祺遮口说亲哥。

四寻亲夫出三河，使去盘钱十分多，街头人问谁家女，抛头露面唔奈何。

五寻亲夫到潮州，看见潮州百般有，束好东西无心看，急急忙忙赶路途。

六寻亲夫到连城，行到城里二三更，睡到五更做个梦，梦见亲哥打单行。

七寻亲夫到厦门，厦门接客乱纷纷，三更半夜落船上，几多辛苦为夫君。

八寻亲夫坐火船，几多辛苦不堪言，海浪打船风又大，头晕胸闷无人怜。

九寻亲夫离船舱，唔知亲哥在哪方，唔知亲哥哪个屋，见郎唔到心

---

① 高峻、俞如先：《清代福建汀州人入台垦殖及文化展拓》，《福建师范大学学报（哲学社会科学版）》1994 年第 1 期，第 109 – 113 页。

就慌。

十寻亲夫到台湾，一见亲夫开片天，两人牵手来去转，恰似三岛遇神仙。

从这组歌中，可以清楚地看到当时嘉应州客家人到台湾的路线：嘉应州—三河（大埔）—潮州—连城（福建）—厦门—台湾。① 如果认为这组歌太简略的话，则请再看台湾客家人传唱的《渡台悲歌》：

劝君切莫过台湾，台湾恰似鬼门关，千个人去无人转，知生知死都是难。

就是窖场也敢去，台湾所在灭人山，台湾本系福建省，一半漳州一半泉。

一半广东人居住，一半生番并熟番，生番住在山林内，专杀人头带入山。

带入山中食粟酒，食酒唱歌喜欢欢，熟番元系人一样，理番吩咐管番官。

百般道路微末处，讲着赚银食屎难，客头说道台湾好，赚银如水一般了。

口似花娘嘴一样，亲朋不可信其言，到处骗感人来去，心中想赚带客钱。

千个客头无好死，分尸碎骨绝代言，几多人来所信言，随时典屋卖公山。

单身之人还做得，无个父母家眷连，涓定良时和吉日，出门离别泪涟涟。

别却门亲并祖叔，丢把坟墓并江山，家中出门分别后，直到横江就搭船。

船行直到潮州府，每日五百出头钱，盘过小船一昼夜，直到柘林港口边。

上了小船寻店歇，客头就去讲船钱，一人船银一圆半，客头就受银四圆。

家眷妇人重倍价，两人名下赚三圆，各人现银交过手，钱银无交莫上船。

---

① 《嘉应文学》总第 57、58 期合刊——民间文学专号《梅州风采》，第 243 页。

恰似原差禁子样，适时反面无情讲，各人船银交清楚，亦有对过在台湾。

大船还在港口据，又等好风望好天，也有等到二三月，卖男卖女真可怜。

衣衫被帐都卖尽，等到开船又食完，也有乞食回头转，十分冤枉泪涟涟。

也有不转开船去，船中受苦正艰难，晕船呕出青黄胆，睡在船中病一般。

顺风相送都容易，三日两夜过台湾，下里大船小船接，一人又要两百钱。

少欠船银无上岸，家眷作当在船边，走上岭来就知惨，看见茅屋千百间。

恰似唐山粪堰样，乞食芛场一般般，寻问亲戚停几日，歇加三日不其然。

各人打算寻头路，或是雇工做长年，可比唐山卖牛样，任其挑选讲银钱。

少壮之人银十二，一月算来银一圆，四十以外出头岁，一年只堪五花边。

被铺蚊帐各人个，讲着搭床睡摸栏，夜晚无鞋打赤脚，谁知出屋半朝难。

自己无帐任蚊咬，自己无被任冻寒，做得己身衫裤换，又要做帐并被单。

年头自来年尾去，算来又欠头家钱，若然爱走被作当，再做一年十二圆。

年三十日人祀祖，心中想起刀割般，上无亲侍下无戚，就在头家过个年。（下略）

"《渡台悲歌》一书，是作者依据客族'家'的传说和体验的事实写成，它的内容虽然欠缺现代历史学家所要求的各种条件，但比起过去的很多历史文献、口碑并无逊色之处……有关民间所作通俗的、针对渡台移民生活情形的著述，可能不多，有关客族'家'的更少，虽然这《渡台悲歌》仅写悲惨辛酸的一面，但也不失其价值。"[1]

---

[1] 黄荣洛：《渡台悲歌——台湾的开拓与抗争史话》，台北：台原出版社，1997年，第24-29、50-51页。

粤东、闽西客家人相继渡台，致使在台客人与日俱增，遍布各地。据台湾学者陈运栋《台湾的客家人》一书所述："本省现存的文献，缺乏有关清代人口的翔实统计资料。日据时期曾举行过多次的'国势调查'：光绪三十一年乙巳岁（1905），本省籍汉人共有 2 809 485 人，其中祖籍广东省系者（绝大多数为客家人）有 396 195 人，占汉族人口的 13.7%。民国九年庚申岁（1920），本省籍汉人共有 3 371 358 人，其中祖籍广东省系者有 519 770 人，占汉族人口的 15.4%。民国十九年庚午岁（1930）本省籍汉人 4 118 722 人，其中祖籍广东省系者有 648 700 人，占汉族人口的 15.8%。民国二十九年庚辰岁（1940），本省籍汉人共有 5 296 021 人，其中祖籍广东省系者有 803 361 人，占汉族人口的 15.7%。"①

台湾的客家人，"如以其原籍的府州县份，则以嘉应州属（包括镇平、平远、兴宁、长乐、梅县等县）的客家人占最多数，约占全部人口的二分之一弱；其次为惠州府属（包括海丰、陆丰、归善、博罗、长宁、永安、龙川、河源、和平等县）的客家人，约占四分之一；再次为潮州府属（包括大埔、丰顺、饶平、惠阳、潮阳、揭阳、海阳、普宁等县）的客家人，约占五分之一强；而以福建汀州府属（包括永定、上杭、长汀、宁化、武平等县）的客家人最少，仅占十五分之一。"②

台湾的客家人的具体分布，据台湾学者罗肇锦《台湾的客家话》一书所列如下：

（1）北部区：以台北、桃园、新竹、苗栗县为范围。

①台北：台北县的八里、泰山、林口、五股、新庄、淡水、三芝、石门、土城、三峡、树林、莺歌、平溪、汐止、景美、木栅、新店、石碇、深坑、金山、万里等乡镇，早期都有不少客家人来开发聚居，如今仅剩零零落落快变福佬客的散户人家。近年由苗栗、新竹、桃园北上就业的客家人则散居三重、板桥、中和、永和为乡。台北市早期则以今日青年公园到克难街、厦门街、南昌街旁及中永和一带为客家区，今天的三张犁（通化街一带）、六张犁（卧龙街一带）、五分铺（虎林街一带）、合江街、五常街、士林、北投都住了不少客家人。另外近二十年内不少客家人由桃竹苗迁入台北市的内湖、淡水河、新店溪左岸的地带，而且大都以客居的情况住进来，年节即返乡团聚。这些在台北的客家人，在台北市的大都使用国语，在台北县大都使用闽南语，几乎没有成区域性的客家方言出现，但在家里和乡亲相聚时仍以说客家话为主。

---

① 陈运栋：《台湾的客家人》，台北：台原出版社，1989 年，第 32 页。
② 陈运栋：《客家人》，台北：联亚出版社，1978 年，第 32 页。

②桃园：早期在南嵌、竹围、八德、复兴（角板山）、大溪都是客家话通行区，如今这些乡已渐为闽南话势力所取代，只剩中坜、龙潭、平镇（以上说四县客家话），观音、新屋、杨梅（以上说海陆客家话）。

③新竹：新丰、新埔、湖口、芎林、横山、关西、北埔、宝山、峨眉等乡镇大都是客家区，以说海陆客家话为主，也就是说今日的新竹县是海陆客家话的主要分布区。

④苗栗县：是说四县客家话人口最多的地区，全县除了沿海地区的苑里、通霄、竹南、后龙、三湾及山区的卓兰以闽南话较盛外，其他苗栗、头份、大湖、铜锣、三义、西湖、南庄、头屋等靠山地带都是说四县客家话的乡镇。

（2）中部区：以台中、彰化、云林为范围。

①台中：早期在神冈（新广）、社口、潭子（潭仔士笼）、丰原（芦葫墩）、大雅（坝雅）、坝石（石仔冈）、东势（东势角）、大甲、新社、谷里、石围墙、日南、沙鹿等都是客家开发地，如今只剩东势、石冈、新社、卓兰（属苗栗县）一带还说客家话（饶平话为主），其余丰原、潭子、神冈、后里等地成了说闽南话的区域。

②彰化：早期大村以南，员林、永靖、埔心、社头、溪州、竹塘等乡镇原为客家区，如今都沦为福佬客区，只有部分老一辈的人懂得一些客家话而已。

③云林：早期三个客家区都以说诏安客家话为主，如今大都以闽南话为主，还有部分中年人及老年人会说不是很纯正的诏安客家话。这里成了马上就要消失的客家方言岛。

（3）南部区：以嘉义、屏东、高雄为范围。

①嘉义：早期新港、溪口、大林、北港及阿里山都是客家区，属饶平客家话，但现在都不会说客家话了，成了地道的福佬客。

②屏东：是南部客家的大本营，所谓"六堆客家"就是以竹田（竹头角）、万峦、内埔（槟榔林）、长治、麟洛、新埤、佳冬（茄苳脚）、高树为主的客家区，以说四县客家话为主。

③高雄：早期的右堆武洛，后业开辟成美浓、杉林、六龟，是与屏东另处五堆连成一脉的六堆客家区，也是说四县话的客家话区。另处早期的林边、东港、车城一带也都是客家话区，但现在都成了福佬客区。

（4）东部区：以宜兰、花莲、台东为范围。

①宜兰：有三星乡、苏澳镇（朝阳里、南强里）、圆山乡（双连埤）、东山乡（广兴、大进）、礁溪乡（三民村）、罗东镇（北城），以说诏安客

家话为主，如今大都改用闽南话。

②花莲、花莲市（国富里、主权里）、吉安乡、寿丰乡、光复乡、玉里镇约有四成客家人，瑞穗、凤林、复金有四成以上客家人。这些客籍人士大都从西部桃竹苗东来开垦的，以说海陆客家话居多。

③台东：池上、关山、鹿野、成功、太麻、碑南也是客家重镇，大都从屏东迁移而来，以说四县客家话为主。①

据上足见，客家人在台湾分布甚广，虽无纯客市县，却有新竹、桃园、苗栗、台北等主要聚居地。而今，台湾岛内的客家人在 400 万至 500 万②，是仅次于大陆的客家人主要的聚居地。

抗战胜利后，台湾回到祖国怀抱的翌年，中山大学教授侯过到台湾考察农林事宜。他迹遍宝岛，攀登阿里山，在屏东晾望太平洋，畅游日月潭，穿过他罗河山道，然后到达大湖乡。沿途看许多从广东迁来的客家人，语言、风俗习惯一如嘉应故里。他和乡人话桑麻，说流源，寻根溯祖，盘桓数日，写下了七绝纪事诗三首。其一云："同是梅花岭外人，异乡相见转相亲。重提旧事沧桑后，梦里经过五十春。"

近半个世纪后，中国新闻社记者郭伟锋在《四十年间第一步　大陆记者首次台湾行》中，也访问了新竹县新埔镇，写下了《勇敢勤劳的客家人》。文中有道："车子驶进新埔镇境内时，一眼望去，只见青山绿水，翠竹平畴，此景似曾相识。无论在广东、福建、香港，还是在泰国，客家人的聚居地，离不开山，离不开田。'一水护田将绿绕，两山排闼送青来。'我不禁轻轻吟哦着宋代王安石的这诗句。此刻，我仿佛沉浸在似曾相识的氛围中。其实，新埔的风光与我的故乡梅县的风光是不可能相似的，但在感情的主导下，我却觉得回到了故乡，尤其是一群说着客家话的乡亲涌上来对我和范丽青表示欢迎时。……台湾客家人，我的父老乡亲，你们的奋斗史，你们的新面貌，你们的好精神，却永永远远地留在我的脑海中。"③

客家人，走遍天下也忘不了乡亲，忘不了根。"同是梅花岭外人"的海峡两岸的客家人，彼此在关怀、在思念、在鼓励！

---

① 罗肇锦：《台湾的客家话》，台北：台原出版社，1990 年，第 74－78 页。

② 范丽青、郭伟锋：《四十年间第一步　大陆记者首次台湾行》，北京：新华出版社，1992 年，第 206 页。

③ 范丽青、郭伟锋：《四十年间第一步　大陆记者首次台湾行》，北京：新华出版社，1992 年，第 205－216 页。

两岸客家姓氏源流考究

刘焕云①

一、前言

数千年来，台湾一直为我中华民族生存空间的一部分；台湾居民，均属中华民族之成员，亦即皆为中华儿女；而一部台湾史就是中华民族在台拓展繁衍史。② 清康熙二十二年（1683）台湾纳入清朝版图之初，将台湾划为一府三县，隶属福建省；一府为台湾府，三县是台湾、凤山、诸罗。清代台湾社会，台湾人的"精神世界"、人文素养与人伦日用，仍然维系着儒家之仪礼与风俗。礼俗所构成的"精神世界"，体现于广大台湾人民的日常生活之中。连横在《台湾通史·风俗志》中特别重视民间风俗，认为"风俗之成，或数百年，或数十年，或远至千年。潜移默化，中于人心，而萃为群德，故其所以系于民族者实大"③。他在该志中亦详记台湾人岁时、宫室、衣服、饮食、冠婚、丧祭、演剧、歌谣诸俗，并认为这些都是维系民德的生活之道。他说："此则群德之不坠，而有系于风俗焉，岂小也哉！"④ 也就是说，连横认为要维系台湾社会之发展，各种源自闽粤两地移民所传来的儒家礼俗、风俗等，皆饶富象征或实用之意义，不能忽视。连横特别指出："台湾之人，中国之人也，而又闽粤之族也。闽居近

---

① 刘焕云："国立"联合大学客家研究学院全球客家研究中心研究员。
② 杨绪贤：《台湾区姓氏堂号考》，南投：台湾省文献委员会，1979 年，第 1 页。
③ 连横：《台湾通史》（下册），台北：众文图书公司，1979 年，第 597 页。
④ 连横：《台湾通史》（下册），台北：众文图书公司，1979 年，第 597 – 598 页。

海，粤宅山陬，所处不同，风俗亦异，故闽人之多进取而粤人之重保守。"① 可见台湾汉系之闽、粤移民，其风俗或有所不同，在保存儒家祭祀文化上却是相同的。

二、两岸客家移垦与文化传承

客家族群是台湾的三大族群之一，客家人在移居台湾之后，逐渐定居于台湾全岛。客家文化是由客家人缔造而成的，有源远流长的历史，在历史的长流中，客家人曾经迫于现实，为了寻找安身立命的处所而到处迁移，而有"东方犹太人"之称。根据罗香林之研究②，客家人是中原汉族之一系，先后历经五次大迁徙，而逐渐迁居到大陆南方各省。

汉系之闽南人与客家人在明朝洪武年间，政府在澎湖设置巡检之后，开始移垦台湾。南明永历十五年（1661）郑成功率官兵攻台，赶走荷兰人，不少闽南与粤东的客家人随后陆续移垦台湾。清初时期，大陆客家族群陆续向海外移民，成为分散至世界各角落的族群。清廷曾颁布三条禁令，限制客家人渡台。其中"粤地屡为海盗渊薮，以积习未脱，禁其民渡台"这一条禁令，使粤东客家人到台湾开拓过程中，比漳州人和泉州人多了一道枷锁，③ 也使粤东客家人渡海来台时，平地、港口附近地区已被漳、泉等地先来台之福佬人垦占，粤东客家移民只好在山区丘陵地垦荒辟地。

不过，虽然有渡台禁令，仍有不少粤东客家人陆续来到台湾，与闽南之福佬民系一起渡台移垦。《理台末议》中记载："终将军施琅之世，严禁粤中惠、潮之民，不许渡台，盖恶惠、潮之地，素为海盗渊薮，而积习未忘也。琅殁，渐弛其禁，惠、潮之民乃得越渡。"④

可见，康熙三十五年（1696）之后，粤东客家人才大规模渡海来台湾。到了雍正年间，移垦禁令解除，客家人大量拓垦台湾。乾隆之后，闽、粤等地的客家人，更大量拓垦台湾，逐渐在台湾各地定居发展。来台客家人以嘉应州属地如镇平、平远、兴宁、长乐、梅县等县的客家人占最多数，约占二分之一弱，其次为惠州府属地如海丰、陆丰、归善、博罗、长宁、永定、龙川、河源、和平等县的客家人，约占四分之一。再次为潮州府属地如大埔、丰顺、饶平、惠来、潮阳、揭阳、海阳、普宁等县的客

---

① 连横：《台湾通史》（下册），台北：众文图书公司，1979年，第597页。
② 罗香林：《客家研究导论》，台北：南天书局有限公司，1992年，第1-77页。
③ 刘还月：《台湾客家族群史 移垦篇》（上册），南投：台湾省文献委员会，2001年，第8-9页。
④ 吴密察编撰：《台湾通史：唐山过海的故事》，台北：时报文化出版企业股份有限公司，1998年，第24页。

家人，约占五分之一强。而福建汀州府属，如永定、上杭、长汀、宁化、武平等县的客家人较少，约占十五分之一。另有漳州府，包括南靖、平和、诏安等县，如今分布在云林二仑、仑背等地。①

客家人来台拓垦之路线，约略可分为南、中、北、东四路。南路在打狗港、下淡水港或者东港登陆，然后沿着下淡水溪到屏东竹田、内埔、佳冬、麟洛、万峦以及高树、美浓、旗山等宽广的下淡水溪冲积地。中路或从鹿港或者浊水溪口附近登陆，垦拓彰化、云林及南投等地；或从崩山港、大安港登陆，入垦大甲、丰原、东势、卓兰等地；或从房里溪、吞霄溪上岸，垦殖房里、通霄、白沙屯地区；或从中港溪、后龙港登岸，散居苗栗、头份、公馆、大湖、铜锣、三义等地；或从竹堑港、红毛港登岸，开发新竹、竹北、湖口、芎林、竹东、北埔等地。北路或从淡水、南崁、观音登岸，移垦桃园；或从基隆登岸，移垦台北、万里、鸡笼等地。② 台湾东部的客家人，移垦时间较晚，从吴沙入垦噶玛兰之后，便有客家人在苏澳设隘守护。③ 其后，花莲、台东等后山地区，陆续有客家人移垦。

客家人自迁台之后，历经各种闽客、原客的竞争、合作、冲突、通婚、同化，在全台各地形成含有独特客家文化的客家庄，在漫长的迁徙生活中，建立了具有客家文化特色的生活方式，成为台湾仅次于闽南族群的第二大族群。目前台湾两千三百多万的人口中，客家族群占总人口数百分之十五至二十，约有四百万人。总之，由于客家人来台之先后不同，在台湾发展的地点、文化生态、族群环境也不相同，而形塑了全台各地互有同异的客家文化及各腔各调的客家话。客家话因腔调不同，主要有四县、海陆、大埔、饶平、诏安五种，四县客家话是台湾客家话的共通语言，使用的人也最多。④

三、两岸客家姓氏源流

台湾地区居民姓氏，在1945年台湾光复前未曾调查，日据时期日本人富田芳郎曾于1930年调查，抽样31 003户，共得到193姓氏。台湾光复后，台湾省文献委员会曾于1954年调查828 804户，共得737姓氏，但遗

① 罗肇锦：《台湾客家族群史 语言篇》，南投：台湾省文献委员会，2001年，第1-30页。
② 刘还月：《台湾客家族群史 移垦篇》（上册），南投：台湾省文献委员会，2001年，第36页。
③ 姚莹：《东槎纪略》，南投：台湾省文献委员会，1996年，第70页。
④ 罗肇锦：《台湾客家话的现况与走向》，载于《客家文化研讨会论文集》，台北："行政院"文化建设委员会，1994年，第1页。

漏的姓氏仍多；1978 年，调查得到 1 611 个姓氏。① 这些姓氏，除了为台湾原住民的历代政府赐姓或台湾原住民自由选择，都是从大陆移台定居汉人的姓氏。

就台湾客家人而言，客家人注重族谱之编修，章学诚说："传状志述，一人之史也；家乘谱牒，一家之史也；部府县志，一国之史也；综纪一朝，天下之史也。"② 可见，族谱是与正史相提并论的史料。族谱是传统的历史文献及珍贵的地方文献，蕴藏着丰富的人物与地方史料，更是中华姓氏之渊源、家族历史的记载体裁。罗香林乃是客家研究先驱，他根据志书、谱牒，写成《客家史料汇篇》一书，考证客家 40 姓氏之谱牒 86 部，对客家姓氏渊源的记载，客家先祖或以国名为姓，或以祖先封地为姓，或以祖先谥号为姓。其中，他还提及客家人从大陆迁徙到台湾之梗概。③ 罗香林对族谱学研究贡献很多，虽然引用的各姓氏族谱材料或有考证不全之现象，④ 但已为后人树立了典范，他的《中国族谱研究》《客家史料汇篇》两书，对族谱学的研究与发展起到促进的作用。中国各姓氏族谱文献，多如繁星，各姓氏族谱意义非凡，各族各姓的迁移历史与各民族同化的历程，都可以从各姓氏之族谱中看出。

中国人重视谱牒编修之文化，亦随着汉人移垦而传到台湾。今日我们分析台湾客家姓氏源流，甚至从族谱就源寻根，发现台湾客家各大姓氏都是闽粤地区传来者。本文谨选择数大姓氏说明。

（一）邱氏家族与苗栗移垦

丘氏之远祖为神农氏后代，姜太公之子为太史祖，因受封于营丘，后人遂以丘为氏。⑤ 丘氏在雍正三年（1725）奉旨避孔子名号孔丘之讳，改丘为邱。⑥ 康熙二十二年（1683），明郑降清，清廷正式收复台湾，闽粤一带的垦民，开始零星地渡海到苗栗开垦滨海地区。康熙末年，苗栗后垄沿海和竹南公馆、后龙溪出海口一带，已有不少垦区的分布，但是垦民以漳

① 杨绪贤：《台湾区姓氏堂号考》，南投：台湾省文献委员会，1979 年，第 13 页。

② 章学诚：《文史通义》，台北：盘更出版社，年不详，第 133 页。

③ 罗香林：《客家研究导论》，台北：南天书局有限公司，1992 年，第 61 - 62 页。

④ 孙远谋：《乐安孙氏世系源流考撰——从现存族谱与孙中山失世资料》，《台湾源流》1999 年第 15 期，第 23 - 37 页。

⑤ 邱英政主编：《邱氏族谱》，苗栗：弘益传播公司，2000 年，第 5 页。

⑥ 曾海丰、陈志红：《梅县百家姓》，香港：香港天马图书有限公司，2003 年，第 119 页。

州之福佬人居多。① 雍正时代，开放粤民移垦台湾之禁令，此后粤籍客家人才逐渐涌入台湾各地拓地垦荒。② 出生于苗栗之抗日英雄丘逢甲，曾以竹枝词形容台湾人之由来："唐山流寓话巢痕，潮惠漳泉齿最繁。二百年来蕃衍后，寄生小草已生根。"③

就苗栗而言，汉人未移垦之前，沿海地区大多是平埔族道卡斯族居住，嘉志阁社人与猫里社人，则聚居在今日之苗栗市一带，另外还有赛夏人及泰雅人，住在较高的山区。光绪十一年（1885）十月，清政府将台湾改设为行省，首任巡抚为刘铭传。刘铭传到任后，于光绪十三年（1887）奏请允许苗栗单独设县。其奏文曰："新竹苗栗街一带，扼内山之冲；东达大湖，沿山新垦荒地甚多。拟分新竹西南各境添设一县，曰苗栗县。"清廷准许苗栗设县，并派首任知县林桂芬于光绪十五年（1889）到苗栗上任，县治设在猫里街。当时，丘逢甲曾赋诗一首描写苗栗县："田制奇零亩，溪流浅急声。乱山多近市，新县未围城。土瘠迟官税，民贫长盗萌。眼前无限感，过客此孤征。"④ 由诗中可见当时苗栗县是相当贫瘠之地，客家先民来此披荆斩棘，非常辛劳。

丘逢甲的祖先本是由中原为躲避战乱而南迁的客家人，在宋朝时迁居于福建邵武、宁化、上杭一带。上杭开基第八世丘梦龙，是南宋著名理学家朱熹的再传弟子。⑤ 丘梦龙之子丘文兴，举家再移居广东梅州石窟（明代镇平县，今蕉岭），以丘梦龙为镇平开基祖。丘文兴后改名创兆，在蕉岭建"相公祠"和"宋思亭"，祭祀客家民系之英雄文天祥。⑥ 若以梦龙公为一世，到了第五世均庆公，生有四子，开始分房派：希鲁公为南房，希学公为西房，希质公为东房，希进公为北房。乾隆时期中叶，北房丘逢甲的祖父丘仕俊渡海来台，到了丘逢甲的父亲丘龙章，先后到客家庄苗栗、丰原等地坐馆。同治元年（1862）举家搬到苗栗铜锣湾庄定居，丘龙章在当地李氏家塾教书。同治三年（1864），丘逢甲就诞生在台湾府淡水厅苗栗铜锣湾。⑦

① 盛清沂：《新竹、桃园、苗栗三县地区开辟史》（上），《台湾文献》1980 年第 31 卷第 4 期，第 161 页。

② 陈运栋：《客家人》，台北：联亚出版社，1978 年，第 97 页。

③ 丘逢甲：《丘逢甲集》，长沙：岳麓书社，2001 年，第 12 页。

④ 丘逢甲：《丘逢甲集》，长沙：岳麓书社，2001 年，第 133 页。

⑤ 据邱氏族谱记载，梦龙公后来迁居程乡石窟都，即今蕉岭县。见邱河生编：《苗栗县下南势坑邱氏族谱》，启祥公派下邱氏裔孙族谱编纂委员会，2009 年，第 88 页。

⑥ 刘焕云：《丘逢甲之客家文化意识与爱台思想研究》，《联合大学学报》2005 年第 3 期，第 93 页。

⑦ 徐博东、黄志平：《丘逢甲传》（修订本），台北：海峡学术出版社，2003 年，第 9 页。

丘梦龙后代，除丘逢甲这一系之外，尚有许多裔孙陆续迁居来台湾。南房希鲁公为六世，其后人十五世山云公，据估算大约于乾隆中期，山云公率三子启祥、启衽、启祉由原乡蕉岭渡台，迁居到苗栗，从后垄打哪叭溪（西湖溪）上岸，展开了苗栗下南势坑邱氏家族移垦之历史，至今已传了八代左右。① 据传，山云公后来又率领启衽、启祉回到原乡，留下其子十五世启祥公在台湾定居发展。② 启祥公派下十九世孙庆礼公，经三度移居，最后在苗栗市下南势坑落脚，购置约十公顷土地，成立河南堂邱启祥公屋，并将渡台祖安葬于此地。从 1750 年到 2012 年，邱氏启祥公来苗栗后，从十五世已繁衍到二十四世，整个家族男丁近千人。

客家姓氏族谱中，开卷就对自家姓氏渊源作了明确的记载。不过，中原在历史上迭遭战乱，造成客家民系历史上之多次迁徙，虽然客家人最重视谱牒，但迭遭兵燹，导致文籍荡然，谱牒遗失，久而久之，对自己世系源流，不易稽考。客家人移民台湾，并非一大家族或宗族的迁入，而是零星散户之移垦，久而久之，终因台湾海峡形势险恶，回原乡并非易事，终于逐渐在台湾定居，在台繁衍后代人数渐多，祭祖或编修族谱便成为必备之事，于是开始建立宗族组织，撰修渡台后之新族谱。

罗香林指出，由各姓氏客家谱牒所记载之内容来看，具有多项文化意蕴：①客家社会为耕读社会。②客家社会为乡里自保之社会。③客家社会重视通书与历法之推算。③ 此外，客家谱牒都记载有各姓氏迁徙转居、分房分支的传承经历，罗香林列举五华徐氏族谱、五华李氏族谱、兴宁廖氏族谱、惠阳黄氏族谱、惠阳许氏族谱等，说明各姓氏祖先如何在大陆分支分派，到各地开基发展之经过，足见在历史的长流中，族谱也是客家先祖们移垦迁徙的记录史。

在台湾的邱氏族人，大多以梦龙公为唐山祖；下南势坑邱氏族人，都是启祥公后代，所以以启祥公为来台开基祖。启祥公后人在苗栗繁衍两百多年后，螽斯衍庆，枝繁叶茂，人才辈出。因此，为缅怀祖德宗功，叙昭穆，明伦常，族中有志者，遂于 1972 年，克服万难，由二十一世邱枝昌先生率领，编修了第一版的《苗栗县下南势坑邱氏族谱汇篇》，该谱以搜集

---

① 研究者可以从族谱计算来台所传下之世代，反推回去约略知悉来台之时间。亦有人从族谱数据计算祖先各世代之结婚年龄。见 Stevan Harrell, *Figuring Age at Marriage from Chinese Genealogies a thought Paper*, 收于犹他家谱学会等主编：《中国族谱与地方志研究》，上海：上海科学技术文献出版社，2003 年，第 91－107 页。

② 邱河生编：《苗栗县下南势坑邱氏族谱》，启祥公派下邱氏裔孙族谱编纂委员会，2009 年，第 86 页。

③ 罗香林：《客家史料汇篇》，台北：南天书局有限公司，1992 年，第 19－22 页。

到南房邱氏之相关资料为根据，分 8 个章节介绍：谱序、梦龙公序、改丘为邱转载、祖训、周代太始祖穆公起至五十六世杰秀公世谱、宋代大始祖杰秀公起至九世祖六十郎公世谱、镇平开基始祖六十郎公世谱、来台后世谱。① 到了 1986 年正月廿五日扫墓祭祖时，② 许多宗亲又提议兴建"佳城"，即将原先祖传墓地内三个各别墓，改建为可综纳百罐骨坛以上之祖塔。1988 年，二十二世裔孙邱河生提议宗长，因各房裔孙人丁已传至二十五世，族谱亦应重新增修内容，让后代子孙认识自己的祖先发源与事迹。但因当时全力兴建邱氏佳城，未能进行修谱工作，一直到 2007 年 10 月，启祥公各房裔孙委员，方再次召开修谱会议，会中决议二修族谱。二修族谱，于 2009 年 3 月编修完成，并加以出版，分发到各房各户保存，永为纪念。其他台湾邱氏宗派后裔，亦于 2009 年 1 月编成《丘（邱）氏来台开基各派大宗谱》，其中亦有启祥公来台开基之记载。③

邱氏族人在编修第一版与第二版邱氏族谱时，发现一些资料的缺乏等其他问题，例如，启祥公属于南房的典故为何？启祥公祖籍地在何处？十六世启祥公上代的资料少了第八世到第十四世的先祖名字，启祥公来台的时间为何？长辈口述历史提到十五世山云公带三子来台，后携二子返回原乡，此说正确否？启祥公之子春桂公迁徙公馆石围墙后，至今下落不明。

以上的问题产生已长达两百多年之久，虽经不断地查询相关资料，但要一一查证实属非常困难。所幸邱氏宗祠管理委员二十三世邱翠晓，因常到上海、北京经商，为探寻祖源，百忙中抽空二度前往梅州寻根，明察暗访邱氏乡亲，在梅州市平远县寻得一本《丘氏梅州分谱》，带回台湾研究对照。在此本中族谱发现，有记载希鲁公南房的资料，虽资料记载不多，但仍具有参考价值。而台湾 1972 年由二十一世邱枝昌所编印的邱氏族谱，其中亦记载了在台邱氏是南房希鲁公之裔孙，侃公（永宗公）为七世祖，八世祖为惟穆、惟勋、惟绪等。在惟勋公十五世祖没有云字辈，但十六世

---

① 邱河生编：《苗栗县下南势坑邱氏族谱》，启祥公派下邱氏裔孙族谱编纂委员会，2009年，第 94 页。

② 据《石窟一征》卷四《礼俗》的记载，大陆地区客家人提早于清明前扫墓，主要是由于世系繁衍悠久，所营建的祖先坟墓众多，清明节要祭扫的祖坟太多，当天忙不过来，才提早祭扫。见吴宗焯修，温仲和纂：《嘉应州志》卷八《礼俗》，台北：成文出版社，1968年，第 6 页。而台湾苗栗客家人传来此习俗，都于正月十六日至清明的这一段时间内，有些是选正月十六日这一天，有些是选正月十六日后的第一个星期日，有些是选正月的最后一个星期日，有些是选二月的第一个星期日，有些是选春分这一天，也有人选定清明这一天。见陈运栋：《台湾的客家人》，台北：台原出版社，1989年，第 96 页。

③ 邱坤寿主编：《丘（邱）氏来台开基各派大宗谱》，彰化：台湾省丘（邱）氏宗亲会，2009年，第 400 – 424 页。

祖出现两位启祥公。两本族谱之间有差异与错简，有待查访证实。因此，有必要前往原乡梅州访察。

　　寻根问祖是一项寻找与考古的工作，事前的资料收集愈多，就愈容易发现历史真相。当时，邱氏族人手中有三族谱可循：一是二十一世邱枝昌1972年所编修之邱氏族谱第一版，二是邱翠晓从梅州带回的《丘氏梅州分谱》，三是邱秀强先生所著《闽粤台丘（邱）氏族谱》，梅州邱氏分谱第100页有梅州市丘氏居住分布图供参考。因此，邱氏族人经研究后，终于在2008年春节，由二十二世邱河生与二十三世邱翠晓、邱文智，亲自至蕉岭寻根问祖。出发前恰巧与任职于"国立"联合大学全球客家研究中心的笔者相识，笔者给他们介绍梅州市嘉应学院客家研究院，该所藏有许多客家族谱，非常欢迎台湾乡亲带族谱回祖国寻根问祖，该所会尽力协助族谱之对照与考证工作，且会派人协助当向导，到各客家地区寻根。

　　2008年2月14日，他们抵达梅州市嘉应学院客家研究院，受到房学嘉院长、肖文评副所长、钟晋兰教授等人的热忱接待，除进入该院"客家资料中心"寻找族谱加以比对之外，更亲领他们参观院内陈列的客家古物。在"客家资料中心"里，他们查阅了十多册的各地丘（邱）氏族谱，只有在平远县的分谱中发现，有两本有启祥公的名字。因此，他们决定到平远进行田野调查。

　　第二天，他们一早到达平远县县城，专程拜访了平远的丘（邱）氏宗亲会前任会长丘敬勤宗亲，由丘敬勤带领着，向一位居住在东石镇，一辈子都在修谱与增谱中度过，现年82岁的丘立文先生请教。丘立文得知台湾宗亲的来意后，告知丘（邱）氏南房裔孙确实大多居住于平远。其典故为：丘氏蕉岭开基始祖六十郎梦龙公派下六世祖希鲁公（南房），因希鲁公赴凤阳府客死异乡，以希进公（北房）三子侃过继为子，丘侃，字景谦，号永宗，后来移居平远县开基；因此南房裔孙多居住在平远。

　　这个发现，与台湾的邱氏族谱初版中第12页的叙述是符合的，增加了他们寻根的信心，只要找到来台祖十六世启祥公与十五世祖山云公的文物资料，那台湾邱氏族谱初版中缺少的第七世到第十四世先祖姓名就可得知了。

　　丘立文指出，广东平远与福建省武平县的交界处，有一支丘氏族人，其先祖为启祥，距离不远，可前往勘查。路面虽然难走，又逢2008年初南方雪灾，到达时已过中午。他们以最直接的方式寻根，因没有族谱而去查看墓碑，看结果与台湾没有关联。

　　2008年2月16日，他们到蕉岭县文福镇丘逢甲纪念馆参观。寻根之旅之线索，只剩下邱秀强所著《闽粤台丘（邱）氏族谱》中第 500 页所著，苗栗市南苗有位邱荣瑞，其来台祖为绍山公，祖籍地为"广东蕉岭招福乡张方社"。因邱荣瑞的先祖也是希鲁公（南房）裔孙。他们问了许多原乡族人是否知道"广东蕉岭招福乡张方社"这个地址，结果很多人都不知道。一直到文福镇希进公（北房）裔孙丘逢甲纪念馆时，才有重要的突破。文福镇有一位高龄的丘氏宗亲，给我们看了北房裔孙祖谱手抄本，方知道旧地名的"招福乡张方社"，现称为"招福村堀唇"，地点在蕉岭镇南郊。

来自台湾的三人，抱着姑且一试的心情前往探查，中途竟然迷路，还乘坐了当地出租摩托车，才找到现在成为招福村的地方。走进这户人家，门口出现一副对联，让台湾来寻根的三人看了动容不已，上面写着"南西东北远""希鲁世泽长"，这不就是希鲁公派下的房族吗？走进门里，找到一位 82 岁的宗亲，问他是什么公派下子孙，他却一问三不知地说："族谱以前没有好好地保存，现在什么都不清楚。"台湾寻根者问："是否有阿公婆牌或墓碑？扫墓时在哪祭拜？是否可过去看看？"他说家旁不远之处的菜园有一个丢弃已久的碑石，可以看一看。他们查看之下，心情开始起伏不定，因为碑石上隐约可看出山云公以及启祥公的名讳，立刻将碑石搬至空旷处，经清洗后拍照存档，并询问是否还有其他文献资料，分别拍照存盘，静待房族宗亲共同研究确认。

回到台湾后，将原乡带回的墓碑、阿公婆牌相片与族谱等数据详加比对，终于将邱氏启祥之世系源流与来台近八代之发展详情建构完成。据肖文评指出，客家先民渡台路线有三：①厦门官道。溯梅潭河经湖寮、百候、福建的平和九峰，走路到小溪；再坐船沿九龙江到厦门，等待查验。②汕头官道（1862 年开埠）。顺着韩江南流而下潮州，到达汕头的港口而后乘船到台湾，由最靠近苗栗的后龙港上。③其他路线。顺着韩江南流而下潮州，再到饶平柘林，直接渡过台湾海峡，再由小船接运登陆，徒步到达目的地。邱氏族人综合多本台湾邱氏族谱与大陆族谱，推测启祥公可能从蕉岭祖籍地出发，走路到新铺码头，沿石窟河坐船至丙村，再沿梅江到松口与三河，再依上述三种路线渡台。

2008 年清明节前，苗栗邱氏族人邀集房族宗亲一行十一人，二度前往蕉岭原乡寻根，前往可能是启祥公原乡的蕉岭招福村，再与同宗的邱洪生宗亲相聚，感受启祥公的原乡生活。邱洪生守着祖先保留下来的家业，保留着祖先的传统，逢年过节拜祖先、挂门联，念念不忘祖宗训，即使在"文革"的年代，宁愿把阿公婆牌藏匿起来，也不愿烧毁或丢掉。苗栗邱氏族人回台后，随即展开考证与编修族谱的接谱工作。

（二）苗栗刘氏后裔溯源与寻根

雍正年间，广东省大埔县三洲坑田背村树德堂有一刘氏家族，因人口日增，食指浩繁，家族耕地有限，族中有人因而兴起到台湾移垦之念头。此一刘氏家族，根据族谱记载，乃刘氏第一百四十一世刘广传五世裔孙刘肇基之后代，原住大埔县高陂屋仔里，于明朝永乐年间迁居于三洲坑田背村，以树德堂为世系名开基。① 传到"必"字辈，再以"三士国子孟长图映日周发达选嘉猷其尔成章贵祥光庆作求"二十五个字为世辈排名。其中，"必"字辈有必超、必逊、必梯、必贞、必标等人，再传到"三"字辈有三达、三德、三朋、三武、三智、三盛、三祝、三阳、三铎、三运、三鸾、三义；到了"士"字辈，刘三朋之子士朝、士燕、士芳、士升、士彩、士京与三达之子士秀等族中兄弟多人，因听说台湾有地可开垦，很容易赚食，于是兴起到台湾发展之念头。

雍正十年（1732），刘士秀先渡海来台，经后龙溪上岸，在苗栗谋生；后又到东势角新伯公地区半年。发现台湾是移民之新天地，只要肯离乡背井，能忍受远离家人之苦，一定能在台湾赚钱发展。是年冬天，刘士秀回到原乡大埔三洲坑田背村，将台湾所见所闻告诉族人，并告诉族中兄弟，除了要有盘缠可以雇船渡台，最好也要有钱来台买地开垦；要不然就要身强力壮，可以在台湾受雇垦地作长工。族中兄弟多人，听了刘士秀之言后，纷纷兴起到台湾新天地移垦之念头。

刘士秀之族兄、刘三朋之长子刘士朝，生于康熙二十二年癸亥（1683），生有四子国纲、国琏、石蓝、国梯②，时年51岁。因见田背村已无大发展可能，遂向族弟刘士秀询问台湾之种种，考虑允许子孙长期移垦台湾之事。然而刘士朝与刘士秀均已年过半百，体力日衰，无意移垦台湾。士秀之子刘国方早逝，其孙刘才麟随母亲钟氏改嫁，不堪被人讥讽为

---

① 刘广传，一说是第一百三十六世，讳广传，名井，号清叔。广传公，宋端平二年乙未（1235）进士，调会昌尉，任江西赣州府、宁都府瑞金县知县。妣马杨氏，生十四子，公作有律诗一首，以嘱十四子之符节。十四大房长巨源公、次巨淠公、三巨洲公、四巨渊公、五巨海公、六巨浪公、七巨波公、八巨涟公、九巨江公、十巨淮公、十一巨河公、十二巨汉公、十三巨浩公、十四巨深公，均官任江西、湖南、四川、浙江、云南、广西、安徽、湖北、山西、贵州等地。见刘日燕：《士朝园》，苗栗：刘士朝派下四大房子孙印，1988 年，第 3、153 – 156 页。以及《刘氏族谱》，士朝园子孙印，1997 年。

② 刘国梯在台湾之记载为刘国提，阿公婆牌也是国提。

"骑草牛"①,遂回到刘家。据族谱记载,刘才麟才高志大,富有坚毅精神,幼年即有远离家乡之志。

经过长远考虑,结果于雍正、乾隆年间,树德堂刘氏子孙有刘士朝之妻邱氏,率领儿子国梯,与刘士燕、刘士芳、刘士升及刘才麟等人一同到台湾。② 当时,听说客家人大都往台湾北部后龙溪登岸,那里有叫"猫里"的地方,刘士秀当年去过。因此,一行人搭船度过黑水沟,即从后龙溪登陆,在苗栗地区落脚,开始了士朝园家族来苗移垦之历史。

刘氏家族一行人到了苗栗之后,沿着后龙溪上岸,逐渐分散到各地方去。③ 起初,刘士朝婆率领之刘国梯这一支,最后在公馆隘寮下定居;刘才麟则到东势角新伯公地区发展,其后代颇负盛名。台湾著名诗人、抗日义军领袖丘逢甲,幼年即曾随父亲丘龙章在东势新伯公刘氏家塾读书。④ 此一刘氏家塾就是刘才麟后代所建;刘士燕、刘士芳、刘士升在台湾何处发展,最后失去联络,从此石沉大海。据族谱及口述历史记载,刘才麟与刘国梯之后代,一直都有联络,光绪年间还会因台中东势有尝会活动,族人间仍有往来。

从1734年到2012年,士朝园家族来苗栗后,历经清朝统治、日本割台,再由国民政府收复台湾到今天,从第八世"士"字辈已繁衍到第十八世"达"字辈,整个家族联络得上的,有千人以上。目前辈分最大的,为"映"字辈。刘国梯母亲邱氏,于1775年亡故,后人将其葬于公馆白地面公墓,并尊称为"来台祖婆"。

刘国梯生三子子麟、子瓅、子璋,刘子麟未曾娶妻,刘子瓅下落不明。刘子璋娶妻汤氏,生五子,逐渐盛大发展,子孙繁衍至今。今据族谱与文献记载,略述其重大发展事迹如下:

(1)刘子璋。十世祖,字科元,谥毅创、年高、百岁翁,生于乾隆三十四年(1769),卒于光绪二年(1876),享寿108岁。⑤ 子璋公发迹后,于麻齐寮建造三合院居住,拥有数十甲田及数十甲林地。林地在尖山庄,

---

① 客家人讽刺随母改嫁之前人子为"骑草牛"。刘才麟幼年之事,见东势刘氏族谱,手抄本。

② 相关文献,记载于广东大埔刘氏族谱,此一族谱修于民国十年(1921)清明节,乃由十三世裔孙图字辈刘瑞图编撰重修。笔者于2005年3月从大埔刘家刘维敬先生处取得。

③ 后龙溪口原为道卡斯人居住之地,溪口南案之公司寮港(现为龙港),于雍正八年(1730)正式辟为商港。见陈运栋:《台湾的客家人》,台北:台原出版社,1989年,第152页。

④ 1785年,丘龙章由彰化三角庄转到东势刘氏家塾教书,12岁的丘逢甲也随父来教读。见徐博东、黄志平:《丘逢甲传》(修订本),台北:海峡学术出版社,2003年,第14—15页。

⑤ 刘子璋102岁时,被记入苗栗县八位人瑞之一。见沈茂荫编:《苗栗县志》卷八《祥异考·人瑞篇》,苗栗:苗栗县文献委会,1953年。

从下大坑一直到八角栋，至今仍留有"上有廖屋、下有刘屋"之语，形容刘家拥有山林之广大。刘子璋开山打林，披荆斩棘，负有盛名。曾捐资供义渡船，从新东街到鹤冈渡过后龙溪段。① 刘子璋，姚汤氏，生五子佐孟、奇孟、禄孟、秀孟、盛孟；盛孟公婆相传被原住民杀害而无后，故只传下四大房子孙。百岁时，由其孙"长"字辈二十五人发起贺寿，并请人画像留念。

（2）刘长发。十二世祖刘长发字化龙、化仙，号鼎纲，为刘子璋之长孙，生于道光三年（1823），卒于光绪二十二年（1896），享寿 73 岁。继承长孙财产，坐拥一千余租，是隘寮下之大地主。生前曾捐资成例贡生，乐善好施。亦曾于光绪十一年（1885）捐资给苗栗坑仔底天后宫修庙，又捐资给下三庄五鹤山五穀宫修庙。② 刘长发生有一女儿叫刘顺招，被苗栗人梁均佐看上，刘长发同意只要梁均佐考上秀才就可下嫁，并送良田一甲八分及媒香一人陪嫁。③ 梁均佐终于到台南府城应考，并考上秀才，娶刘顺招为妻。梁均佐后来再赶赴福州参加举人考试，途中知道清廷已签订把台湾割让给日本之《马关条约》，愤而折返台湾，从此不问政事。梁均佐因深通医理，后来在苗栗开调元堂药房，是早年苗栗四大药房之一。梁均佐后来因刘顺招在 36 岁去世，于是将刘长发所赠嫁妆——位于麻荠寮之水田出售，再在苗栗市买十甲山地与三甲水田，奠定了家业。为答谢岳父刘长发之恩情，同意刘长发之子孙多人，在其药房当学徒。④ 刘长发次子刘图琳之女刘九妹，是苗栗大千医院院长徐千纲之祖母。刘长发在苗栗市坑仔底开过当铺，非常富有。每当回麻荠寮祖屋祭祖时，因身体肥胖，要由四人轮流抬轿，当渡船过后龙溪蛤子市义渡碑时，渡船吃水甚深。上岸后，均会去拜祭其祖父刘子璋捐资的纪念石碑。刘长发笃信风水地理，当其父刘佐孟去世五年捡骨时，专门请唐山地理师来台湾，在其祖父所赠下大坑山坡上，选择吉地建造坟墓。此地后来被扩大改建为可以容纳三百六十一罐骨坛之士朝园佳城。

客家人在台湾的移垦，历经千辛万苦，非常不容易。美国人杰姆士·

---

① 见台湾省文献委员会编：《耆老口述历史 苗栗县乡土史料》，南投：台湾省文献委员会，1999 年，第 43 页。清代道光二十四年（1844），苗栗到公馆（旧名蛤仔市）必须渡船过后龙溪，由官民捐资置渡船设施，名曰"蛤仔市公置义渡"。现石碑在鹤冈村阿弥陀寺徐屋附近。

② 见沈茂荫编：《苗栗县志》卷十《典礼志·祠庙》，苗栗：苗栗县文献委会，1953 年。今五鹤山五穀宫仍挂有"共生刘鼎纲 始播五穀"之匾额。

③ 参见何来美：《乡贤谈历史》，苗栗：苗栗县文化中心，1996 年，第 21－22 页。

④ 据日据时代户籍记载，刘长发之孙刘映荣、刘映华及侄孙刘阿云等人，均曾在调元堂寄居当学徒。

戴维森（James. W. Davidson）提及 18、19 世纪的客家人在台湾的拓垦生活，说客家人在台湾的民居大都建在丘陵地或山坡地上，建造茅舍围屋或村庄，并以竹木围篱、栅栏、守望塔等防卫原住民的攻击。当时几乎每天都有一位客家人被原住民杀害。① 事实上，更早时期的客家年轻移民或许抱持着暂时在台工作及生活的心态，从春天到台耕种，到秋天收成前留在台湾，冬天则返回大陆。因而，在台期间仅仅建造简陋的竹屋及茅屋以供居住。② 后来客家人因势力逐渐扩大，经济也渐渐改善，才进一步将民居发展成三合院或四合院的围屋、伙房建筑聚落。

据口述历史，刘氏家族共有四人被原住民杀害，有的尸体下落不明，有的头颅不见仅剩尸身。如刘子璋五子刘盛孟夫妇，在下大坑山林中被杀害；刘子璋之孙刘长祥尸首不存；刘子璋曾孙刘图传被原住民打死。以上这些传说，在士朝园佳城建造完工，旧坟墓中之骨坛被取出，骨骸曝晒在太阳下时，得到证实。

（3）刘长生。为刘子璋四男刘秀孟之四子。自幼习武，保卫家园，住于下大坑。善使长棍，单手可举起一百斤石锤。曾于光绪初年到四处去"典武"，即展示武功。因习武而练童子功，因而其弟刘长安将次子刘图赛过房为刘长生之子。有一次，到澎湖"典武"时，遭人陷害，石锤锤棍上被对手偷偷抹油，因湿滑而挺举失败。回家后，将此事告诫子孙，勿忘雪耻。

（4）刘图捷。为刘子璋三男刘禄孟之长男刘长永之子，生卒不详。因不愿见日本侵台，乃参加丘逢甲号召组成之义军，由吴汤兴、姜绍祖、谢道隆、徐骧、丘国霖等将领统率，驻防后垄一带。当日军侵台，丘逢甲等人成立"台湾民主国"时，刘图捷在吴汤兴率领之下，成为新苗军之一员，于 1895 年 8 月间在后垄到苗栗之间抵御日军，给予日军痛击，不幸阵亡。③ 据说其堂兄弟多人，均因抗日而先后阵亡。也有族人自日本统治之后，看破世情，开始茹素，持斋修道。如刘图松、刘图房兄弟均持斋茹素，到五鹤山五穀宫立愿诵经。④

---

① 江运贵著，徐汉彬译：《客家与台湾》，台北：常民文化事业股份有限公司，1996 年，第 246－247 页。

② 艾马克著，王兴安译：《十九世纪的北部台湾：晚清中国的法律与地方社会》，台北：播种者文化有限公司，2003 年，第 29－36 页。

③ 客家人骁勇善战，日人甚为畏惧；客家义军长给予日军痛击。见戚嘉林：《台湾史》，台北：农学股份有限公司，1998 年，第 1120－1128 页。

④ 何来美：《风霜、岁月、人情——苗栗百年人文轶事》，苗栗：苗栗文化局，2001 年，第 168－170 页。

（5）刘日燕。为第十五世，父亲为刘阿华，母亲谢兔妹为苗栗举人谢锡光之三女。其父刘阿华深信中国蒋介石领导之国民革命一定能收复台湾，说台湾最多被日本统治五十年，教育刘日燕记得自己是中国人。1935年苗栗大地震时，其18岁之弟刘日春被倒塌的房屋压死，父亲刘阿华受重伤。刘日燕即刻将其弟及其他伤亡者之尸体搬运到公馆公学校广场置放，又将父亲及其他伤者背到收容所，请周朝栋医师协助治疗，第二天还筹组自卫警察队，维护秩序，防止盗匪。又筹组公馆女子青年团协助灾民炊事，并叫其妹邱莲春加入煮食服务行列。① 第二次世界大战期间，日本政府在台征粮甚急，刘日燕曾暗中帮助农民藏粮，被一刘姓友人向日本政府密报，遭日警拘留调查，幸因日本战败，放弃台湾统治权，才免遭日人判刑。台湾光复后，庄役场改制为乡公所，刘日燕继续留在乡公所上班，于1980年，以公馆乡财政课长职位退休。"二·二八"事件时，刘日燕曾保护外省福建籍朋友连文泽，请他穿上自己的台湾衫，假扮为台湾人，躲藏在他家，免受生命危险。

（6）刘图松。为第十三世"图"字辈，又名阿松、德松，为刘长光之长子，下有弟刘薪传、刘火金、刘图房三人。刘图松娶崁头屋张来寿长女张己妹为妻，共生有八男八女，但因缺医少药及诸多意外，只养大一男刘钦华及三女刘春妹、刘员妹、刘新妹；刘春妹出嫁，刘新妹出生数月即送人当童养媳。刘钦华原有一位大哥叫刘炳华，刘图松夫妇领养乌眉坑黄金水之女黄香妹当童养媳，打算长大后为其配对。但因刘炳华10岁时亡故，只好把童养媳黄香妹改名为刘香妹作为"花盾女"抚养长大。刘香妹17岁时与邻居汤阿让产下一子刘日鸿，后又出嫁于徐姓人家。当时张己妹正产下幺女刘新妹，刘图松想到养儿育女长大成人不容易，刘钦华又才19岁，刘炳华也需要有香火子嗣，因此忍痛将刘新妹送与张姓人家当童养媳，张己妹亲自用奶水抚育养孙刘日鸿长大。刘钦华于21岁时与南河村周生妹结婚，第三年产下长子刘日和，但是刘钦华于两年后25岁时不幸因病亡故，刘图松夫妇顿失依靠，白发人送黑发人。为考虑媳妇周生妹之幸福，同意媳妇再改嫁张添福，留下孙子刘日和。一家五口有两老（刘图松、张己妹）两小（刘日鸿7岁、刘日和3岁），以及次女刘员妹（17岁）。只好为刘员妹招婿李阿禄到刘家来耕种，并教导刘日鸿、刘日和耕种。可以说，刘日鸿、刘日和两堂兄弟都是由姑姑刘员妹抚养长大。张己妹于52岁亡故，刘图松感叹命运多舛，又感叹异族日本统治家园，乃发愿

---

① 赤堀铁吉：《昭和十年新竹州震灾志》，新竹：新竹州政府，1938年，第755页。

吃长斋，到五谷宫诵经学道，并许愿孙子刘日和能生八个曾孙。因为刘图松一片诚心，戒杀放生，早晚诵经，致诚格天；而且视刘香妹为亲生女，公平地分配财产给养孙刘日鸿，被邻居传为美谈。其孙子刘日和也感佩祖父修行之德，尊敬堂兄刘日鸿，也发愿接续祖父修道愿行，年轻时即接近善法堂当鸾生，道号庆光。刘日和一生为人正直，不出妄言；修桥铺路，不落人后。自与邱己妹结婚后，真的生下八男三女，应验了刘图松之心愿。

（三） 苗栗三湾永和村楠树窝张振立家族

三湾地区属苗栗内山，在清代乾隆年间约处土牛沟、番界以东的隘垦区，涵盖今三湾、南庄、狮潭、大湖、卓兰等地，称为"隘垦区"。[①] 汉人以"出资设隘防番"的名义进入开垦，影响之后汉人在三湾地区的发展。楠树窝张氏家族，原籍广东省嘉应州梅县芹菜洋下市，小名刺子坑，传至第十一世为寅贵公与寅发公。传说当时邻近张家住有李、邱二家，因张家子孙高中进士，遭李家嫉妒而破坏风水，因此传下张姓与李姓不得通婚的规定。

寅贵公留居大陆。来台开基祖寅发公则据传为康熙初年郑成功据台时招募的垦民，从厦门出海，安平港登陆，一路北上至矮山鹤子岗（鹤子岗，光绪年间苗栗县治东南，距城六里，今公馆乡鹤岗村）一带居住。寅发公，妻叶氏，单生一子干桂公，妻陈氏。干桂公体格健壮、枪法准确，被当地居民推请为驻隘隘勇。根据《苗栗县志》，"苗栗于明末清初已有汉民来往，而未有卜居者，永历十五年有汉民移往竹南之说，但无详确可考；康熙元年郑经据大甲铁钻山，屯田经略蓬山八社及后垄五社，亦无定居于是间者。迨康熙五十年（1711）北路营参将阮蔡文派戍兵驻后垄社，招佃彰人张征扬开垦竹南之公馆仔、海口一带，为汉民移往苗栗之始，至康熙五十二年阮蔡文抚后垄诸番，招谕土番开垦土地，时驻屯武官接招佃于彰化，从事后垄拓殖，亦即汉人移垦后垄之始"。可见汉人进垦苗栗最早仅可溯至康熙五十年，因此寅发公来台的时间不会早于康熙五十年。另《新竹县志》记载"嘉庆年间，垦南方面有中港屯，驻守于斗焕坪防守生番"，可见因驻隘有功的寅发公之子——干桂公，至多于嘉庆年间开始防守隘寮。

干桂公因于隘防守尽心尽力，当地居民赠予十甲多土地让其安身立

---

① 参考施添福：《清代竹堑地区的聚落发展和形态》，《清代台湾的地域社会——竹堑地区的历史地理研究》，新竹：新竹县文化局，2001年，第184页。

命，唯土地为旱田却遭连日大雨，影响收成，无法供给一家数口，因此子孙纷纷外迁另觅垦地。张振立子孙如今多往外迁移，外移原因不外是农业发展逐渐没落，工作机会减少。

张振立家族自十一世祖寅发公，由今广东省嘉应州梅县芹洋下市渡海来台。张振立家族曾在1960—1980年盛极一时，不但投身造路工作，张子财甚至积极参与政治活动，家中请客宴席屡见不鲜，为当时地方上颇负盛名的人物。

（四）徐姓在台的拓垦与分布

台湾徐姓族人来台祖大多来自广东省嘉应州（44人次）、惠州府（7人次）、潮州府（1人次）与福建省漳州府（12人次）、泉州府（1人次）、汀州府（1人次）等地区，若从入垦者及入垦地数量而言，清治时期入垦台湾的徐姓族人，来自福建省者共有14人次，来自广东省者共达52人次，由此初步推测约略可了解台湾徐姓族人应以客家族群为多。

其中，广东省嘉应州镇平县是清治时期台湾徐姓开台祖的主要来源地，共计有44人次来自该地，约占当时迁徙来台徐姓族人的66%；另外，福建省漳州府南靖县则是清代台湾徐姓开台祖的次要来源地，共计有10人次来自该地，约占当时迁徙来台徐姓族人的15%；也有为数不少的徐姓族人来自广东省惠州府陆丰县，共计有6人次来自该地，约占当时迁徙来台徐姓族人的9%；另外尚有来自广东省嘉应州长乐县、潮州府大埔县、惠州府海丰县、福建省漳州府诏安县、泉州府安溪县、汀州府永定县的徐姓开台祖，唯其入垦不过一二人次。

镇平县徐氏的开基祖是徐云崖，徐云崖生活的年代为元末明初，元至正年间（约1355年），徐云崖从博罗迁徙至梅州石窟（现属蕉岭县）。明、清两代，徐氏族人渡海来台者，以徐云崖派下较多。

苗栗地区的徐姓族人主要来自嘉应州镇平县（14位开台祖），另外也有少部分来自潮州府大埔县（1位开台祖）及惠州府海丰县（1位开台祖），这些徐姓族人都是客家人。

头屋地区的徐姓族人与徐豪敏、徐金升两位徐姓开台祖的入垦有关，今日所谓的"头屋徐屋"，应包含这两位开台祖的族裔子孙。

1. 徐豪敏家族

乾隆年间（1736—1795）是大陆移民来台最盛之时期，此时祖籍广东蕉岭的徐豪敏东渡来台，并定居于崁头屋，即今日头屋著名的景点"竹子阁"。传至十六世徐□辰，字聘臣，入泮为秀才。十七世徐接升，号仙阶，是日据时期山城最著名诗社——栗社的健将。十八世徐梅锦，也擅诗文，为栗社健将；徐织锦，曾任头屋乡长，苗栗县议员。十九世徐毓英，服务教育界，曾任建台中学校长。二十世徐洪勋，曾任苗栗县议员及"民政局"局长；徐信芳，曾任新竹市第二届市议员。徐豪敏家族除了培育出不少优秀人才外，祠堂竹仔阁也是头屋地区极为著名的历史建筑。

2. 徐金升家族

徐金升来自广东嘉应州镇平县，嘉庆初年入垦今头屋地区。根据《徐氏大族谱》的记载，徐金升的大陆祖籍地为广东省镇平县菜园壁，① 徐金升为镇平县徐姓开基祖徐云崖的第十四世子孙，徐云崖以下至徐金升的世系关系为：徐云崖（镇平一世）—徐金升（镇平十四世）。

（五）通霄李氏家族

李氏家族是一个传统、重视族谱的客家家族，苗栗县铜锣乡洞窝李氏族谱初修本，始于1930年，乃实得于入闽来粤始祖火德公二十八、二十九代后裔，五华开基始祖锭公长子庭芝公派下二十一、二十二代裔孙宗尊公（字春园，清末秀才）偕联壁公（字兆）共同执笔。李氏的祖先原居于广东省长乐大湖洞地区，第十八世祖李纬烈号应龙公（监生），在16岁那年随父亲由利瓦伊栋渡海来台。来台之后先是居住在彰化东势角土牛地区，30岁时娶妻连氏，后转往黄子社居住，并经营稻米的买卖。李纬烈60岁时，因洪水为患，田地流失的关系，李家开始购买芒埔田，移居到苗栗开垦。李纬烈居住在铜锣洞窝，李纬烈过世后，洞窝这个地方留为公尝，一直到现在仍为李氏公厅的所在。李纬烈共生下六男三女，李安能即为三房腾清公李朝勋派下。腾清公李朝勋生于彰化的黄子社，十几岁时与父亲移居到苗栗。在兄弟分家之后，李朝勋与儿子们迁居到通霄南和九力林地区，也就是今天李氏三房公厅的所在。

李纬烈字德万，60岁时，率六子腾兰、腾桂、腾清、腾华、腾彬、腾祥来苗，先居苗栗芒埔（今苗栗市），后定居铜锣乡三座屋洞窝。腾兰从事农业，腾桂从商，与竹堑郊商李陵茂合资经营"万兴商号"。腾清精岐黄，多才艺，总理洞窝家务，奉侍父母，论事精详，医名卓著，当道光、咸丰之际每为官绅所聘；尤为淡水厅同知朱材哲所器重，委托李腾清与弟李腾华练乡勇，常随官剿匪，因而得保举六品职衔；继而腾清子时珍赏蓝翎千总；腾华子逢春赏六品衔；逢时赏五品衔；皆由军功保举。

---

① 徐元通：《徐氏大族谱》，台中：徐氏大族谱编辑委员会，1971年，第92页。

受皇帝旌表的李腾清生于嘉庆六年（1801），卒于光绪十三年（1887）。共有子5人、孙21人、曾孙44人、元孙2人，子孙共72人，五代同堂，受到朝廷的表扬。由地方士绅向清政府举报事实册，光绪十五年（1889）由皇帝御准，同年李腾清的孙子李祥甫（秀才）又获闽浙总督卞宝第再准旌表，是台湾唯一的"五世同堂"。旌表圣旨内容为："奉天承运皇帝诏曰：乡民李腾清，光绪十三年经新竹县竹南二堡，经粤籍禀生陈万青、恩贡刘延珍、生员吴汤兴、刘廷翰、黄文隆、曾肇禛等具禀保李腾清五代同堂奉到新竹县长方祖荫，此案由县经府详至藩宪复由藩宪经府转札，依仪钦此御准旌表五代同堂，光绪十六年六月二十四日，今壬午年腾清公，仙逝一百一十七周年，祀典仪式按古礼进行，管理人李玉添，同四房代表接诏。"

李氏公厅保有文官轿，是考据清朝文献三十六个掌故而来。整顶轿状似一件官袍。清代的朝廷服饰只有皇帝、皇后及太子才着九龙袍，皇子与亲王只准用四爪九蟒龙，将军及四品文武官员准用三爪八蟒龙，七品以下用五莽。这顶文官轿又可称为蟒龙轿，具有特色的"凤形风水"。

（六）练氏家族

据族谱所记载，练氏始祖为东河公，世居河南河内县，智勇超常。唐朝贞观年间，东河公为总管府录事参军，皇帝下诏与李绩伐高丽时，东河公向李绩献火攻策，焚南苏罗城有功。贞观十九年（645）十月，唐太宗以"精练军戎"，封东河公为岐山侯，赐姓"练"氏，乃易"东"为"练"。有关练姓移垦台湾客家聚落，根据文献有1984年刘宁颜总纂之《重修台湾首通志》，其中记载有关练姓移垦台湾之记录，即"汀州人练在君、练在恭兄弟，开辟淡水厅下角及阿里磅"，淡水厅下角及阿里磅地即今新北市石门区。①但是根据石门练氏族谱之记载，汀州武平之练氏第十七世练在君（族谱记载名为练蕃榜）及其两子练兆科（族谱记载名为练科昌）、练兆恭（族谱记载名为练恭科），才是石门区练氏来台祖。另根据苗栗练氏族谱记载，练姓十九世练芳飞公（姘李氏），原居住于福建武平洋贝，后迁居台湾苗栗头份，生五子：集泰、良泰、兰泰、享泰、求泰。②

1995年台原出版社出版之《台湾稀姓的祖籍与姓氏分布》一书，书中提到练姓的祖籍分析和在台湾的人口分布，作者根据1956年9月，陈绍馨

---

① 刘宁颜总纂：《重修台湾省通志》卷一《大事志》，南投：台湾省文献委员会，1984年，第129页。

② 练增祥编：《练姓历世流传族谱》，2000年，第41页。练增祥为第二十六世孙。

和傅瑞德（Morton H. Fried）合著的《台湾人口之姓氏分布》，提出练姓属于稀有姓氏，排名台湾第169名。根据日治时期的户籍资料分析分类，日本政府将祖籍福建的认定为福佬人，祖籍为广东的认定为客家人。根据陈、傅二人统计，当时台湾姓练者中，福佬籍60.2%，客家籍28.6%，外省籍11.2%。福佬籍中，台北县占练姓福佬总人口52.6%，宜兰县占19.8%，客家籍中苗栗县占客家总人口56.8%，南投县占13.5%。整体而言，台北县、苗栗县、宜兰县共占全体练姓总人口62.7%，其中台北县占32.1%。①

居住在台北县石门乡祖籍福建汀州的练姓，乃属于客家籍。因此，据此可以推论，台湾练姓总人口中，多数属于客家籍。潘英在《台湾北部拓殖史与族系姓氏》中再次提到，林口练姓人口占台北县同姓人口51.8%，石门练姓人口占38.6%……台北县林口乡占练姓总人口16.6%，石门乡占12.4%，林口练氏、石门练氏都是汀州客家人，所以台湾练氏大多是客家人。②

现今台湾练姓人口有3 000左右，其中以新北市石门区练在君派下最多，约250户，1971年之后已从原来的石门阿里磅单一姓氏聚落，散居到新北市石门、金山、万里、三芝、淡水、板桥、中和、新店、芦洲、五股、汐止、林口与基隆市、台北市与桃园县八德、高雄市、花莲县吉安乡、台东县等地。而居住于苗栗头份练庆廷派下的为次多，大都仍居住在头份，部分迁居苗栗县造桥、狮潭、卓兰、三义、铜锣与桃园县、台中市、新北市、台北市等地。宜兰县罗东镇和冬山乡武渊村也有大批练姓同宗，还有些是1949年后才来到台湾的宗亲。练姓因为大都属于客家族群，于农历九月九日重阳节当天祭拜祖先。

现今新北市石门乡十八王公庙这一带，过去称为干华村。早在1751年，即有福建汀州武平县客籍人士练在君等人来此开垦。其后代至今仍记得长辈们都是用客家话沟通。他们称呼奶奶为阿姐，称呼曾祖父为阿太。练氏家族世世代代在干华村之居住地，无奈于1970年台湾建核一厂时，土地被政府征收殆尽，练氏族人不得不迁移他处。现今新北市石门区练氏家族后裔，居住在淡水、竹围、石门（茂林村）、三芝，甚至于金山、基隆，或是于台湾北海岸地区比较多。

虽然旧家园没了，根却不能忘，练氏家族后来又在现今的石门茂林村，兴建练氏宗祠。每年重要节日，在外的250多户族人，都还会回来祭

---

① 潘英：《台湾稀姓的祖籍与姓氏分布》，台北：台原出版社，1995年，第192－193页。

② 潘英：《台湾北部拓殖史与族系姓氏》，台北：台原出版社，1995年，第161页。

祖。每年年初一、元宵节还有清明节、端午节、中元节、中秋节、重阳节，一年七大节日都会回到公厅祭拜。仔细观看练氏宗祠的神龛，仍保有汀州客的特色。尤其是会供奉定光古佛。原乡福建武平县均庆寺定光古佛金身，于 2009 年 12 月 16 日，在 46 人组成巡游团的护送下，首度巡游台湾，在彰化、苗栗、新北市等地进行为期 8 天的巡游活动，接受台湾信众朝拜。定光古佛金身赴台巡游期间，中国国民党荣誉主席吴伯雄等台湾知名人士分别会见了巡游团，就两岸文化、宗教交流进行深入探讨。此外，一部再现定光古佛庇护两岸百姓传奇故事的电影，亦已经开拍，将着力把定光古佛民间信仰打造成两岸客家文化、经贸、宗教、民俗交流的重要载体，展现两岸民众信仰之渊源关系。练姓族人祖籍地即在武平均庆寺，庙产地亦是练姓所有，移垦台湾后自然把原乡信仰带来台湾。其他练姓族人移垦台湾的记录散见于族谱之中，其中第十九世练宝成是兰阳地区的来台祖。根据兰阳地区练姓概述，豪公后另一系传至第二十世练可进，于乾隆年间和福建省汀州府武平县一群练姓族亲分搭各船来台开垦，其中有的往中部、淡水等地上岸，可进公与妣蓝氏在噶玛兰乌石港登岸，先到三阄开垦，由于田地常遭水灾，于嘉庆十五年（1810），由加礼远港口进港，沿冬瓜山港进入猫里府烟（旧台北州罗东郡冬山庄武渊，今武渊村）拓荒开垦，当时该地区为一片大林木与荒芜杂草丛生的景象，可进公选一靠河边之地，就地取材，用大树干搭建房屋，胼手胝足拓荒辟地，就此定居于现今武渊村武渊路一带。可进公生四子，长祥华公生一子元德；次祥标公生一子元和；三祥庆公生四子，长子元善、次子金成、三子元添、四子元顺。由于先祖的辛勤与努力，传至第二十三世时田地颇多，当时武渊小学原为土匪寨，没米粮时就要先祖们将所收田租之稻谷整船载往寨内。后因光绪六年（1880）发生大水灾，致使田地大量流失，加上人口增加，各宗亲纷往外地谋生。另外，第二十五世金水公一系于 1934 年至台东鹿野开垦，1937 年转入花莲玉里镇客家庄（当时称为客人城，即今春日里），其先祖骨骸原奉祀于水尾宗祠，于 1994 年迁往瑞穗灵骨塔。二十五世练锦龙于 1945 年往花莲加礼苑地区发展，1963 年担任关圣帝君庙庙祝。二十四世练永禄亦往花莲地区发展。兰阳地区练姓族亲，以可进公为开兰始祖，早期与妣蓝氏合葬于自家田地中，后更葬于广兴鹿埔公墓中路旁，1993 年因道路拓宽，更葬在附近。旧宅原有练氏家祠供奉祖宗神位，后因 1942 年被台风吹倒，迄今未再重建，祖宗神位分由各宗奉祀，公宅田地由二十六世练三益及其子孙代管耕作。可进公之嗣孙大多数仍住宜兰县境内，唯时代在进步，有较多之宗亲纷往外地甚至国外发展。[1]

四、结论

客家人从大陆过台湾移垦，历经二三百年，修谱与寻根一直是客家文化中的重要事项。从台湾各姓氏族谱来看，两岸客家各姓氏来源乃一系相承。因为血缘亲情联系与原乡意识的联结，又返回原乡寻根问祖，这是基于客家人深厚的宗族意识与原乡意识。今日许多海外华人纷纷成立宗亲会，集合同姓人士，不论亲疏，不分派别，建立宗祠，编修族谱，以联络族人感情，弘扬祖德宗功，团结互助，发扬中华民族之民族精神。正如解释学大师伽达默尔认为，真正的传统是活生生的，并非仅止于过去，却要立基于过去，进而条理现在，迈向未来，其意义在于传承与创造。又如黑格尔所说，历史构成了一个吾人可以感谢的传统。赫尔德也说："传统通过一切因变化而成为过去的事务，结成了一条神圣的链子，把前面的创发传给我们。"[2] 经由姓氏源流来寻根，得知传统是生命洋溢的，有如一道洪流，离开其源流越远，其扩散的范围就越大，客家文化亦然。期待在台之各客家姓氏之子孙，能够继续寻根认祖，遵循先祖之志，为保存与发扬客家文化而尽力。

---

① 练万枝编：《台湾练氏宗谱》，宜兰：新育宏印刷厂，2001 年，第 1－5 页。

② 沈清松：《传统的再生》，台北：业强出版社，1992 年，第 3 页。

粤台两地客家人血脉联系与文化渊源探究

冷剑波①

　　台湾现有人口约 2 300 万，除台湾土生土长的原住民之外，其余居民均从祖国大陆移民而来。大陆居民移民台湾历史悠久，移民以福建的闽南人和广东的客家人为主体。广东客家人有规模的渡台可追溯到明末清初，至清康熙、乾隆时期达到高潮。据台湾地方当局统计，岛内现有客家人超过 400 万，占台湾人口的五分之一。台湾客家人在相当长的时间里并没有表现出强烈的族群意识和文化认同，直到 20 世纪 70 年代，受闽南强势族群的排挤以及台湾地方当局的打压，台湾客家族群意识不断觉醒，在岛内发起了一轮又一轮的客家运动，到今天客家人已经成为台湾社会一股不可忽视的重要力量，在政治、经济、文化等方面扮演着越来越重要的角色。

　　台湾客家人的原乡虽在祖国大陆，但是由于政治、经济等多种原因，客家人要回到大陆原乡寻根问祖，并非易事。更何况客家人迁台之后，在岛内又经历了两三次的迁徙，最后才在台湾各地定居，不少客家人后代已经不清楚祖源为何处，对与大陆原乡一脉相承的血脉观念淡薄，对大陆原乡的文化认同也十分稀缺。而我们虽然知道在台湾有很多客家同胞，在粤东地区的田野访谈中，许多普通百姓家庭都会提到在台湾有族人和亲属，但对他们在台湾的具体情况，包括人数、分布地域、生活现状、文化传承情况等并不是十分清楚。在当前两岸关系逐渐缓和的大背景下，两岸交流要向纵深发展，迫切需要深化对底层民众社会文化生活的研究。因此，十

---

① 冷剑波：中山大学中国语言文学系博士生、嘉应学院客家研究院助理研究员。

分有必要从学术研究的角度，通过大量的田野调查以及文献梳理来厘清海峡两岸客家人的血脉联系和文化渊源，只有这样才能使海峡两岸客家人更好地了解彼此，增进认同，深化两岸的合作与交流。

一、前言

依据方言口音来划分，目前在台湾客家人有所谓的"四海大平安"的说法，"四"即"四县客"，指原籍嘉应州（今梅州）的镇平（今蕉岭）、兴宁、长乐（今五华）、平远四县的客家人，他们在台湾客家人中占多数；"海"即"海陆客"，指原籍清代惠州府属陆丰地区，包括现在陆河全县、陆丰、海丰以及揭西县部分地区的客家人，他们的人数在台湾的客家人中仅次于"四县客"；"大"指原籍潮州府大埔县、丰顺县的客家人；"平"指原籍潮州府饶平县（今饶平）的客家人；"安"指原籍漳州府诏安县的客家人；除此之外，尚有少量来自河源、惠州、闽西等地的客家人。据此可知，粤东梅州地区是台湾客家人的主要原乡。

最早关注粤台两地客家人问题研究的是客家研究的奠基人罗香林先生，他在其 1933 年初版的《客家研究导论》中对客家人迁台有这样的记载："同时而台湾一岛，亦因初为清廷克服，旧日郑氏部众，多半逃亡南洋诸岛，因致全台空虚，人烟寥落；嘉应各属客家，得此良好机会，又复盛向台湾经营……当时留台客家，虽数目并不很多，然因台生活较易，客人受经济引诱，其后，愈来愈众，愈殖愈繁。"[①] 后于 1950 年初版的《客家源流考》，又对其进行了更为细致的考证："康熙时迁移台湾的客家，虽数目不很多，然因台湾的生活较易，客人受经济引诱，接着便愈来愈众，几乎占了台湾全人口的三分之一。"[②] 进入二十世纪七八十年代后，台湾和大陆的客家学术研究者分别站在各自角度研究两岸客家问题，台湾地区有代表性的成果包括连文希《客家入垦台湾地区考略》、陈运栋《谈客家先人的渡台》、庄英章《唐山到台湾：一个客家宗族移民的研究》等；大陆地区有代表性的成果包括陈春声《三山国王信仰与台湾移民社会》、陈支平《客家源流新论》、刘正刚《东渡西进：清代闽粤移民台湾与四川的比较》等。检视以上成果我们可以发现，以往的研究大都只停留在正史文献，缺乏系统的实地田野考察，论述往往流于空泛，而更重要的是，尚缺乏两岸客家人血脉联系及文化渊源的系统性论述以及在微观研究基础上的宏观把握。

---

① 罗香林：《客家研究导论》，上海：上海文艺出版社，1992 年，第 61 – 62 页。
② 罗香林：《客家源流考》（影印版），北京：中国华侨出版公司，1989 年，第 32 页。

二、粤台两地客家人的血脉联系

台湾自古以来是我国领土的一部分。康熙二十二年（1683），清政府派兵统一了台湾；次年设立台湾府及属下三县（台湾、诸罗、凤山），隶属福建省，后又相继增设彰化县、淡水厅、噶玛厅、台北府、卑南县、恒春县等；清光绪十一年（1885），将台湾府从福建省划出，单独设立台湾省，刘铭传被任命为台湾省第一任巡抚。

明末清初以降，大量广东客家人相继迁移台湾，这是客家移民史上的重要内容，也是台湾历史上影响深远的重大事件。大陆客家人有规模的渡台最早可追溯到明郑时期，郑成功麾下大将、闽西客家人刘国轩率领旗下客家子弟东渡台湾，其中部分人留在台湾定居。在随后的 300 年时间里，受原乡生齿日繁、人多地少、生活窘迫的影响，以及清政府大力招徕大陆居民开垦台湾政策的驱动，粤东地区客家人持续大规模地迁往台湾，他们成为现在台湾客家人的祖先，在台湾被称为"来台祖"或"唐山祖"。因此，台湾客家人根在大陆这是不可否认的事实。

（一）粤东地区是台湾客家人的主要原乡

1. 粤东地区社会概况

粤东地区主要包括梅州地区和潮汕地区，客家人和潮汕人是这一地区的两大族群，客家人主要生活在内陆山区，而潮汕人则生活在沿海平原。粤东地区在广东古代开发史上属于开发较晚的区域，特别是东北部地区的开发更晚，这里大山连绵，岭谷纵横，地形封闭，气温较广东其他地区要低。粤东地区历史上很长一段时间内都属于蛮荒地带，人烟十分稀少，仅有百越及畲、瑶等少数民族在此长期居住。经过西晋永嘉之乱、唐末安史之乱、南宋高宗南渡之后，大量北方汉人陆续迁入粤东地区，在与当地土著经过漫长的融合之后，最终形成客家民系，粤东地区是客家人的主要聚居地，也是客家文化的核心区。

进入明清以后，随着人口的增加，粤东地区开始得到大规模开发，经济社会快速发展，人口开始不断膨胀。人口的急剧增长导致原本就山多田少的粤东内陆地区出现生产要素紧张的局面，再加上明末残余势力与清廷在此长期斗争，动乱十分频繁，正如陈春声教授所说："从 16 世纪开始，韩江中下游地方因为与'倭寇''海盗'和'山贼'问题有关等一系列事变的影响，长期处于所谓'动乱'的势态。清代最初的近四十年时间里，地方上继续动荡不安。由于王朝交替时期政局变幻无常,几十年的战事是在南明与清朝两个政权并存,地方长期处于'不清不明'状态……下进行的。"① 多种因素导致粤东地区客家人开始向外迁徙。明清时期粤东客家人向外迁移主要有三个方向,一是向内陆迁移,包括四川、广西、海南、湖南、江西等地;二是向台湾迁移;三是向东南亚迁移,包括新加坡、马来西亚、印尼、泰国等地。

2. 粤东客家人迁台的时间、方式、主要迁出地及主要姓氏

通过在粤东客家地区的田野调查,我们发现很多人都知道自己祖辈有人迁移到台湾,但对于他们何时、用何种方式、迁往台湾何地,因年代久远大都记忆模糊,不少还存在着明显的错误;而各宗姓的族谱中虽都有迁台的记载,但基本只是一句话的简单描述,因此根据目前所能掌握的民间族谱和口述史资料,很难对整个粤东地区客家人迁台的时间和数量进行统计分析。是故本文将主要利用《重修台湾省通志》卷三《住民志·姓氏篇》这一重要史料来对这一问题进行计量分析。《重修台湾省通志》是目前所见正史材料中对客家人迁台记录最为全面的,而且经过与数十个姓氏的族谱的认真比对,其记载是基本可信的,且内容更为全面和详细。

(1)迁台时间。

《住民志·姓氏篇》中记载了祖籍粤东客家地区的迁台人数为1 072人,他们的迁台时间统计如下:

表1　迁台时间统计表

朝代	康熙之前	康熙、雍正	乾隆	嘉庆	道光	咸丰	同治	光绪及之后
人数	89	194	368	166	73	62	52	68

通过以上统计,我们可以发现粤东客家人迁台时间主要集中在清代,特别是清康熙、雍正、乾隆三朝为客家人移民台湾的鼎盛时期。正如《台中县石冈乡刘元龙公派下家谱》所载:"康熙末年、雍正、乾隆初年,大埔人人过台湾发展,盛传风气。"② 这与康熙末年清政府开放海禁,鼓励大陆居民移垦台湾存在直接关系。这与《中国移民史》中渡台始祖的统计也

---

① 陈春声:《论1640—1940年韩江流域民众客家观念的演变》,《客家研究辑刊》2006年第2期,第2页。

② 《台中县石冈乡刘元龙公派下家谱》,1945年。

是基本相符的。

表 2　渡台始祖渡台时间统计表

时间	康熙 （1683 年起）	雍正	乾隆	嘉庆	道光	咸丰	同治	光绪 （1896 年止）	合计
年数	40	13	60	25	30	11	13	21	213
人数	152	131	987	200	151	43	17	6	1 687
百分比	9.0	7.8	58.5	11.9	9.0	2.5	1.0	0.4	100

资料来源：《中国移民史》第六卷《台湾的移民垦殖》，福州：福建人民出版社，1997 年，第 331 页

（2）迁台方式。

通过正史文献记载，清代客家人迁台主要有"偷渡"和"官渡"两种方式。康熙二十二年（1683）清政府收复台湾后，康熙皇帝担心台湾会成为反清复明的基地，对大陆与台湾之间的往来实行三项严格的管制，即通常所说的"渡台三禁"：①大陆人民渡台须领照单，经分巡台厦兵备道稽查，再得台湾海防同知验可，始许放行。②来台谋生的移民，不准携带家眷。③严禁粤中惠、潮之民渡台。①

清廷厉行这种海禁政策的时间相当长，其间仅有短暂的数次弛禁。大致说来，清朝统治台湾的 212 年当中，从 1683 年到 1790 年之间是采取一种较严格的禁止与限制；1790 年以后，才较放松；到了 1875 年以后，才真正开放移民。移民赴台有的走官道，即从饶平柘林港乘船出发，到达厦门等待查验，然后坐船到澎湖的妈宫（今称马公）等港口等待，东南风起时向东南行使，经东吉洋，进入鹿耳门查验，然后由安平港登陆，到达府城（今台南市）附近寓居，手续可谓非常烦琐。另有一大部分是通过偷渡，即从原乡各小港口直接向台湾航行，在凤山县打鼓仔港（今高雄港）、前镇港、下淡水港、东港等港口由小船接运登陆，然后徒步到达目的地。"这也是客家人早期最主要的一条来台路线。"②

到了康熙六十年（1721），朱一贵事件爆发，当时凤山等地的客家人组织"六堆义军"协助清政府剿灭"叛军"。由于客家人在这一事件中有

---

① 《台湾省通志》卷二《人民志·人口篇》第二册，第 99 页。转引自陈运栋：《客家人》，台北：联亚出版社，1983 年，第 95 页。

② 陈运栋：《客家人》，台北：联亚出版社，1983 年，第 96 页。

功于清政府，而朱一贵又是闽南泉州籍，所以当时被派到台湾"剿匪"的蓝廷珍向朝廷奏请解除粤籍人士渡台的限制，得到清廷批准，客家人特别是惠州和潮州府籍客家人迁台情况一改旧观，渡台人数越来越多。

（3）主要迁出地和主要姓氏。

通过田野调查，我们可以获得哪些地方迁台人数较多，哪些地方迁台人数较少的直观印象，但是对于到底哪个地方有哪些姓氏迁台，我们不可能通过田野调查一一了解清楚，因此本文主要利用"台湾记忆"网站提供的资料来进行统计，由此可以推断迁出地和主要迁台姓氏的情况。如在"台湾记忆"网站"台湾家谱"栏目中输入"嘉应"，可检索出473本族谱，包括林、冯、钟、吴、刘、戴、黄、陈、邓、萧、温、彭、曾、谢、汤、古、邱、梁、巫、赖、杨、甘、王、朱、何、余、徐、宋、李、沈、胡、龙、廖、张、范、郭、傅、游、郑、熊、黎、罗、魏共43个姓氏。输入"镇平"（今蕉岭），可检索出399本族谱，包括黄、罗、丘、吴、邱、戴、孙、陈、谢、载、杨、温、汤、李、钟、王、古、曾、胡、彭、赖、江、徐、林、张、姚、巫、梁、许、游、冯、刘、樊、萧、简共35个姓氏。依次输入清朝时期粤东地区的其他地名进行检索，关于迁出地和主要姓氏即可汇总如下表：

表3　迁出地统计表

地名	嘉应	镇平	大埔	长乐	梅县	平远	丰顺	兴宁	陆丰	饶平	永安	揭阳
族谱（本）	473	399	166	151	141	69	34	29	426	345	64	40
姓氏（个）	43	35	36	32	35	12	18	11	46	34	28	16

资料来源：台湾记忆网站（http：//memory.ncl.edu.tw/）资料整理。

通过以上统计，我们可以得知在粤东地区，梅州市、潮州的饶平县、汕尾的陆河县、揭阳的揭西县迁出人口较多，河源等地较少；梅州地区的蕉岭、大埔、五华和梅县迁出人口较多，而平远、丰顺和兴宁则较少，这与课题组在田野调查中了解到的情况相符。通过考察这些地方的地理环境，我们可以发现，有主要河流经过的多山地区迁台人口较多，如蕉岭、梅县、大埔、陆河、饶平等，而远离主要河流或平原的地区则迁台人数较少，如平远、兴宁、河源等。

3. 台湾客家人口数量及分布

据台湾当局20世纪80年代的一次按语言分类调查统计，全岛讲闽南话的人口占74.15%，讲客家话的占13.19%，讲其他语言的仅占0.8%。①由此可见，客家人在台湾人口中占有很大比重。台湾客家人分布于全岛各地，尤其集中分布于北部的"桃竹苗"地区（桃园、新竹、苗栗）和南部的"高屏"地区（高雄、屏东）。

4. 历史上粤东客家人对台湾社会发展的影响

清代台湾是一个典型的移民垦殖社会，如此多的大陆移民在一个相对较短的时间内陆续进入一个全新的地域，且一代代在台繁衍生息，毫无疑问会对台湾地方社会产生各方面的巨大影响。显而易见的影响包括人口的快速增加、土地的大规模开发、经济的迅速发展等，深层次的影响还包括文化的传承与糅合、族群的互动、社会结构的改变、主体意识的形成等。限于篇幅，本文主要从土地开垦与开发这一角度来探讨粤东地区客家人对台湾开发建设所做的贡献。在台湾的开发史上，有三位响当当的客家人不能不提，分别是祖籍五华的黄南球、祖籍大埔的张达京和祖籍陆丰的姜秀銮。

（1）黄南球在苗栗的开发。

黄南球祖籍五华县梅林镇尖山村，属于迁台祖的第二代。关于黄南球其人，台湾史学界对他多有研究，并给予了很高的评价。陈运栋称赞黄南球先生为"近世抚垦事业上成就最大的人物"，连雅堂在《台湾通史·货殖列传》中专门为黄南球作了传，并称他"与陈福谦、李春生同列台湾近代三大货殖家"。

黄南球字辐轩，外号"丑仔满"，原居桃园杨梅，清道光三十年（1850）左右才随父迁居苗栗鸡笼庄……苗栗地区，到了清咸丰、同治年间，八角崇山脉以西各地，早被汉人开辟殆尽，南球虽想有所作为，但已无立足之地。当时，三湾大河底（今大河村）至狮潭百寿、新店、八角林一带，为原住民蟠踞，仍属荆蛮之地，经过一番深思熟虑，南球决定将拓殖的目标，指向大河、狮潭。清光绪二年（1876），南球由大河底率壮丁入山，以软硬兼施的手段，对原住民或剿或抚，至光绪十年（1884）左右，铲除了拓垦的阻力后，南球继而披荆斩棘，招佃垦辟农田，兴筑道路，建设脑寮，伐木制材，建糖厂生产赤糖，不数年，成为地方首富，乡人均称以"黄满头家"而不名。光绪十七年（1891），岑毓贤抚台因其开

---

① 元邦建：《台湾史略》，香港：中流出版社，1990年，第6页。

垦地方有功，奏准清廷，授五品衔，日大正八年（1919）逝世，享年八十岁。①

黄南球开垦的土地主要在苗栗地区。到了清咸同年间，苗栗作为台湾开发较晚的地区，稍微平坦的地区都被开辟殆尽，只剩下一些难以开垦的内山地区，又多为原住民的分布区。因此，要开辟这些地区不仅要克服自然条件的困难，还要应对人为的阻力。但他凭借自己的智慧，最终还是完成了对苗栗广袤的内山地区（三湾、狮潭、大湖等乡）的拓垦，从而把这些蛮荒之地建成了道路畅通、厂房林立、工商繁荣膏腴之地。黄南球也因此在苗栗当地赢得了极高的声誉，时论称颂其"有造于邦家""有功于桑梓"，并被当地人称为"黄满头家"和"拓垦英雄"。

（2）张达京在台中的开发。

张达京祖籍大埔县高陂乡赤山村，字振万，号东斋，生于康熙二十九年（1690），祖父为武举人，父亲精通中医，张达京从小就学习武术，并且跟随父亲学医。张达京年轻时在家乡做生意，为了谋求发展，于康熙五十年（1711）一个人渡海来台，定居台中。先后担通事、垦户，投资开发水利，开垦台中大平原，为台湾的社会稳定和经济发展做出了重要贡献。

张达京从事土地开垦主要在台中地区。由于张达京的积极开拓，至乾隆元年（1736），神冈、丰原、潭子、石冈、东势、新庄等一大片沃土很快得到开发，台中盆地附近的土地基本开发完毕。通过"割地换水"，张达京取得大片土地的所有权，包含台中市、丰原、神冈、大雅、潭子等处，甚至西达海线的清水，南边直到彰化市、芬园乡，都有他名下的土地。由于水源充足，水稻连年丰收，年收租谷数万石计，张达京不久就成为台中地区的首富，成为台中平原最著名的垦首之一。

（3）姜秀銮在新竹的开发。

姜秀銮祖籍陆丰市大安镇艳墩村，为姜氏迁台第四代。根据《天水堂姜氏族谱》记载，陆丰姜氏渡台始于乾隆二年（1737），"乾隆二年，第十、十一、十二世祖，伯叔兄弟十六人，先后由粤东原乡望海前行，毋惧海潮，履险扬帆，懋迁台疆，拓土垦殖，分居各乡，皆同木本，支荣叶茂，族裔繁昌"②。

姜秀銮的祖辈到台湾后，就一直在新竹新丰、芎林等地开垦，并创下了一定基业。由于叔祖姜胜智担任九芎林庄佃首，姜秀銮自幼就走上了习

---

① 黄鼎松：《苗栗的开拓与史绩》，苗栗：常民文化事业股份有限公司，第44页。

② 姜仁通主编：《天水堂姜氏族谱》，2001年，第51页。

武的道路，成年之后凭借着精湛的武艺，负责这一地区山地新垦区的防番防盗工作。由于表现突出，姜秀銮成了九芎林庄总理，在任期间不断获得官府认可，屡受奖赏。后来随着"金广福"垦号的组建，逐渐成为新垦区的核心领导人物。

姜秀銮卒于道光二十六年（1846），享年64岁。同治六年（1867），晚清台湾书画家杜逢时为他画像写下的像赞："古来披荆斩棘，开草昧之乾坤；度地居民，易洪荒而井里。操其权者，苟非雄才大略，必有隔越之虞。公以草野耕夫，受知当道，辄慨然而肩其任，卒之险阻备尝，番黎震叠。矿溪有幅员之广，草野无蹂躏之扰。此节沐遗勋，已令人穆然而思，而庄严遗像，尤令肃然而敬也。"这段话最能扼要地表示出姜秀銮对地方的重大贡献。①

（二）粤台两地客家人自古以来互动频密

通过前文的论述，我们知道清代粤东客家人渡台是十分普遍的现象，这些冒着艰难险阻迁到台湾的客家人并非一去不复返，相反，他们自古就与大陆原乡有着频繁的往来，互动频密。据文献记载，早期的迁台者更多的是一种"春时往耕，秋成回籍"的候鸟式迁徙，即开春农忙时，他们会前往台湾从事农业生产，收割完毕后则会返回大陆原乡。很多在台湾落地生根的客家人，在台湾扎稳根基后，也会想办法回到原乡，一方面回报桑梓，另一方面将更多的族人带往台湾共同发展，如大埔人张达京在台湾发迹后，即于雍正十一年（1733）回乡把两个兄弟以及同宗和同村的不少人带到了台湾。近代以后，虽受各种因素的阻挠，但粤台之间两地客家人的互动也从未中断，不计其数的台湾客家人冲破重重阻碍，回到原乡寻根问祖，两地客家人通过同修族谱等方式维系着两地紧密的联系。

（1）两地人员往来频繁。

进入清乾隆时期以后，粤东地区的客家人迁台成为一种司空见惯的事情，很多人虽东渡到台湾，但主要目的是从事农业生产，并未完全脱离原乡，他们在原乡有家业，在台湾也拥有田产，像候鸟般频繁往来于粤台两地。如《镇平县志》卷二《风俗》中的记载："力田者，多置产于台湾，春往冬归，岁以为率，亦有尽室寄居者。"② 稍晚一点的镇平人黄钊在《石窟一征》中的《教养》篇中也写道：

---

① 庄英章：《田野与书斋之间：史学与人类学汇流的台湾研究》，台北：允晨文化实业股份有限公司，2004年，第196页。

② 乾隆《镇平县志》，台北市蕉岭同乡会，1987年。

台湾，土地饶沃，畜产蕃孳。置庄者谓之庄家，佃种者谓之场工。邑中贫民往台湾为人作场工，往往三四十年始归，归至家尚以青布裹头，一望而知为台湾客也。①

清乾隆时期镇平（今蕉岭）文人廖云飘描述当时镇平风俗的竹枝词，同样显示了当时粤台两地民众往来非常频密，从台湾回广东特别是蕉岭的"台湾客"也非常多：

> 五月台湾谷价昂，一车闻说十元强；
> 澎湖风浪今应静，个个迎门待玉郎。
>
> 乾鹊无端朝乱呼，绣窗私语扶床姑；
> 前村南路客初到，试问阿兄归也无？
>
> 黄昏人未掩柴关，明月刚看吐半山，
> 弦索齐鸣檀板碎，开场先唱过台湾。

除了因农业开垦往来粤台两地，当时还有不少人是因投靠亲友、考取功名等其他原因往来两地之间。如光绪《嘉应州志》记载：

吴子光，字芸阁，天才卓越，年方舞勺，文名大噪。弱冠后，因其父从客台湾不归，偕弟往省，遂寄籍台湾。

乾隆《镇平县志》卷五《人物》中记载：

吴扬生，字子有，苦竹坑监生，赋性抗直，言动不苟，早岁丧父，事母克孝。少贫，无以供甘旨而菽水间，怡怡如也。后客游台湾，所得辄邮归奉母，岁终必归省。

又载：

刘锡福，少游台湾，寄籍为诸生，晚乃旋里教读。性迂傲狂直，乡曲惮之。

---

① 黄钊：《石窟一征》，广东蕉岭黄睦记，1930 年。

客家人崇宗敬祖观念很强，即使迁居外地，也要认祖归宗。因此，很多迁台的客家人最后还是从台湾归老或归葬于原乡，如大埔湖寮林氏十六世祖林品秀"乳名质云，名文明，号彬山，谥宽逸，锡尧公之子（生于乾隆五十八年，卒于同治八年）。寿七十七岁。公廿四岁游台湾，往返三次，六十岁旋梓，还乡教读兼堪舆。墓葬大窠顶"①。张达京在台湾死后，后人遵其遗愿，葬回大埔高陂。再如湖寮罗敬贵光绪三年（1877）十月三十日卒于台湾淡水沪尾后，其亲属将其骨骸带回，归葬于湖寮鸦鹊坪②。湖寮蓝斯聪，"读书能文，游学台湾。康熙甲午（五十三年，1714）卒于彼处，运骸归里。谥敏厚，葬深渡大窠里子山午向"③。类似的情况在族谱中不胜枚举。

（2）通信联系顺畅，经济联系紧密。

许多迁台的粤东客家人，经过在台湾长期的奋斗与开拓后，不少人在台湾开始慢慢稳定下来，建立了家庭，并发展成为一个个宗族。这些在台湾落地生根的客家人大都不会再频繁往来于粤东与台湾两地，但与原乡的联系并没有中断，许多还保持着紧密的通信往来，并通过邮寄钱物等维持着与大陆亲人的关系。

《抉云楼家书》是在台湾找到的一套从大陆原乡寄到台湾的家书集，共有十六封信，其时间跨度从光绪六年（1880）至光绪十六年（1890），家书是梅县松口抉云楼陈家写给在台湾定居的亲人陈宝源的，信中多次提到家人希望陈宝源从台湾返回原乡，并多次提到了陈宝源寄钱回松口的事。如：

……叔台启：三叔婆信读之如见眉宇。银雅一元，在叔婆得之，如同得万金，逢人便说，欢喜万分……［光绪六年庚辰岁（1880）］

……嗣母现年七十有五，尔兄嫂现下五十有余。寿年即高，所有田产屋宇尚能经管，儿当乘此时回家，论及家业一事。嗣母身前无一亲骨血，倘有不测之忧，家业未知付之何人……［光绪十年甲申岁（1884）］

……宝源嗣男如面。启者本年孟夏蒙信银二元，现收到。……又者尔要夏布应用，现未织布，期明年寄来可也。［光绪十年甲申岁（1884）］

---

① 《大埔县林氏族谱》，2002 年。
② 罗氏族谱续修委员会：《大埔罗氏族谱德垂公系》，1998 年，第 846 页。
③ 蓝海文：《大埔蓝氏族谱》（第三册），2003 年，第 718 页。

信中除提到寄银圆、金银之外，还有茶叶、夏布、何首乌、鹿茸等，可见当时两地通信及物流往来之便利。

在经济联系上，台湾借助其优越的海洋地理环境，与国内外交通十分便捷，清代前期台湾主要通过海洋与大陆沿海各地进行贸易往来，鸦片战争以后台湾则通过海洋与世界市场联为一体，凸显了台湾工商业经济发展的海洋化个性。① 台湾与祖国大陆在经济上具有互补性。台湾早期移民性别相对单一，无法维持大陆传统的"男耕女织"生产模式，需要通过大陆贸易弥补物资的不足。祖国大陆沿海尤其是粤东地区普遍缺粮，而清代台湾经过大规模的土地开垦，粮食产量不断增加，长期向大陆运输粮食。台湾社会的工商业特征及其与大陆的经济互补性，吸引众多粤东地区的客家人渡台经商，他们又进一步推动了台湾工商业的发展，为各类移民提供生存的广阔空间。

例如，饶平客家人张显文，字卓徽，元哥都康滨乡人（今上饶镇坑前村），"壮岁偕兄渡台湾服贾得资，即为父偿债，其怡怡有足多者……子张实，廪生，孙展成，增贡生，亦能善继先志"②。再如，大埔湖寮高道村的林锡尧，乾隆四十四年（1779）与堂兄林锡总"往台湾垦荒耕种，兼作水甲，获金寄回桑梓，置产成家"③。嘉庆《平远县志》也有记载："黄氏，东石林为梓妻。梓往台湾经商。"④ 族谱以及县志中类似的记载还有很多，可见当时两地经贸往来之紧密。

（3）文化交往频密。

粤东梅州地区自古以来文教昌盛，被誉为"人文秀区"，特别是清初以来文化尤其发达，而同时期台湾文化相对落后，因而很多粤东客家人迁到台湾从教或参加科举考试，促进了台湾文化事业的发展。之后随着台湾文教社会的逐渐形成，一些客家人聚居地区崇文重教的风气开始养成，这样就给许多私塾先生以谋生机会，事实上这样的去台者还不在少数。如大埔百侯蕉子坑的张觐光，原名张绍棠，相传其叔父张上卿（1819—1894）早年迁到台湾。绍棠家穷，虽读了书，但没有考中功名，为了谋生到各地教书。当时福建和广东大埔很多人去了台湾，张绍棠30多岁时也跟着去台湾，在其叔叔所居住的嘉义地区教书，后参加当地科举考试，先后考中秀才、廪生，并于光绪元年（1875）考中举人，光绪七年考中进士，成为台

① 刘正刚：《东渡西进》，南昌：江西高校出版社，2004年，第171－172页。

② 惠登甲：《饶平县志》卷七，饶平：饶平县志编纂委员会办公室，1998年，第144页。

③ 广东省大埔县林氏族谱编写委员会：《大埔县林氏族谱》，2002年，第1038页。

④ 卢兆鳌：嘉庆《平远县志》卷四《烈女》，第74页。

湾 32 个进士之一。

总之，从前文的论述，我们已经清楚地看到粤东客家地区是台湾客家人的主要原乡，台湾的客家人大都是清代粤东迁台客家人的后裔。通过大量族谱记载，我们看到了两岸客家人同根同源的基本事实。两三百年前迁居台湾的粤东客家人，从未与大陆原乡中断联系，相反，哪怕是在最严酷的条件下，粤台两地的客家人也通过各种方式维系着两岸的往来，因为血浓于水的宗族情谊在任何情况下都是无法割断的。在当代，随着两岸关系的逐渐缓和，在同是客家人这一血脉联系的趋势下，粤台两地的互动交流越发紧密，呈现出良好的局面，造福着两岸的客家人。

三、粤台两地客家人的文化渊源

粤台两地的客家人不仅在血缘上同属一脉，在文化渊源及传承上也体现着两岸同是一家的事实。客家文化可以被视作汉民族多元一体文化格局的一个缩影。客家文化的形成是一个动态的历史过程，不仅以汉文化为总体背景，还在很大程度上吸收了中国古代南方各地的区域文化以及当地本土文化。汉民族共同体文化的共同性和丰富性以及该共同体内部不同族群文化的地域性和差异性，在客家文化的总体氛围里，都可以或多或少地找到其影子。直到今天，客家族群依然保持着其独特的个性，大部分客家人依然执着于自己的自我认同意识。客家人这种牢固的自我认同意识和寻根意识，是一个十分奇特的文化现象。客家人到台湾后，同样将客家文化带到了台湾，台湾客家文化是大陆客家文化的延续。下面将从宗族文化、民间信仰、建筑文化、客家方言等角度探讨粤台两地客家文化的深刻渊源。

（一）宗族文化

客家作为汉族中一个富有特色的民系，并没有因为历史上的辗转迁徙而失去与中原传统文化的承续，相反，客家文化至今完整保留了大量传统文化遗存，被学术界誉为中华传统文化的"活化石"，其典型表现之一就是很好地保存了传统宗族文化。客家宗族文化在继承中原旧时传统的基础上，结合南方山区的特殊地理环境，形成了自己的鲜明特色。田野调查可见，在现在的粤东客家地区，无论大小宗姓，都有自己的祠堂，都编有族谱，各种大小祭祖活动随时可见、随处可见，这生动地体现了粤东客家地区宗族文化的发达。

台湾的客家人从粤东地区渡台开垦定居，已超过三百年，台湾客家人体现出的宗族意识与原乡意识一直是台湾客家文化中的重要特征。多数的台湾客家人为了不忘本源，以姓氏堂号作为先祖源流的表征，这些不同的堂号在台湾各地客家聚落的家宅门楣上均可以看到，在各家祭祀的祖先牌位与墓碑上也可以观察到，这种现象体现了台湾客家人慎终追远的文化传承，早已牢牢地与生活紧密结合在一起。从课题组成员多次在台湾的田野考察看，台湾各地客家宗姓虽来源不一，但都受传统宗族文化的影响而重视宗祠建设，重视编修族谱，重视祖先崇拜，借此达到追本溯源、承前启后的目的，同时也能起到加强对族人教育、增强宗族凝聚力的作用。

传统的客家宗族主要通过编修族谱、建立祠堂等方式维系宗族的团结和发展。随着时代的发展，传统客家宗族文化呈现出了一些新的特点，蕴含了新的内容。例如，客家宗族逐渐发挥起联系海内外客家宗亲的作用，梅州地区各大小宗族与海外宗亲组织的联系和往来日益紧密，客家宗族不自觉地成了海峡两岸以及我国与客属侨居国沟通的桥梁，产生了积极的影响。

（1）修建祠堂。

迁台的客家人，但凡取得一定的成绩之后，就会在新的聚居地创建集血缘与地缘文化于一体的宗祠（台湾很多地方称公厅）。如台湾南部的六堆地区是客家人的主要聚居地之一，"据依李允斐的研究，高屏地区客庄的六堆组织中，在政府来台前，共有十五座祠堂，而位居中心地区的内埔、竹田、万峦一带即有十座"[1]。

如台湾屏东《钟氏族谱》记载：

清康熙年间，元联公入垦屏东县内埔、万峦；雍正年间元普公移居屏东内埔，乾隆年间成文公移万峦，元拱公宋氏偕子壮文、立江、玑江、隆文、仕江、尚珍移内埔乡，子昌盛建有祠堂一座，规模宏伟。

台湾新埔上枋寮刘家来台之始祖，为第十一世祖刘瑞阁之妻詹氏，其于乾隆二十年（1755）携刘延转、刘延臼、刘延楹三个儿子，由广东饶平县杨康乡渡海来台，初暂居于盐水港（新竹香山）一带，清乾隆四十六年（1781）长子刘延转至上枋寮开基立业，同治年间仿照原乡兴建一座四合院，名为"双堂屋"，在后堂明间设置公厅，厅正中以大神龛供奉历代祖先牌位，神龛底下设有土地龙神牌位。

（2）编修族谱。

---

① 黎彦鸿、柳秀英：《屏东内埔谢氏宗祠文化研究》，《2011海峡两岸客家文化高级研修班论文集》，梅州：内部资料，2011年。

通过"台湾记忆"网站统计的资料，我们发现在台湾编修的客家族谱已有 2 000 余种，这个数量是相当庞大的，显示了台湾客家人编修族谱的巨大热情。课题组在粤东地区田野调查中发现，很多宗族都保存有台湾编写的族谱，这些族谱大都是台湾宗亲回乡寻根问祖时带回来的。一个有趣的现象是，粤东地区一些小的姓氏，如陆丰大安艳墩村的姜氏，因年代久远且人数较少，他们老族谱已经丢失而新的族谱又一直未能编成，好在1988 年台湾的宗亲回乡寻根问祖时带回了族谱，才让他们重新找到了自己的祖源。[①] 类似的例子在田野调查中还有很多。

（3）举行祭祖活动。

客家人祭祖的仪式普遍比较盛大，往往是全族出动，甚至包括分迁到外地的族人也都会尽力参加，正如《石窟一征》中记载："祭必合族，无各祭，亦无分祭。既因祠以序宗，又因墓以会族。仁孝之道，于斯为至矣！"[②] 台湾客家各个宗族都会举行祭祖仪式，特别是台湾北部的一些大家族祭祖场面十分盛大，如桃园县新屋乡范姓、姜姓、叶姓、罗姓等宗族，龙潭乡的陈姓宗族以及新竹县新埔镇上枋寮的刘姓宗族等，每年的祭祀祖先仪式，因参与祭拜的宗族人数庞大而受到社会的瞩目。台湾一般客家宗族每年都会定期举行祭祖仪式，祭祖仪式一般在祠堂以及集中存放先人骨骸的祖塔进行。

迁台的客家人以台湾为家，死在台湾，当然是就地埋葬，几年后再捡骨，建造简单的坟墓，方便扫墓与祭祀仪式的进行。但是历经几代繁衍、昌盛之后，死去的祖先人数越来越多，每到扫墓时期，台湾客家人都会一一到祖先的墓地去"挂纸"。不过因墓地众多，一天中要扫完所有祖先墓地，时间往往很紧凑，为了方便在台各房子孙祭拜扫墓，就产生了建造大的阴宅，把所有祖先骨骸集中于一处的想法，于是就建起了祖塔（或称"佳城"）。祖塔的建造在桃竹苗地区十分普遍，这是台湾敬祖仪式中不同于大陆原乡的地方，但它所反映的同样是台湾客家人对祖先的崇敬。

（二）民间信仰

民间信仰是客家文化中的重要内容，也是客家地区民间文化中核心的部分。粤东客家文化随着客家人向台湾的迁移而被带到台湾已历数百年，尽管如此，两地的客家文化仍然有着惊人的相似之处。就民间信仰来说，

① 报告人：姜振国，现居陆丰碣石镇，地方文史爱好者。
② 黄钊著，广东省蕉岭县地方志编纂委员会点注：《石窟一征》，蕉岭县地方志编纂委员会，2007 年，第 103 页。

"大到'三山国王',小至'福德伯公'的崇拜、祭祀,两地的客家人几乎都是一致的"①。一般而言,在台湾要简单了解一个地方的文化来源与特色,可以从当地居民信仰的寺庙着手,从其中特殊的民间信仰,就可以知道当地早期居民的原乡地。正如连横在《台湾通史》中所记载:"夫台湾之人,闽、粤之人也,而又有漳、泉之分也。粤人所至之地,多祀三山国王,而漳人则祀开漳圣王,泉人则祀保生大帝,是皆其乡之神,所以介福禳祸也。"②

在梅州地区,俗民大多是多神崇拜者,有"举头三尺有神明"之说,认为见物有神,处处有神。他们的俗神崇拜主要有三种类型,一是祖先崇拜,包括祖先牌位崇拜、祖先坟墓崇拜和祖先偶像崇拜;二是伯公崇拜,伯公主要是村庄间的神明,有的叫"社官",有的叫"龙神伯公",有的叫"弥陀伯公"等;三是公王崇拜,粤东客家地区跨宗族或跨村落的俗神最主要的就是公王。

多神信仰是客家地区民间信仰的一个普遍现象。粤东原乡是这样,台湾客家地区也是如此。在台湾苗栗县的大湖乡,由于居民多数是从清代嘉应州移民而来的客家人,所以居民的信仰也多是从原乡迁徙而来的"移神"。如台中《大湖乡志》记载:

> 一百多年以前（清咸丰十年以前）,大湖尚未开拓,有原住民聚居于此,来此开拓的先民,筚路蓝缕,胼手胝足,既要抵御瘴疠、防范意外,并防止原住民出草馘首的危害,以保全身家性命;复得祈求上苍保佑风调雨顺、五谷丰登,所以,自大陆原乡带来了佛、道及通俗信仰。比如位于大湖街的万圣宫,即因本乡初辟、原住民纠骚无常,乡人请中路统领林朝栋发起建宫,奉祀关圣帝君,以安民心。其神像乃由福建都督署精选檀香木雕刻,由后龙港恭迎入境的。又如位于南湖街的南昌宫,也是开发南湖的黄满（黄南球）头家,为祈求关圣帝君庇佑庄民而建,后来请大陆福州名师恭塑主神关圣帝君及关平太子、周仓将军、五谷神农大帝、伯公等神像奉祀。③

下面以伯公信仰、三山国王信仰、惭愧祖师信仰为例,来说明粤台两地民间信仰的渊源。

---

① 房学嘉:《客家民俗》,广州:华南理工大学出版社,2006年,第1页。
② 连横:《台湾通史》卷二十二《宗教志》,北京:商务印书馆,1983年,第307页。
③ 《大湖乡志》,苗栗:苗栗大湖乡公所,1999年,第669页。

（1）伯公信仰。

在粤东地区一般称"土地公"为"伯公"或"福德正神"，台湾客家地区民间也有称"福神""伯公""大伯爷""大伯公""后土""福德爷"，简称"土地"，"其中以'福德正神''福德爷'的称呼较为尊，并以'福德庙'或'福德祠'通称土地祠，属于自然地祇的崇拜，为台湾地区普遍信仰的乡土神祇"①。

"田头田尾土地公""庄头庄尾土地公"，这两句众人耳熟能详的台湾俗谚，道出了台湾民间土地公信仰的普及与兴盛。王健旺在《台湾的土地公》一书中提到，台湾的伯公除了具有农业神的形象，还可依据神职的不同，将民间的伯公信仰区分成村落守护神、家宅守护神、农业神、财神、坟墓守护神、水源守护神、山神、职业守护神、建筑业守护神、户政神、开路神、社会杂务神十二种属性。② 在台湾民间信仰当中，伯公可说是信众最多的神祇，无论士、农、工、商，各界都供奉祭拜，每月初一、十五，或初二、十六，农事、工程起工及竣工、岁时节令时，信众都会准备鲜花素果、牲礼祭品、香烛纸钱，进行祭祀。③

（2）三山国王信仰。

前文已叙，当今台湾社会流行的民俗信仰大多传自粤、闽两省，三山国王是其中流传广泛、特点鲜明，具有较大影响力的民间信仰神明之一。据台湾省"民政厅"1987 年的统计，全台 22 个县市中的 18 个县市，共有三山国王庙 145 座立案在册，"民间一说有 260 多座，加上未办立案注册的为数更多了"④。可以说，在台湾，三山国王神明比在原乡得到更广泛的崇拜。作为粤东地区古老而有影响力的地方神祇，其信仰有着悠久的历史。一般认为这一原始信仰缘于潮州府揭阳县霖田都（今揭西河婆），这一民俗信仰由粤籍移民带去台湾，并随粤籍移民在台湾的发展、繁衍并不断传播。

明清以来，三山国王信仰逐渐形成了以揭阳为中心的祭祀圈，辐射整个潮州地区，后来随着行政区域的不断分化组合，三山国王信仰也就分布在潮、嘉各地。明末清初之际，随着粤东地区客家人大规模迁至台湾，作为各地福祉的三山国王之香火也从粤东各地传入台湾。在台湾，一些三山国王宫、庙内刻有粤东先民携带三山国王之香火来此开基的事迹碑文。如

---

① 吴兆玉、彭宏源：《寻找先民的守护神》，苗栗：苗栗县文化局，2006 年，第 1 页。
② 王健旺：《台湾的土地公》，台北：远足文化事业有限公司，2003 年出版，第 32 - 39 页。
③ 吴兆玉、彭宏源：《寻找先民的守护神》，苗栗：苗栗县文化局，2006 年，第 1 页。
④ 贝闻喜：《潮汕三山国王崇拜》，广东揭西县政协文史委员会，2007 年，第 56 页。

云林县大埠乡三仙亭碑文记载：

> 康熙年间，有一位广东人，由大陆来本境居住。携带三山国王香火，镇宅祀……至嘉庆十四年，由本地善信张元国、张元基两兄弟，发起五十三庄民醵金八千五百元，鸠工兴建庙宇，并向大陆广东省惠州府陆丰县，雕塑三山国王金身，迎回奉祀于此。①

1987 年 11 月 2 日台湾开放民众赴大陆探亲、观光和旅游后，往返于大陆的台湾民众人数迅速增加，粤台两地关于三山国王信仰的交流也越来越频密。据揭西霖田祖庙庙委会记录，自从 1994 年揭西县三山祖庙访问团应邀赴台以来，10 多年间经访问团访问过的数十座台湾三山国王庙，也纷纷组团来揭西祖庙进香。

（3）惭愧祖师信仰。

光绪《嘉应州志》记载，潘了拳原籍福建省沙县，为梅县圣寿寺（灵光寺）创始者，生于唐宪宗元和十二年（817），17 岁出家，20 岁来到梅县阴那山五指峰下，结茅修道，自号惭愧。圆寂后，人们以檀香木雕其法像，作为纪念，称"惭愧祖师"。梅州灵光寺与韶关南华寺、广州光孝寺、肇庆庆云寺、潮州开元寺合称为"广东五大名寺"，自古香火鼎盛，是粤东北地区众多香客的心灵"朝圣"之地。随着粤东地区客家人的大规模迁台，惭愧祖师信仰传衍到台湾地区。

在台湾，惭愧祖师为台湾道教或台湾民间信仰的神明之一，又称"惭愧祖师公"或"荫林山祖师"。台湾祭祀惭愧祖师始于 17 世纪之郑成功时代，台湾清治时期因台湾民众深信"生番出草"，期间，惭愧祖师会托梦提示，因此深受汉人及平埔人膜拜。据"国立"台湾师范大学王志文和淡江大学黄如辉的调查，现在台湾主祀惭愧祖师的庙宇仍有十八座，旁祀者亦众。另外，根据王志文和黄如辉的调查，经过时代的更迭，在现在的台湾地区，惭愧祖师信仰主要分布在河洛语优势分布的地区，即主要在南投县的草屯、中寮、竹山、鹿谷、埔里一带，而在客家人聚居的桃园、新竹、苗栗和南部六堆地区却鲜有分布。

关于惭愧祖师信仰何时、如何从大陆原乡播迁到台湾，根据王志文、黄如辉等人的研究，认为福建平和县是关键，因韩江流域大多以三山国王信仰为主，使得位于韩江上游的惭愧祖师无法往南由潮州府传播。惭愧祖

---

① 刘还月：《台湾的客家人》，台北：常民文化事业股份有限公司，2000 年，第 203 页。

师信仰改由"并行转移"，由原乡广东梅县进入大埔来到福建平和，再随着平和居民移民台湾的脚步由漳浦来台，惭愧祖师信仰最终得以辗转来台。

此外，观音、关圣帝君等也是台湾地区客家人中比较常见的神明信仰，这些都无一例外源自大陆原乡。总之，台湾客家人的民间信仰源自大陆。

（三）建筑文化

客家建筑是客家文化中最具特色的一环。粤东地区传统客家民居建筑主要有围楼、走马楼、五凤楼、"四点金"、殿堂式、围龙屋和中西混合式等几种，其中以围龙屋最具代表性。其主要组成部分包括龙厅、花胎、上堂、中堂、下堂、天阶、南北厅、横屋间、围龙间、禾坪、池塘等，围龙屋内包含有丰富的文化内涵，如祖先崇拜、民间信仰、风水文化等。

粤东客家人在早期移民台湾的开拓过程中建造村落宅第时，很自然地将大陆原乡的建筑形式带到了台湾，并根据台湾生活的实际，做出了一定的调整。合院式的伙房屋是台湾地区最主要的传统客家建筑。台湾由于其特殊地理位置，各族群在此会聚活动，进而产生出丰富且多样的建筑形态。"台湾的民居文化反映台湾平民百姓的历史与文化，主要包括原住民、荷兰人、西班牙人、日本人、汉人等的建筑形式，其中以汉人的建筑数量最多，而台湾的汉人的建筑形式，又可再细分为漳州、泉州、客家三类。"① 台湾现有的十大古民居，客家建筑即占一半。

台湾客家地区集宗祠与民居为一体的建筑叫作伙房。从宗族结构上看，台湾客家地区虽然属移民社会，但各宗姓中缺少从大陆举族直接渡台的典型，宗族社会基础比较薄弱，其结果是，稳定性强的庞大的围龙屋建筑群不如粤东原乡广布。随着家族的繁衍、迁徙分散各地，族内的各房、各家族在其地产上建立伙房，并各自迎本房的祖先牌位至自家伙房的正厅内供奉。随着岁月的推移，物质生产的日益丰富，家族逐渐扩建伙房，并出现有由正身、左右横屋组成的伙房屋。据课题组成员在台湾实地考察，伙房屋的建构形式与原乡梅州的围龙屋存在差异，但文化符号的内核依然未变。

台湾客家人的伙房屋，不论是其世俗空间，还是其非世俗空间，除血缘性的祖神崇拜空间外，还有非血缘性的神灵崇拜空间，如天神、三官、

---

① 邱荣举、黄玫瑄：《围龙屋与台湾客家民居文化之关系》，《客家文化多样性与客家学理论体系建构国际学术研讨会论文集》，2012年。

土地龙神、仙师、公王、五星石伯公等，其文化元素均与原乡梅州基本相同。举例来说，如新竹刘家伙房堂屋内有横屋、化胎等区域。屏东县内埔徐氏伙房堂屋内外不同神圣空间的配置，以及堂屋与横屋等结构、化胎的兴筑等，完全是依原乡梅州围龙屋的建构模式。龙肚庄狮山里钟氏秀文公祠大门前有门坪，门坪前有半月形水塘，该祠后面筑有化胎，化胎外筑有矮围墙等。龙肚庄龙山里罗氏豫章堂亦在祖堂厅内专门为非血缘性神灵设立神堂，奉祀公王等神灵。高雄县美浓镇西河堂林氏祠堂奉杨公仙师之神位，将非血缘关系的神灵安排在祠堂内的不同空间。以上这些建筑里的文化符号完全与粤东原乡围龙屋的文化符号相同。

（四）客家方言

语言学原理表明，语言随社会的产生而产生，随社会的发展而发展。社会不能没有语言，语言也不能脱离社会。正因为语言具有如此显著的社会性，当我们在了解某一群体的文化、习俗、心态等时，通常要看看这些在当地语言中有什么特殊的反映。也正因为"语言是文化的载体"，所以语言特别是作为地方的方言不仅在语言学研究中占有相当重要的地位，在文化学、社会学等学科方面也有很高的研究价值。方言最能反映一个地方的民情风俗，器具、劳务、产物都形之于语言，风俗习惯也形之于语言，都从中流露出一定的文化心理。方言不只能反映某一地方特有的现象，也能揭示一些地方的共同联系，显示古今关系。循着一些地方的音系与同形词连成的同言线，往往能恰到好处地说明这些地方的人口源流、历史联系，可以为论证地方的历史地理提供直接依据。

一个民系成立的重要因素之一就是有共同的语言，客家民系的共同语言即客家方言。客家方言又称客方言、客话、客家话等，属于汉语七大方言之一。

台湾客家话源自大陆，田野调查发现，两岸客家人完全可以用客家话自由交谈，虽历经数百年，但台湾客家话与祖国大陆客家话无异。目前台湾的客家话主要分为四县客家话和海陆客家话，此外，还有使用人数较少的大埔客家话、诏安客家话以及饶平客家话等。四县客家话是台湾客家人使用最多的客家方言，也是公众播音场合（如车站）所使用的标准，其分布地主要为桃园县、新竹县、苗栗县以及南部六堆（高雄、屏东）地区，南北腔调又略有差异。海陆客家话是原籍惠州府陆丰地区的客家人所讲的方言，主要分布在新竹地区。

客家作为台湾的第二大族群，其方言客家话自然也成为台湾的重要语言之一，客家话是继普通话、闽南话之后的第三大官方语言。但是长期以来，客家话由于受到闽南话这一台湾强势方言的排挤，一直处于弱势地位，并且出现逐渐消失的趋向和危机。

直到近二十年来，随着台湾客家族群意识的复兴，在"宁卖祖宗田，不忘祖宗言"的训导下，台湾客家人发起了一次次的"还我母语运动"，组织游行，举办大型活动，宣示客家话对客家人的重要性。目前，台湾有官方组织的全台性的"客家话认证考试"，成立了全客家话播音的客家电视台和多个客家电台，在高铁、地铁、公交等实现了客家话报站等。台湾客家话又重新出现了强势的反弹。

此外，在客家妇女文化、服饰文化、饮食文化、节俗文化等方面，粤台两地也有着千丝万缕的渊源关系，限于篇幅，不再赘述。

四、结论

本文从历史的角度阐明了绝大部分台湾客家人基本是由明清时期从粤东地区迁出，特别是在清前中期，粤东地区掀起了客家人渡台的高潮。渡台客家人主要来自嘉应州属各地，以及潮州府属的饶平地区和惠州府属的陆丰地区。渡台的客家人主要分布于台湾北部的桃园、新竹、苗栗地区以及南部的高雄和屏东地区。迁到台湾的客家人曾为台湾的开发建设做出过巨大贡献，特别是在土地开垦方面，台湾岛很多原本荒芜的高山地区在客家人的辛勤耕耘下变成了良田，由此成就了黄南球、张达京、姜秀銮等一大批在台湾社会曾产生过巨大影响的客籍人士。

迁台的客家人从未中断与原乡粤东地区的联系，从早期的春去冬回，到后来在台湾安家立业，仍通过各种方式保持与原乡的联系，两地人员往来一直频繁，通信联系顺畅，经济联系以及文化互动也很紧密。即便是在台湾割让给日本之后，粤台两地的联系也未曾中断，在台客家人仍克服各种困难回乡探亲祭祖。进入现代，两岸虽受历史遗留原因的阻隔，但粤台两地客家人的联系仍然存在，特别是在台湾当局开放大陆探亲以后，越来越多的台湾客家人回到粤东地区寻根问祖。台湾乡亲回乡后，重修祖祠、合编族谱、建桥铺路、捐资助学、投资办厂等善举对粤东地区的社会建设做出了重要贡献，他们的芳名在祠堂、寺庙等的碑刻中比比皆是。

大量的族谱记载以及粤台两地民间持续不断的互动交流，都无可争辩地表明台湾客家人的根在大陆，两岸客家人血浓于水的事实不容改变。台湾绝大多数的客家人至今仍对大陆原乡怀着深厚的宗族情谊，他们渴望了解自己的祖先在原乡的情况，他们珍视与原乡族人的血脉联系，这种宗族情感成为维系粤台两地民间友好往来的精神纽带。

但不能讳言的是，在现在的台湾，也有不少客家人，特别是年青的一代，受现代文化的冲击以及两岸政治大环境的影响，很多人已不清楚自己的客家身份，更遑论他们对大陆原乡有深厚的情感。因此，十分有必要通过分析探讨粤台两地现存可见的文化事项，来阐述两岸的深刻渊源。台湾著名的客家问题研究者张维安教授曾指出，客家作为一个不断增加与流失的族群，血缘虽然重要，但并不是形成当前客家族群的充分因素，客家族群的文化因素，才是客家族群离而不散的重要基础。

通过宗族文化、民间信仰、建筑文化、客家方言等粤台两地共同的客家文化内涵来论述两地的文化渊源，以这些看得到、听得见、摸得着的文化事项来阐释粤台两地同文同种、同是一家的事实。

通过大量的文献材料以及田野调查，我们看到了粤台两地客家人都十分重视祖先崇拜，都同样热衷于祠堂的修建和族谱的编修。在民间信仰上，台湾当前客家人主要的信仰，如三山国王、伯公、惭愧祖师、定光古佛等都源自大陆，且每年有大量台湾信众回到粤东原乡敬香朝拜。粤台两地在传统民居建筑方面，都有着重视风水等相似的文化内涵，粤东地区广泛分布的围龙屋，其独特的文化符号在台湾客家地区同样可以找到。两岸客家方言在语音、语调、语法、词汇等方面大同小异，两地客家人完全能够用客家话自由交谈。此外，台湾客家人在服饰、饮食、节俗、艺文等方面的文化，也都源自粤东原乡。

总之，通过全文的分析论述，我们可以得出粤台两地客家人同根同源、同文同种、同是一家的基本事实。台湾客家人不是无根之木，不是无源之水，粤东原乡就是他们的根源所在。在当前两岸关系不断缓和、两岸交流不断拓宽、两岸合作不断增强的背景下，挖掘和弘扬粤台两地共同的客家文化，能够为两岸进一步深化交流与合作提供精神纽带。

客家文化在台湾的嬗变

台湾客家儒绅海洋意识的转变

——从吴子光到丘逢甲

黄丽生①

一、海洋意识、儒家价值与近代客家人物

所谓"海洋意识"系指与海洋有关的人文识觉与世界视野，可能来自切身的海洋经验，可能来自客观认知与海洋有关之人文社会的启迪；不同的海洋意识，导致不同的认识世界的方式与价值观：如视海洋为向外发展的通道，抑或防御阻绝之屏障；是生存之凭借抑或致死的险域；是文化承载之所据，抑或抑制人文发展的限围等，进而成为影响历史人物思想行动的可能因素。海洋意识的现实效应并非独立作用，乃是与其他的人文因素结合、互动，而为海洋文化构成的重要环节。②

哲学家黑格尔尝谓：西方文化是一种根植于"海洋原则"而以自由、进取为尚的文化；在东方尤其在中国，其文化则根植于平原流域与血缘关系，是"相同之壮丽没落的重复"与"一再自我重复循环"的历史。此说

① 黄丽生：台湾海洋大学人文社会科学院教授。

② 海洋文化除了涉及与海洋有关的文化论题，亦包括由海洋文化的诸种内涵与历史向度所赋予独特的视野，所开启对人文课题研究更广泛的认知、理解与诠释系统。它至少包含：a. 人对海洋的意识；b. 跨海联陆或全球一体化的空间形势；c. 跨海移动的人文特性；d. 依海营生的人地关系；e. 因应人海互动的理性活动等。其中"跨海移动的人文特性"系指针对人文活动中民族文化在隔海异地的延续、传布、创化、变异与消失，人口移动后与异民族文化的相遇、冲突、调适与相融，以及跨文化现象中之文化互动展衍、往返交换、多元并存、合成共生的特性等，加以疏解厘清并赋予相应的诠释。见拙文《海洋史研究的问题意识：以〈中国海洋发展史论文集〉为中心》（基隆：台湾海洋大学，2005）。明清迄今儒学在中国港台及海外地区的传播发展，皆应可在此一研究视野下，掘发诠解其脉络与意义。

可谓开了"西方文化即海洋文化，而中国没有海洋文化"这类论述的先河。辜不论其论述是否毫无瑕疵，但近代西方文明经由海洋对全世界进行军事、经济征掠，并造成对全球政治、社会、文化各方面的重大冲击，确使世人倾于将西方文明以及有关现代化的议题和海洋因素联想在一起。揆诸史册，近代西力的冲击，确实刺激了中国知识阶层海洋意识的觉醒，并揭开了近代中国进取求变的序幕。从自强运动重视船坚炮利的海防政策，到曾国藩、郑观应等人的商战观，无不是儒化官绅开始从"海洋"角度重新省视中国、世界及其相互关系的产物。换言之，近代人物"海洋意识"的敏锐与否，直接影响其变革意志的强弱，也关系到其性格的进取或保守。因此本文欲以"海洋意识"为核心指标，来探索近代人物响应时代变局之思想动力与价值倾向的缘由。

民初以降，人们常一味地指责：相对于西方海洋文化的进取与多元性，中国文化总是显得守成不变和缺乏动力；儒家思想更被认为是中国追求现代化的最大阻碍。但近代儒家思想只有保守固陋的一面吗？事实上，在新式知识分子出现以前，所有与维新变革有关的言论行动，无不是儒化精英所为。换言之，在近代儒学逐渐趋于边缘化的同时，它仍然透过具体人物的言行思想，呈现其兼有保守固陋与进取创变双重的历史效应。唯何致保守固陋？何使进取创变？何以同样的儒学背景，对不同的历史人物会产生迥然相异的影响？此其间，历史人物的海洋意识扮演何种角色，与其儒学素养有何互动关联？此等问题，亦耐人寻味。

如上所述，海洋意识与近代变革动力应有某种程度的关联。如果回溯更早的历史进程，则可发现海洋意识早在宋元时期，就曾经引导中国先民开拓出前所未有的、数百年航海出洋的活跃世纪。这不能不说是中国历史上重大的突破与变革。影响所及，即使是明清施行海禁政策的时期，也不能抑制闽粤地区民间旺盛的出海私贸活动，以及由此奠定的华人在海外，尤其是东南亚，甚至于东北亚地区海贸的基础与势力。而在这些远渡重洋、冒险犯难的海洋移民中，也包含了已有近千年移民历史的客家人。他们在原乡一向以耕读传家、宗族集居为特色（正符合黑格尔所谓根植于平原流域的农耕文明与血缘关系典型），并常被视为性格较倾于固执、守旧的族群；但这样的刻板印象，并不能掩盖客家人也勇于参与海洋活动的经历与事实。事实上，近代中国倡议变革的先驱们，有不少就是出身客家的知识精英，不但饱读诗书，而且具有海洋经验。简言之，作为一个广大的族群，近代以降，客家人也同时有保守消极和进取创变的两面形象。而在保守与进取之间，儒家思想价值和海洋意识对近代客家人物产生怎样的影响，亦为本文所关注。

因此，本文拟从海洋意识、儒家思想价值与近代客家人物三者交叉关联的角度，检视客家儒绅吴子光与丘逢甲的海洋意识差异，借此了解清末民初台湾儒学思想动态演化的一个面向；并将此面向与中国近代因遭逢外力冲击，儒学由文化核心的地位骤趋边缘化，复于此剧变中创发、新生而在中国港台及海外大放异彩的发展，视为同一源流、分别创化而未衔接的历史脉络。此一研究进路特别关注儒学跨海传播后传承创变的人文特性，以及在此过程中所表现的海洋意识。以久居台湾的客家儒绅而言，其海洋意识的活跃与否，常与其儒学素养、器识格局与体践动力相表里，而表现出类如"（中央型）大知识分子"与"（地方型）小知识分子"的分别。

吴子光和丘逢甲所具有的两种不同海洋意识，不但影响二者对儒学义理的体悟和实践的深度，亦反映清末两代台湾客家儒绅海洋意识的转变。本文主要研究这种海洋意识的转变及其历史文化的效应，对当代儒学义理与实践动力的掘发，应有重要意义；亦借此探讨近代客家人物在传承文化与变革创建之间，其所以进退维谷或两相发挥的根本缘由。

二、客家塾师吴子光的学思与局限

（一）出身、际遇与性格

吴子光（1819—1883）出身于广东嘉应州，先世勤于务农本业，饶有积蓄。传至祖父吴禹甫，始弃农就贾，渡台从商；有所累赀即返原乡，安家置产；后又渡海东游如昔，终以积痨卒于台湾。[1] 其堂伯父吴熊生，亦于弱冠之年随季父禹甫渡台行医，以精于痘疹之科而有令名。[2] 祖父与堂伯在台湾先行经营的基础，使吴子光得在青年时期即数度往返台海之间；其后，并得于弱冠之年随父从大陆粤东客家原乡渡海来台定居。故尝自言："三世踪迹多在台。"[3]

吴子光家族向来鲜有人习制举业。迨至其父吴远生，曾选国子监学生，始重文教。吴远生极寄望吴子光能够学业有成，兴旺宗族，以光耀门楣。故自髫龄起，吴子光即奉父命以考试应举为其终身目标；其父寄望既

---

[1]　吴子光：《先大父禹甫公家传（大母附）》，收于氏著：《吴子光全书·一肚皮集》卷四，台北：台湾史迹中心，1979年，不注页码。

[2]　吴子光：《先伯父熊生公家传》，收于氏著：《吴子光全书·一肚皮集》卷四，台北：台湾史迹中心，1979年，不注页码。

[3]　吴子光：《芸阁山人别传》卷一，收于氏著：《吴子光全书·一肚皮集》卷四，台北：台湾史迹中心，1979年，不注页码。

深，为延名师教授，不惜散尽家财；而课子严厉，常以怒□、夏楚相加。吴子光的幼年与青少年时期，即在父子负担都甚为沉重的氛围中度过，难免对他日后的性格器识有所影响。① 此外，其父以承袭祖赀而富，却不善治业营生，终致祖产渐虚，不得已而携同吴子光东渡台湾依亲。由吴子光惨述其家贫之苦为"国史四千余年中创局"的激越文字可知，其家境由富裕而贫寒的变化，以及父子两代皆因习儒而无力改善的窘境，成为他此后人生深重的阴影。② 虽然这些阴影并不致动摇他对"儒士"身份与功名成就的矜持与承担，但此承担来得太早，而成就太晚，致其从弱冠渡台到壮年中举的二十多年人生黄金岁月中，一直处于唯举业是望，却久负亲愿，贫困、挫折，复惭愧、窘迫的境地。③ 这些际遇，不无是其日后学思、视野趋于守成、内向的背景。

此期间，吴子光一直处于宏图进取功名与淡泊于仕宦的矛盾心态中，摇摆不定。既于同治四年乙丑（1865），吴子光中式乡试举人第 52 名（乙丑补行甲子正科）表其志在万里与报国、孝亲的心愿；④ 又不免感叹自己年华已长，且不喜耍弄，亦不汲于营求的本性。⑤ 虽自言淡泊，却又在中举十年后的 57 岁之龄，积极准备参加光绪二年丙子（1876）的会试。其后因受阻于船误，知时不我与，弃舟而返，才从此无意再应会试，加上同年前后，连损二孙，⑥ 更使他心灰意冷，甚至退缩为虚无的宿命论者。

此后，吴子光不但将"儒者"比作蝼蚁，认为存在于世，"人力"是无可如何的，只能以"不争"避险自安。其心态之消极，几近对天理、人心、是非、善恶皆已到毫无信心的地步；甚至，也放弃对人道德主体和尊严的承认。⑦ 其一生习儒，却在举业与家道两皆有憾的困顿中，无法自儒

---

① 吴子光：《先考守堂公家传》，卷四，收于氏著：《吴子光全书·一肚皮集》卷四，台北：台湾史迹中心，1979 年，不注页码。

② 吴子光：《芸阁山人别传》，收于氏著：《吴子光全书·一肚皮集》卷四，台北：台湾史迹中心，1979 年，不注页码。

③ 吴子光：《芸阁山人别传》，收于氏著：《吴子光全书·一肚皮集》卷四，台北：台湾史迹中心，1979 年，不注页码。

④ 徐炎正：《吴子光先生年谱》，收入《吴子光全书》（下册），不注页码。

⑤ 吴子光：《寄座主丁亦溪夫子书》，收于氏著：《吴子光全书·一肚皮集》卷二，台北：台湾史迹中心，1979 年，不注页码。吴子光自述不喜交游，中举后只与淡水厅同知陈桂培相交，并应其邀请于同治七年（1868）担任《淡水厅志》之纂修。见沈茂阴：《苗栗县志》卷十四，台北：大通书局，不着出版年月，第 203 页。

⑥ 徐炎正：《吴子光先生年谱》，收入《吴子光全书》（下册），不注页码。

⑦ 吴子光：《史论二》，《经余杂录》卷九《论辩类》，收于《吴子光全书》（下册），不注页码。

学悟得安身立命之道；反而强烈质疑其习儒、读书、应举，却不能以文章报国的人生有何意义。吴子光晚年陷于怨命怨穷、自负忧愤、自艾自怜、颓丧虚无的情绪中不能自拔。① 溯其源，这些痛苦无非来自其数十寒暑皆未能逾越其父为他所设定的"读书、应试以求功名"的人生框架；一旦失去最后的机会，不只是一生所习儒家义理皆如梦幻泡影，而且迷失了自我生存的意义，不啻唯知尊君父而不见道体的写照，乃为其思想视界无以开展而倾于保守固陋的根源。

（二）学思与局限

吴子光虽在科场不尽得意，于47岁才中举人，但其终身致力文教，为同光之际台湾有名的塾师；② 并以博学、能文、擅诗赋而闻于乡梓，而勤于著述。吴氏好为古文，遗有《一肚皮集》十八卷，二十万言；《三长赘笔》十六卷，为二十三史之绪论；《经余杂录》十二卷，含书后题跋、古今辞语、词林典实等类文，③ 并参与《淡水厅志》之纂修。著作之丰，为清代台湾士儒所少见。④

但吴子光治学重考据、好琐屑，尤视做文章为性命。其读史传，主要着眼于用典、考据，重在细碎处，玩味冷僻艰深的字句辞典，以供其作文之用，而非关春秋大意或古今演变之旨。⑤ 其对"性""理"等形上理论亦不感兴趣，认为所谓"道"，唯在人伦日用中显，余皆空谈。而有关说"理"之书，其以《论语》为第一，并推崇《韩非子》理彻义完，以之为孔学脚注；对《中庸》言"天命""性""道"等形上超越之旨，以及《大学》言"诚正修齐治平"与格物致知、本末先后的宏论体系，并不相契，而认为学庸仅是次要。⑥ 此反映其较倾于从形下、外在、他律的角度进行思考。此不但影响其对儒学的理解，也影响他对人伦世界的认识，对人生的意义与价值的判断。

因此，吴子光对性理之学甚为相隔，甚至将周敦颐的《通书》、张载

---

① 此文为吴子光会试不成，复失爱孙之翌年所写。见吴子光：《芸阁山人别传》，收于氏著：《吴子光全书·一肚皮集》卷四，台北：台湾史迹中心，1979年，不注页码。

② 江淑美以为吴子光是清代台湾对客家子弟教育贡献最大者。见江淑美：《清代台湾客家子弟教育研究（1684—1895）》，"国立"台湾师范大学硕士学位论文，2003年，第178页。

③ 以上吴子光著作，后由今人王国璠据吴子光弟子手抄本编为《吴子光全书》，由台北的台湾史迹中心于1979年印行出版。

④ 台湾史学者尹章义甚至指出：吴子光学养之深，为台湾士子所望尘莫及。参见前注。笔者对此说有所保留，但就以著作的种类与数量而言，吴子光确为台湾儒士中著作等身之首。

⑤ 吴子光：《答客问》，《一肚皮集》卷二，不注页码。

⑥ 吴子光：《附论文数则》，《一肚皮集》卷一，不注页码。

的《西铭》谓为"魔障""空言"。① 周敦颐、张载为两宋理学的开创人物,《通书》言"诚体与干道",有明显的宇宙论意味,并涉及人道德主体的形上论;《西铭》则开示天地体性、民胞物与之理,阐明理一而分殊之意,以万物为一体,视天下犹一家。② 两者都突显了儒学之形上超越、现世体践两不偏废的要旨,具有天地万物齐观的气势,开启了千年理学的时代。吴子光竟视之如"魔障""空言",说明其不具有形上论、宇宙论的心灵,也缺乏广阔的天下视野。这与他治学喜琐碎、视作文为性命,思想重形下的意识背景,正一体两面;也与他未能以通达气度化解怨愤,昧于以宏观视野认识近代世界的固陋心态不无关系。

吴子光反对从形上超越上言"道",对他来说,这个世界最高价值的归向与判准所在,就是现世人间最高的政治权威——帝王。因此他忠心臣服大清为受有天命、至高无上、规天矩地的人极准绳,清帝就是圣人恩主。③ 士绅的天良就是不忘君父,思报朝廷,精诚地以皇帝之灵爽为凭式。④ 正因为清廷和清帝是他恳切皈依的对象,也成为他论史、评事的标准;故对清廷多有赞颂,而贬抑明朝与郑氏,并对史上不事异姓的气节之士,多有讽刺。⑤ 甚至对所谓"春秋大义"另作异说,以符其以清廷皇权为其价值之源的"信念"。⑥

吴子光只知尊君父而不见道体、治学琐碎又缺乏天下视野的学思特质,影响了他对所处世界认识的方式,阻碍了他的海洋意识的启发和成长,而对近代变局新出现的种种现象,或国际纵横捭阖的海洋竞争,不甚着意,或显得固陋无知。这些都反映在他对与海洋有关事务的认识和描述中。其认识和描述具有以下四个特色:

(1) 以清廷皇权及其所建构的秩序为固定不变的标准,并以此为基础看待周遭的世界,无视已经发生的变迁。如他在描述海外地方,提到日本和中国台湾时,即谓:"夫自楚庄问鼎以来,中国受困于夷狄,其来已久,不止一倭也,而倭尤甚。吾观倭人之祸直与明代相终始,赖中国有圣人在位(按:指清帝王),恩威远播,虽有殊方异俗,冈不陆詟而水栗,以视

① 吴子光:《附论文数则》,《一肚子集》卷一,不注页码。
② 蔡仁厚,《宋明理学·北宋篇》,台北:台湾学生书局,1979 年,第 17 – 97 页。
③ 吴子光:《募建猫里文祠疏》,收入《吴子光全书》(上册),不注页码。
④ 吴子光:《呈诸当事书》,《一肚皮集》卷三。
⑤ 吴子光:《书南疆绎史后》,《经余杂录》卷四《书后题跋类》,收于《吴子光全书》(下册),不注页码。
⑥ 吴子光:《春秋纪侯大去其国前论》,《经余杂录》卷九《论辩类》,收于《吴子光全书》(下册),不注页码。

成周之命灾板，李唐之作王会图，殆有过之而无不及。矣若台湾屹然重镇，永为中土藩屏，惟事事乃其有备，斯不畏戎毒于远迩耳。"① 吴子光将清廷比作周朝，胜过李唐，并以清帝为"圣人在位"，夸言在东瀛海域的恩威，而使倭祸平服，使台湾无远近外患。此文确如叙述一个理想的社会，但写于晚清内忧外患之际，读来却令人有今夕何夕之慨，其既是一篇服膺皇权权威下的溢情矫饰之文，亦是颠顸无知的典型之作，突显出吴子光在其所臣服的皇权及天下秩序之外，对当时的国际情势和海权竞争，并无独立客观的认知系统，以致无法正视、描述台湾在同光之际，正发生着国际军政角逐于斯的事实。

这种情况更反映在吴子光为应景而作的各种疏文之上。其或为烘托喜庆、吉祥气氛，或为堆砌文藻需要，常以华丽却不尽符实情的文句，描述大清受命之下，万国咸宁海域升平的景象。如其写台湾："台湾者，古毗舍耶国，所谓'乾坤东港，华严婆娑洋世界'，海疆一大都会……自昔仅号偏隅，于今则为乐土。洪惟我大清之受命也，规天矩地，育夏陶周；胡越一家，梯航万国。贯胸聂耳，知中土以来王；东鳀南鹣，乘飞车而受吏。万里舆图尘不起，人民从镜里之游；八荒寿域日初长，海水向杯中而泻。文命敷于四海，一统车书；文昌载在明禋，三时玉帛……"② 如前所述，吴子光视做文章为性命。因此，他的海洋意识在不离皇权之极的前提下，发挥以营造行文情境为优先，而非表现于对客观世界的认识。

（2）以史限事，认为古今事迹备载经史，故对临海地区、海外诸国或西洋事物，喜引用史书记载加以比附。吴子光除了其所理解和臣服的皇朝权威，主要是透过史传典籍的记载来认识这个世界。但他并非着重于历史脉络的因果关联，而常是透过片段的历史记载比附于现实世界的各种现象，并模仿重复前人记录外夷的模式，抄录所读书之残篇词组来加以描述。如其分项抄录史册中西域暨海外诸国之记载，末总结曰：以前读到史记引邹衍之言，谓中国于天下，只是八十一分之一，中国之外仍有九州岛，每州都有裨海环绕，九州岛之外，又有大瀛海环于其外天地之际，总认为其说荒诞；但征之甘英曾巡历海滨四万里之遥，三国时代吴国的康泰、隋代的常骏、明代的郑和也都曾历尽远航之险，故认为九州岛环海之说，应可征信。又指史册所记诸番古今地名或有异，犹中国之改朝换代而

① 吴子光：《瀛壖偶述下篇》，《经余杂录》卷十二《文辞类》，收于《吴子光全书》（下册），不注页码。

② 吴子光：《募建猫里文祠疏》，收于《吴子光全册》（上册），不注页码。

已，应无可置疑。① 可见其系循着古人的视界和认知，而非今人的考察信息，来认识海外诸国，不免有局限于片面、曲解误会、以史限事乃至古今不当模拟之失。

（3）对近代剧变的漠视、无知或刻意回避，而不予以客观叙述和现实意义的评论。检视吴子光的著作，其有关海洋地区或国家的记载不少，表示他在某种程度上已意识到海洋相关课题的重要。但如上所述，吴子光只对历史上的叙述有兴趣，而昧于今人之识见，其本人亦未针对中国与海外诸国关系的变化做出符合时代意义的评论，表现其对近代剧变的漠然、无知或舍重就轻的心态。例如其写《炮制杂考》详叙从古至清初有关铸炮记载，并谓"闻西洋火器尤精，其状类狝猴，其机夺神鬼"。但最末竟轻描淡写地将它与历史上的"回鹘炮手"一较长短，② 却不论西洋的火器精良、西方列强在海权竞争和商贸利益对中国的压迫等。类似例子繁不及备载。

（4）援引史例强调海防乃至于台湾海防官制和实务的细节，并仍以古人之见视荷兰、英国为夜郎。海防问题是吴子光有关海洋事务或问题论述最具现实性的一环，但其习于以史限事的思维，他仍以历史过往的经验看待三千年未有变局下的海防问题，不免流于泥古不化，而与现实脱节。又从所提出"慎封守、勤会哨、严纪律"③ 的海防原则来看，他基本上还处于一个将海洋视为陆地屏藩，而且仍停留在消极性地看守防卫的阶段，尚未产生积极性的出洋前进、发展的意识。

如上所述，吴子光虽出生于偏远山区的嘉应州原乡，但其家族三代并不乏海洋经验。何况客家移民在海外活动由来已久，嘉应州亦为著名侨乡。但这些背景并未使其海洋意识趋于蓬勃。这主要是因为他只知读书应举、忠君孝亲，此外别无人生目标，又缺乏更高层次的器识眼界和价值信念，促其关注所处时代与海洋有关的巨大变迁。故吴子光所含具的海洋意识，基本上仍为皇权威势对自身意识的束缚，以及以史限事的思维格局所抑制，而不足以发展出积极性的变革动力。对照丘逢甲，尤能突显出此一局限。

---

① 吴子光：《诸番》，《一肚皮集》卷十四《考》，不注页码。
② 吴子光：《炮制杂考》，《一肚皮集》卷十五《杂考》，不注页码。
③ 吴子光：《海防》，《一肚皮集》卷十八《后序》，不注页码。

三、丘逢甲体践的儒学与天下视野①

（一）家学、师承与经历

丘逢甲（1864—1912）的家世背景及其学养成就，正是清代台湾由移垦社会累数代而逐渐发展成儒家文教体制的反映。丘氏家族系由河南辗转迁徙于福建上杭，再迁至梅州员山的客家族系。约于清嘉庆年间，始渡海迁台，定居耕垦于今台中东势。其家族向保有原乡客家男丁习武自卫，以侠义处世的家风；随着台湾移垦社会逐渐转型为文教社会，丘家亦走上由武转文的发展之途。丘逢甲之父龙章公，雅好文教，弱冠之龄即中试秀才，并被选拔为贡生。后拘于家境而未进一步发展举业，而成为台湾中部颇具名望的塾师，这为丘逢甲营造了自幼耳濡目染、熏习诗文的教养环境，龙章公也成为丘逢甲的启蒙师。龙章公学识渊博而性情淡泊，其热心桑梓，尤重教化，并身体力行。其虽为一乡间塾师，而器识远大，有忧国淑世之怀；早在同治十三年（1874）日人侵犯牡丹社时，丘龙章公即已预言："终为台患者，其日本乎？"10年后，法军侵犯基隆，立有"无海军则台不可守，明甚"之见，故台抚邵友濂称其"以朱程为宗儒而有侠气，能赴人之急""识微见远，辄能预料后事于前"。1894年甲午战争起，丘龙章公即认为"台湾乃中国七省屏藩，台湾一旦不保，中外之局不堪设想"，极力支持丘逢甲倾家财以为兵饷，并命家族子弟"能从干戈者尽令从戎""协力军事，上答君师，下保乡井"。龙章公这种器识远大、宗儒而有侠气的人格特质与家学熏陶，对丘逢甲的学思信念有深远影响。

丘逢甲出生于同治三年（1864），自幼以父为师，共读一堂，未更从他师；他资质聪颖，6岁能诗，7岁能文，具有比一般儿童早熟的禀赋。其父传道授业，非仅止于课艺科举，更启发以家国天下之志怀、圣贤典范及先民家族自中原播迁、辗转来台的轶事；这使他在能诗、能文的天赋外，也表现出宽阔的器识以及对现实处境的敏锐。同治十一年（1872），丘逢甲随父出入台中神冈望族吕炳南家中，得阅吕家丰富藏书，并与吕氏兄弟结好。当时坐馆于吕家的吴子光，曾对丘逢甲之勤勉聪敏赞誉有加。丘逢甲于垂髫之年出入吕氏书室，得以阅读吕家所置许多书籍，包括来自港沪传播新知的各种报刊，思想眼界更为开阔。事实上，丘逢甲生于近代中国遭遇剧变的时局，在他出生以前，台湾已迫于西力开港贸易，随之而

---

① 以下详注暂阙，见文后参考文献。

有东、西洋的胁迫入侵，以及清廷屡屡丧权辱国于外，而昧于改革因应于内，使他于修习传统儒业之余，亦同时耳闻种种西力冲击、国力日衰的刺激。他对时代剧变的敏觉，启发他对台湾与中国、中国与国际相连互动的世界观，也使他的学思历程充满着传承与应变的纠葛，并表现出其思想兼具"经"（对文化道统的信念）与"权"（维新图强的变革意志）双元互动的辩证性格。

丘逢甲14岁时，以《穷经致用赋》《全台利弊论》得福建巡抚兼学台丁日昌亲赠"东宁才子"印的殊荣。虽是科考策论，已足显现其少年老成，浸润诗文，并具经世致用、胸怀天下的才志，非平日留心家国天下世事者，不能为之，故深得丁日昌器重。台湾建省后唐景崧于光绪十三年（1887）任台湾兵备道兼台湾省学台。唐景崧本身出身翰林，具文才，与张之洞交，向主张兴办洋务；来台就任之初，因见得丘逢甲所写《台湾竹枝词》百首，欣赏丘逢甲才智过人而收为弟子，从此丘逢甲视唐景崧为恩师与知交。唐景崧亦延揽丘逢甲为其宾客，丘逢甲乃得以饱览唐氏"万卷楼"丰富的藏书。这些藏书包括官方典册文书以及介绍西方的译著。丘逢甲在此遍读古今中外朝闻国政、百家小说，更加确立其维新应变的思想。故就师承而言，唐景崧之为丘逢甲的老师，应主要表现在其对洋务和国际新知的重视，而非有关传统经典的学思影响。这段师生因缘，更为他们共同因应乙未变局的重要背景。

光绪十四年（1888）丘逢甲赴福州应乡试，中举；翌年又赴北京会试，中进士，钦点工部主事。滞京期间，曾结识客籍大员黄遵宪等人。由于丘逢甲无意仕进，告假经海路返台；沿途并游历天津、上海等地。这次远行经历和新建立的人脉关系，不但使他视野更为开阔，对他日后的事业和际遇也深有影响，也可能促其海洋意识更趋活跃——他在离京之际，即已自觉推动维新思想，引进西方新知，认为这远比做官更为重要。因此于返台后，婉谢唐景崧对其出仕的邀请，而主讲于台中宏文书院、台南罗山书院、嘉义崇文书院，引导学生留心时事，吸收西方思想精华，并招收原住民青年入学。在乙未割台之前，丘逢甲已为台湾维新思想的重要推手。

众所周知，使丘氏成为一重要历史人物的关键，不只是因为他在传承儒学教育以及科举功名的成就，还在于其敏觉于世变和勇于维新的思想行动。如其虽具有传统功名，却不愿仕进，反而于传统书院讲学之时大力引进现代知识。至抗日失败，西返大陆故乡后，又致力于在闽粤地区兴办现代学堂；甚至在抗日复台之愿不熄之际，犹能创设岭东同文学堂，鼓励学子学习日本语文，留学东、西洋。后又前往东南亚讲学说义于侨社，引起广大回响；更于清末政权鼎革之际，义襄革命，显现出其勇于革新应变的特质。丘逢甲在坚持文化道统传承和勇于维新变革之间，儒学教养和海洋意识扮演了怎样的角色？此可从他的台湾、中国与世界观做一番考察。

（二）台湾与大陆、中国与国际相连互动的世界观

丘逢甲少年时期即以"神童"之誉名闻台湾的文坛和科场，最值得关注的应是其文字所含具经世致用、胸怀天下的器识。这种器识固来自天赋，也是后天受儒典熏陶与当代变局激荡的产物。丘氏处于传统遭逢巨变的时代，其一生所以能秉持道统而与时俱进，应变求新而不离经常的思想作为，当系其深受《春秋》张三世演化史观影响的产物，亦与他对台湾、中国与世界三者互动相连的识觉观点密切相关。在他的心目中，历史是演化的，而且有两个重要的命题："太平"与"天下"。他认同《春秋》三世之义，自言其所谓"太平"，乃是儒家之言，而非道家之言；"太平"则是为天下言之，而非为一方言之。世俗所谓的太平，实仍上下交利，不平如故，或加甚焉；表似而已，暂不能久。相对于此，儒家的"太平"，一则是历史演化的目标；二则是普世价值，非一方所限，必恒遍天下而有真正的太平。这种迈向太平的演化史观，为丘逢甲提供勇于求新应变的思想动力；"太平"为天下言而非为一方言的普世信念，则促使他敏觉于不能孤立地看待台湾命运，而应与大陆乃至世界紧密关联。总之，儒家的"天下"意识、历史文化发展的脉络，以及时代剧变的体验，构成丘逢甲对所生长的台湾、国族和文化血脉所本的中国以及中国所处之近代世界三者关系的认识基础。

1. 对台湾的观点：从声教被化到民主自立

（1）番汉共存。

丘逢甲肯定原住民在台湾的独特地位，同情其艰苦处境。对平埔人由两百年前荷兰统治，到归化皇威、梯航上都、入朝觐见，但百余年后却遭汉人之奸民黠吏占地中饱，致社番播迁异乡、十户九贫的惨境，深感同情。故主张汉番平等，相互通婚，并兴建"社学"，使原住民亦享有平等的受教育机会，改善其弱势的社经处境。不过，囿于现实所拘，在丘逢甲心目中，原住民仍有"生""熟"之别；番汉一视同仁的见解，系仅就已归化的平埔人而言，而未及尚未归化的"生番"。

（2）声教被化之域犹有脊土贫盗。

丘逢甲对其家族源始及辗转南迁、过海渡台的历史甚为熟稔，成为其认识台湾人文开发过程的体验基础。故其青少年时期所作的著名的《台湾

竹枝词》，一则点出台湾人文开发、声教被化的起始演化；二则诠解了台湾之为华夏中土的定位。其定位台湾为声教被化的华夏中土，至少根据两大基石：一是汉人民间社会自主承续的文化传统，二是台湾之纳入清朝版图的典章体制；前者为主在先，后者巩固于后。此为其日后在乙未割台之际，坚以台湾为华夏中土，自立为国，严拒为夷狄所治的思想张本。声教被化的台湾观，亦使丘氏能敏觉以较高的标准，深切反省降至清末台湾仍有脊土贫盗的现实，以及人民沉溺于鸦片毒害而不觉的危机。他在批评感慨之余，常透露求新图强的企图与意志，表现出忧怀天下的儒士精神。故丘逢甲虽未能免俗而言"既沐皇恩"，但他的言行体践，早已超越一般士绅"顶戴皇恩"的狭隘奴儒心态，提升并转化了"声教被化"的历史意蕴；最后更勇于从"既沐皇恩"的思想限制跃进为民主自立价值的创建。而且这种变化，始终不离其对华夏文化主体的自觉，以及忧怀天下的信念。

（3）乃为华夏，民主自立。

丘逢甲以为：台湾之以中华民族文化意识为主体，清廷纳台湾入其版图，不能损之；割地弃台，亦不能易之，并突显其宁死不为虏治的春秋之义。甲午战败，割地决议传来，乃率台湾绅民刺血上书向清廷抗议，不成，遂与台湾巡抚唐景崧及地方士绅等，自行宣倡台湾民主立国，本诸其自为华夏，不待他人所命的自主意识；并谓中日割台协议为"任人私相授受"，更不啻将清廷视为一般的"他者"，已非原来"皇恩施化"的上朝。由此印证在他心目中，台湾所以为华夏中土的第一序要素，乃是民族文化的主体意识，而非"既沐皇恩"的国朝体制，由而才有"岂可自弃"的志节，并期使台湾与大陆原乡仍可"气脉相通，无异中土"，而台人亦永为中华子弟，维中华声教不绝，以待来日收复。

2. 强中国以复台湾，竞海权而行文教

丘逢甲受家学师承影响，在时局动荡的冲击下，其思想倾于维新；不但在各书院引介西学新知，对刘铭传主政的种种革新尤表支持。故乙未割台议成，其随即倡建"台湾民主国"，实非偶然之举，乃其一贯维新应变思想的具体实践。其创建"台湾民主国"，系援用国际公法并期能引起国际干涉力量，达到拒日保台，并终能返为中土的目的。"台湾民主国"虽只昙花一现，但从起意协商，到国体勾画，到内外交涉和具体操作，无疑皆已溢出传统体制甚远。其所牵涉者，一为民主自立的国体性质，此系采自近代西方民主的价值和体制；二为国际公法的援用与国际关系的制衡，此反映他能意识到台湾为世界体系一部分的政治现实；三为拒日保台而永戴清朝的定位，则涉及台湾台人自立系在于拒日而不离中华体系。综此三者，丘逢甲积极参与推动"台湾民主国"的思想行动，至少包含了近代民主、世界格局与中华世界三个向度的关注与识觉。此思想经验成为他后来由一个"既沐皇恩"的维新士绅，转型为同情革命催生民国的地方意见领袖。此其中，他宽阔的天下胸怀与旺盛的海洋意识，使他体认到台湾、大陆与世界乃是一密切相连互动的整体。

（1）强中国以复台湾。

"台湾民主国"迅遭挫败，台湾终不能免于被日本强占殖民的命运。丘逢甲对晚清国势衰颓、台湾自立却无法援用国际法、得到国际势力支持的政治现实，有切肤之痛。故虽以台湾遗民自处，也酝酿了"强中国以复台湾"的深刻意识。丘逢甲在"台湾民主国"溃亡，武力抗日不成后，决定接受部将谢道隆的建议离台西渡。此举后常为好事者所议，讥其未守与台湾共存亡的誓言，甚至抨击其背信忘义。类此言论，盖仅就表象立论，未识及丘氏思想中的台湾、中国与世界三者互动相连的本质，以及所含近代民主、世界格局与中华世界的三层意蕴与"强中国以复台湾"的深刻用心。谢道隆尝劝之曰："台虽沦倭，苟祖国能强盛，终当驱仇复土……当以其才智内渡图远大，始为上着。"可为反映丘逢甲的中国观定下一个重要的脚注。

丘逢甲内渡时所作著名的《离台诗》，则呼应了谢道隆的劝言，不但明其欲卷土重来光复台湾之志，亦有中国积弱恐将陆沉之忧，唯此忧患不碍其虽千万人吾往的气魄，以及权暂沉潜以待来日的坚持。此是因为无论从历史文化意识着眼，还是从国际政局的现实考虑，丘逢甲的台湾与中国意识乃是两重而紧密相连的命题——中国的衰弱造成台湾沦为异域，台湾的光复则非中国之图强不可为。所以，丘逢甲的中国观交织着道统传承、维新应变的双元信念；乙未割台的切身经历，更使其在慨叹台湾失土之余，热切有重振华夏、一统九州岛的冀望；而无论是传承还是应变，丘氏概不能不从世界格局着眼，由此形塑了他的世界观。

丘逢甲认为近代中国衰弱之原，系于二端：一是学力不强，民智未启；二是兵力不强，海权不张。针对此二弱原，维新之图，当自办学作起，以"开民智，张民权"。其不但于西渡大陆后，在潮州韩山书院、潮阳东山书院、澄海景韩书院主讲时，专以新思潮与实用之学课士，即使被当地守旧学究诬告，亦不改其志。后更与粤东开明士绅杨守愚、梁诗五、何寿朋等人在汕头创办"岭东同文学堂"。其主张中学为体，西学为用；昌明孔子之教而造有用之学。认为"思强中国，必以兴起人才为先；欲兴起人才，必以广开学堂为本"。故除传统经史文义外，亦授科学、法政、西语、日文等。丘逢甲对日本明治维新，从事西化，变法图强，卓有成效，不出三十年而能以"学"强其国，甚有所感，而兴效法之意；故提议聘请日人为教席，鼓励学生习日文。此外亦力劝有志青年，赴东西洋留学。他不为割台耻辱为限，而能以敌为师，虚己务实的维新作为，实出自其以学启智、以学强国、救亡图存的意志。自此以降，岭东学子赴日留学者达数十人，其中不少后来成为革命的中坚力量，与丘氏求新应变的精神一脉相承。

事实上，持续与留学东洋弟子密切互动的结果，加上在台湾创建"民主国"未遂的志愿，以及眼看清廷终无振作希望，乃促使他后来由维新进一步走上支持革命的道路。辛亥革命后，他衷心感慰；出示当年抗议割台刺血上书的指瘢，良叹："予固未尝一日忘此痛也！"可见其将"台湾民主国"未成之憾，移情寄望在民国革命。再次印证其中国观，民族兴亡先于国朝体制的意识，也就能不拘泥对一家一姓的愚忠。故他为响应武昌起义，多方劝说粤督张鸣岐、水师提督李准等文武官员，促成广东独立。随后代表广东赴南京参加中央临时政府组织工作，并当选为参议院议员。他在随孙中山拜谒明孝陵时，赋诗述怀，明其振兴中华、九州岛一统之志。同样地，所谒者非朱明一姓，而是中华世胄永系、国族血脉不绝的信念，并明创建共和以维旧邦新命的心志。

（2）竞海权而行文教。

在立新学、启民智之外，丘逢甲针对中国兵弱的问题，提出"强兵"之论，为其维新思想的另一重点。其所谓强兵，必先精其器械，尤以强化海军为重。如果不是丘逢甲亦同时倡行法、政等西学，其重兵械为先的看法，极易使人误认其维新思想，仍不脱自强运动时期仅重船坚炮利的窠臼。事实上，此正系其历经乙未割台、"台湾民主国"溃亡之惨痛教训后，认为在国际必务实讲求竞争战力的反映。此外，他颇能掌握现代世界体系重视海权、以竞争为尚的时代特质，认为海战实力才是国际竞争的关键。其言曰：

盖自秦汉私天下以后，患不一见矣。昔患在陆者，今患在海。近百年来，海表凶潮，杂沓环至，情势已纽，患亦大见……今之大国，界海为多。伐人之国者，海军已胜，始以陆进；自保其国者，海军不胜，始以陆守。世界大同无日，以今言国交，公理是非，惟视海陆军强弱为衡，而海军尤重。国无海不大，无海权不强；无海军亦不能有海权、为强大国。昔之海权，海神司之；今之海权，海军司之，军神即海神也。

丘氏此番特重海权的洞见，自与其出身台湾，复有失土之痛的体验有关；所言至今仍不啻为当代之论。唯丘氏当时能够兴学，却无法练兵，遑论振兴海权之业。虽然如此，其强化海军、竞争海权的宏论，无疑就是其世界观的具体描绘，也是他对现代世界国际竞争本质的务实看法。而厚植"竞争实力"就是其维新意识的重要推力。表面上，此与其承自儒家太平天下的理想，显然有所矛盾纠葛；唯若按其三世演化史观，则太平理想亦待务实图存于当下，而后方能循序渐进，有以致之。总之丘氏的世界观，既有儒家天下思想与现代世界体系的两重意识，也留下了如何两相厘清、复予会通的思想空间。

丘逢甲虽无缘振兴中国海权大业，却有机会下行南洋，亲历海外华裔冒险犯难，开拓海域求生孳繁，不待皇命的成就。1900年，丘逢甲偕同嘉应名士王晓仓（王氏系丘逢甲于光绪十一年（1885）赴福州乡试，漫游闽省时所结识）到南洋访问。此行一则为开办岭东同文学堂筹募款项，二则代清廷官方向华侨宣示保商好意。唯此出洋经验心得，恐远远超过丘氏预期；不但使他体认到国际之间除了海战更有商贸和文化的竞争，也扩展了他的世界观以及对海权内涵的认识。彼于滞留香港期间，曾会晤同情孙中山革命的日本友人平山周及近藤五郎，对日人所提中日联合强亚、共同竞抑西洋的看法，印象深刻；唯割台国耻犹新，使他更深感中国必须旦夕维新，否则东海失土光复无期，言何中日共同抗拒？此后，在他的世界相竞的图谱中，增添了更多合纵连横的复杂意识。

行至西贡，则眼见越南亡国，致原有文化沦失的悲剧，则使他在军政实力之外，也惊觉到海外华裔处境及文化存灭问题的严重性。而有诗悲叹越南百姓虽然仍着旧有服装，却只能"传经但读佉卢字，遗教无人说士王"，不啻是其对被列强殖民者丧失其民族文化主体的哀叹。（依牟宗三先生的讲法就是"只剩文化材料，已无文化形式"，也就形同亡族）因此，丘氏抵达南洋后，着力于对当地华社宣讲民族语言文化的重要，并呼应当地闻人丘菽园建孔庙、立孔教并兴办大学堂之议，在当地《天南学报》发表《劝星洲闽粤乡人合建孔子庙及大学堂启》，其文赞南洋华裔富而好义，唯未建学堂以教子弟，诚为憾事；力劝华侨尊孔兴学，以保国保种，以团人心、开风气，以尊贤士、培人才，以强国体而争平等。

丘逢甲以台湾抗日名儒的身份，开讲宣道于南洋，其晓以保教保种、强国平等的诉求，得到侨民广泛的回应。行教南洋的经历，亦使他有机会就文化层面而非政治层面，进一步丰富中华意识在世界格局中的意义；海外异地的经验，也激起他重新思考在东西洋交侵的国际竞争中，如何以孔学抟凝民族文化意识、巩固国体民心。丘氏以诗感怀在南洋讲学，万人聚听，并以之接续两千年前孔子浮海行道的理想，字里行间透露着对中华道统传衍不绝的承担与希望：

> 莽莽群山海气青，华风远被到南溟；万人围坐齐倾耳，椰子林中说圣经。
>
> 二千五百余年后，浮海居然道可行；独倚斗南楼上望，春风回处紫澜生。

古诗简洁，不能详叙丘逢甲一生处于近代变局，既逢割台失国之痛，又有浮海行道欣乐，两相交错的复杂心绪；但显已坦然面对近代海禁大开的时代——虽有西方列强侵凌，但这个已被世人打开的世界，既有各种风险磨难的考验，也有驰骋前进的无限可能。

四、结论：客家儒绅海洋意识转变的当代意义

吴子光和丘逢甲都是清末台湾中部的客家人，前者从大陆粤东原乡渡海来台，活跃于清中叶的道咸同之际；后者则活跃于清末割台前后，因抗日救亡而从台湾东渡粤东原乡。他们都是参加科考的传统儒士，终身不仕而努力于教育事业。两人在当时均闻名于乡梓，文章颇得时颂，可谓晚清台湾客家儒绅的典型。但是由于两者儒学素养、器识格局与人生际遇的不同，他们的海洋意识和认识世界的视野亦有差别。吴子光意识中的海洋是有限疆土的绝屏，丘逢甲则视海洋为开放创新以救亡行道的凭借。这些背景不但使他们对历史的判断有别，亦反映其对儒家价值体践的动力明显有消极保守与进取创化之分。

吴子光擅作古文，一生以效忠清帝为其道德之准绳；面对世界，则表现出国际知识的欠缺，可谓是清代八股取士下保守儒绅的代表。不具形上论、宇宙论的心灵，只知尊君父而不见道体，也缺乏广阔的天下视野，使他不但未能以通达气度化解怨愤，也阻碍了他的海洋意识的启发和成长，而昧于以宏观视野认识近代世界。简言之，其儒学素养与海洋意识并不能形成互摄相成的思想动力和价值信念。如上所述，吴子光虽出生于偏远山区的嘉应州原乡，但其家族三代并不乏海洋经验。何况客家移民在海外活动由来已久，嘉应州亦为著名侨乡。但这些背景，似未使其海洋意识趋于

蓬勃。这主要是因为他缺乏更高层次的器识眼界和价值信念，促其关注所处时代与海洋有关的巨大变迁。故吴子光所含具的海洋意识，基本上仍为皇权威势对自身意识的束缚，以及以史限事的思维格局所抑制，而不足以发展出积极性的变革动力。

丘逢甲则为一介进取刚健的儒士表征，其富开创心思，勇于接受新学；复能以儒家传统的春秋义理，结合新兴的民族自决思想，怀抱维新救亡的天下之志，并以抗日保台、兴办学校、远航南洋侨乡宣扬道统、参与民国创建等实际行动，付诸体践。其兼具传承文化道统与求新因应变局双重的历史性格，乃是他的思想行动与其所处时空境遇互动的产物，并显现在他一生对台湾、中国及其在世界处境的关注之上；反言之，他的台湾、中国与世界观，亦其所以传承、应变的意识根源。丘氏自幼含具经世致用、胸怀天下的器识；其秉持道统而与时俱进，应变求新而不离经常；当系其深受《春秋》张三世演化史观影响所致，一则提供他勇于求新应变的思想动力；二则促使他敏觉于不能孤立地看待台湾命运，而应与中国乃至世界紧密关联。

此一儒学基础在现实动荡的国际变局中，激发丘逢甲丰沛的海洋意识：表现在台湾观，包含了对近代民主、世界格局与中华世界三个向度的关注与识觉——无论从历史文化意识着眼，还是从国际政局的现实考虑，丘逢甲的台湾与中国意识乃是两重而紧密相连的命题——中国的衰弱造成台湾沦为异域，台湾的光复则非中国之图强不可为。故其在慨叹台湾失土之余，热切有重振华夏、一统九州岛的冀望。其中国观，则民族兴亡先于国政体制；故重传承文化道统以维民族、团人心，主维新变革旨在能图强求存以竞于世，以大一统。其世界观，则有儒家天下思想与现代世界体系的两重意识；既有普世太平的理想，亦主强学、强兵，厚植实力以竞海权。故其行教南洋，有华风远被之慰，亦不忘力劝华侨尊孔兴学，诉诸保教存种、强国体而争平等的忧患之义。在此基础上，丘逢甲的客家身份，亦对他海洋意识的强化和发展有相乘的效果，例如与客家知识精英的相交、在客家原乡的兴学教化、与海外客家华侨的互动、同客家革命人物的相与奋斗等，无不是其体践传承道统和变革维新的凭借。

吴子光和丘逢甲海洋意识的巨大差异，固是其人格特质和儒学素养不同的结果，也与其生存的时空际遇有关。丘逢甲代表了新一代客家儒绅勇于承担传统和开创新局的意志，并且此一意志乃是建立在蓬勃的海洋意识上。以此为基础发展了在世界整体的格局中认识台湾、中国与世界相连互动的本质，而且能在承担近代变局挑战的同时，亦怀故土终必光复，与世定有光明的信念。丘逢甲以体践的儒学印证，近代以降儒学的发展，已不可避免地走上了与海洋意识结合的道路，它代表的是既回归儒学本有之创生不息、天地同体的信念，亦是朝向与世界文明互动，共营平等大同的实践之路。

参考文献

1. 丘逢甲：《丘逢甲遗作》，台北：世界河南堂丘氏文献社，1998 年。

内含：《柏庄诗草》

《岭云海日楼诗钞》

《选外集》（丘辑甫辑）

《柏庄诗草始末》（丘秀芷著）

《先兄仓海行状》（丘瑞甲著）

《丘仓海传》（江琼著）

《仓海先生墓志铭》（丘复著）

《仓海先生丘公逢甲年谱》（丘琮著）

2. 吴宏聪、李鸿生：《丘逢甲研究》，台北：世界河南堂丘氏文献社，1998 年。

3. 丘念台：《岭海微飙》，台北：海峡学术出版社，2002 年。

4. 徐博东、黄志平：《丘逢甲传》，台北：海峡学术出版社，2003 年。

5. 丘秀芷：《剖云行日——丘逢甲传》，台北：近代中国出版社，1978 年。

6. 蒋君章等：《丘逢甲的一生》，台北：中外杂志社，1972 年。

7. 郭兆华：《丘逢甲先生的生平》，台中：逢甲学院，1980 年。

8. 王晓波编：《台胞抗日文献选》，台北：海峡学术出版社，1998 年。

9. 王晓波编：《乙未抗日史料汇编》，台北：海峡学术出版社，1999 年。

10. 施家顺：《"台湾民主国"的自主与溃散》，屏东：现代教育出版社，1984 年。

11. 黄昭堂著，廖为智译：《"台湾民主国"之研究》，台北：财团法人现代学术研究基金会，1993 年。

12. 薛光前、朱建民编：《近代的台湾》，台北：正中书局，1977 年。

台湾都会客家的隐形化现象
——台北市与高雄市的比较研究

丘昌泰①

一、前言

　　一般探讨客家研究者大都以客家人集中的传统客家区域为主，如大陆地区的梅县、饶平、永定等，台湾地区的北埔、东势、美浓等，这些客家人口集中的区域，食衣住行都是客家味道，自然不可能出现隐形化问题，然而，当客家人基于经济或其他理由被迫进入城市之后，就立刻面临隐形化、福佬化的问题。庄孔韶指出：现代都市聚集了不同的族群，族群与其他组织交织在一起，构成复杂而多元的文化；然而，多族群聚在一起的结果，也往往因为文化的差异造成许多矛盾与冲突，进而引发了各种社会问题。② 因此，近三十年来，都市人类学的研究一直是人类学的重要主题之一。此处所谓的都市（urban）是指人口规模较大、密度较高、专业分工明显、社会关系互动频繁、跨区组织网络密切的集群区域。本文所指称的都会（metropolitan cities）比都市规模更大，人口数目更多，人口密度更高，通常是这个地区的政治、经济与社会活动的重心，乃是指都市中人口最为集中的大型城市，其中台北市与高雄市分居台湾岛内的北南，可以说是典型的都会城市。

　　客家族群的隐形化现象一直是值得关注的课题，笔者在 2005 年针对桃竹苗客家族群的自我隐形化现象，就语言使用与族群认同方面进行探讨，研究结果发现：客家人比例愈高的客家乡镇，则其显性人口比例愈高，而

---

① 　丘昌泰：台湾"国立中央大学"客家学院原院长、教授。
② 　庄孔韶：《人类学通论》，太原：山西教育出版社，2005 年，第 592 页。

隐性人口比例则愈低；而显性程度愈高的乡镇，则客家人的客家话能力就愈高，在与配偶、父母、邻居、同事、同学或朋友沟通中使用客家话的机会与能力就大为提升。① 笔者又曾从族群同化理论角度针对台湾客家人的福佬化现象进行探讨，发现客家族群最为集中的客家话占绝对优势区，在桃竹苗地区主要系指新竹县与苗栗县，在家中使用客家话的占比高达44.1% 与 50.1%，使用福佬话的仅有 3.1% 与 15.1%；在这样的传统客家乡镇中，隐形化现象自然并不严重。② 然而，如果将研究范围从客家话占绝对优势的桃竹苗地区转移到客家话居于弱势的都会地区，则隐形化情形究竟如何呢？理论上，应当更为严重，戴宝村与温振华指出：三四十年来，台湾各地客庄移居台北的客家人，在脱离原乡的生活环境与生活方式后，长久处于疏离性与匿名性的都市社会，相较于比较占多数的台湾福佬语群人口，以及政治优势族群的"外省新住民"，客家产生相对弱势的感受，或是"隐形化"，台湾客家话及客家传统文化流失，甚至在高度资本主义化下的都会中客家文化趋于边缘化，几乎丧失创造转化的生机。③ 这样的分析显示出都会客家隐形化问题的严重性。

钟林、邱秀年、杨长镇等在《客家风云》杂志中曾做过台北客家族的报道，指出了都会客家的内心挣扎：

　四十万人融入台北茫茫的人海

　他们和台北人一样看 MTV、上美语补习班、去麦当劳闲坐

　在办公大楼、在购物中心、在国家音乐厅

　在忙碌的街道上与您擦肩而过

　他们的脸上并未刻下任何特殊标记

　二十世纪八〇年代，在人际关系极端冷漠的城市里

　从蓝领到白领，从 A 型到 O 型

　他们的血管里是否仍奔流着一股热烈的声音

---

① 丘昌泰：《台湾客家族群的自我隐形化行为：显性与隐性客家人的语言使用与族群认同》，载《2005 全国客家学术研讨会：学术定位、社会脉络与经验探索》，中坜："国立中央大学"客家政治经济研究所、客家学院，2005 年，第 26 – 27 页。

② 丘昌泰：《台湾客家人的福佬化现象：族群同化理论的观察》，载陈世松主编：《"移民与客家文化"国际学术研讨会论文集》，桂林：广西师范大学出版社，2005 年，第 167 – 184 页。

③ 戴宝村、温振华：《大台北都会圈客家史》，台北：台北市文献委员会，1998 年，第202 页。

客家！客家！①

从这段感性叙述中，我们可以感受到在大都会中的客家人为了谋求生活，刻意隐藏自己的性格，借着族群、语言、行为与婚姻的同化而逐渐淡化客家的自我认同与客家意识，因而丧失客家的特质。基于此，探讨都会客家有其必要性与迫切性。

何以客家人出现隐形化现象？刘还月以其身为客家人而后投入都会繁华生活成为隐形都市客家的经验指出：

客家的隐性，大都跟它的显性有关，客家虽号称为第二大族群，势力却和第一族群的福佬人有一段颇大的差距，但又不至于形成少数民族，这种多不多，少不少的尴尬，使得客家一直仅止于存在而已，大社会的研究，没有人会以客家为范例；少数民族的关怀，更和客家扯不上什么关系，因而形成了谈起客家人每个人都知道他的存在，要一问究竟，却没有人知道客家到底在哪里的特殊现象。②

陈板认为客家人的隐形化主要是为了谋生计，顺利地落脚生存，以致作为边缘弱势的客家人尽量不张扬自己的族群身份，不在公共场合使用客家话，甚至还有人因此教育下一代不要学客家话，以便谋取一份职业。③当然同时也有些人努力维持自家的族群自尊，拼命鼓励下一代说客家话，在生存要求与族群自尊之间形成一场天人交战的拉锯战。本文之研究问题是学术性的，企图去了解都会客家的隐形化究竟是为何？隐形人口的语言使用与族群认同状况如何？若与客家话绝对优势区域的桃竹苗区域相互比较，究竟其隐形化程度如何？有何政策上的意义？

二、台北市与高雄市的垦拓过程

（一）台北市的垦拓变迁过程

台北市位于台湾岛北部，包括台北盆地东北部与邻近的丘陵地区，南

---

① 钟林、邱秀年、杨长镇等：《专题报导：台北客家族》，《客家风云》1998年第9期，第13－27页。
② 刘还月：《台湾客家风土志》，台北：常民文化出版社，2002年，第21页。
③ 陈板：《族群与地域：台湾客家在地化的文化观察》，徐正光主编：《聚落、宗族与族群关系》，台北："中央研究院"民族学研究所，2000年，第331－332页。

北狭长 27 公里，东西宽约 18 公里，面积 271.799 7 平方公里，为全岛面积第二大的都市。

台北之名始于清朝康熙末、雍正初。蓝鼎元的《纪竹堑埔》一文，曾有如下的描述："竹堑埔宽长百里，行竟日无人烟。野番出没，行人过此，视为畏途。然郡城、淡水上下必经之地，其地平坦，极膏腴，辟田畴，可得良田数千顷。台北民生之大利，又无以加于此。"当时所指的台北，系指竹堑以北的台湾北部地区。光绪元年（1875），钦差大臣沈葆桢创建台北府，设府治于艋舺，并建筑于台北府衙门（今中正区），台北始成为行政区域。光绪十年（1884），台北城兴建完成，当时的台北市境，归属淡水县管辖，首任台湾巡抚为刘铭传。日治时期，总都府公布台湾市制。大正九年（1920），依市制规定，设台北州辖市，置台北市役所，台北市之名乃正式出现。①

台北盆地原为平埔族凯达格兰人的主要生活区域，依据考古发现早在两千年前的十三行文化时期，已有先民在淡水河河口渔猎耕殖。进入 17 世纪，西方海权势力染指台湾。1632 年，西班牙探险队沿淡水河进入台北盆地，来到凯达格兰人的部落，与原住民交易台湾特产。其后，原本积极经营台湾南部的荷兰人，为免在远东贸易利益受损，便调兵遣将驱退西班牙势力，并建筑堡垒城塞，如淡水红毛城等。

1661 年，郑成功入台建立政权，自此才有大批汉族移民的迁徙拓垦，而台北盆地在当时仍属蛮荒瘴疬之地，鲜有移民来此开垦生活。直到 1701年，因台湾南部已无土地可供拓垦，加上天灾频传，汉族移民逐步北上发展。加上政府为求粮食供应无缺，积极奖励开垦荒地，吸引大陆沿海民众有组织地到台北盆地屯垦。1701 年至 1710 年，台湾因亢旱、水患等连续天灾，发生饥荒，而有奖励开垦荒地措施，垦殖事业乃兴起，南部垦民在合股集资所产生的"垦首"带领下，逐渐向北部地区寻求"新天地"。1709 年，泉州移民所成立的"陈赖章"垦号，取得官方颁发的台北平野土地开垦权后，开始有组织、有计划地移垦，开拓者先到新庄，再渡淡水河，逐步拓垦艋舺一带；艋舺一带原为平埔人"纱帽厨社"② 的聚落点，"艋舺"即为平埔人凯达格兰语 Mankah（独木舟）之汉音，艋舺因有舟楫便利的优点，成为台北盆地的货物集散中心，是台北最早开发的地区。到了 1860 年，艋舺因分类械斗事件、瘟疫、淡水河淤浅、艋舺人排外拒商，

---

① 台北市政府：《台北市年鉴》，2004 年，第 12 页。

② 纱帽厨社：台湾原住民族平埔人的一支，又称"沙厨社"。

贸易地位逐渐为大稻埕所取代。①

　　台北早期移民大半来自福建的漳州与泉州，他们也由家乡分香请来神明护佑平安，现今香火鼎盛的万华龙山寺、万华祖师庙、大龙峒保安宫等，都是当时垦户集资兴建的。随着移民日渐增加，在艋舺、大龙峒、八芝兰、锡口、峴尾、新庄、板桥等地，形成有规模的聚落。而不同族群为争夺地盘与水源，时常出现摩擦进而引发频繁的械斗，士林芝山岩一带即为当时彰泉械斗的争夺要地。

　　1875 年，沈葆桢上奏请建台北城，并于 1884 年完工。1885 年台湾设省，定省城于台北，刘铭传为台湾首任巡抚。1895 年甲午战败割让台澎，日本统治台湾，"城内"仍是作为统治权力中心和"内地人"（日本人）的居住地，日本政府为展现其"帝国实力"，对海外第一个殖民地——台湾的经营相当用心，铲除清朝遗风的建筑自是首要目标，毁城郭、辟道路，此后一座座壮丽、宏构的殖民建筑开始矗立。日治时期台北历经三次都市计划，使台北脱胎换骨成为近代化城市的一员。1900 年起，日本人陆续拆除台北城的城墙，以修筑纵贯铁路。1905 年实施台北市区改正计划，将原台北城墙遗迹改为三线石子道路。1911 年因台北遭逢大水灾，趁重建复旧之便实施街道住屋改建计划。新建筑依官方统一规格设计，兴建混凝土造的三层楼不燃建筑，都市街景展现出西洋新风格。历年兴建的建筑，如总督官邸、台北医院、总督府、台北邮局、烟酒公卖局、合作金库、土地银行、台湾银行、省立博物馆等，至今依然保存良好。1920 年，台北正式设市，当时人口数为 176 521，人口增加速度以 1932 年为最高纪录，人口总数已达 281 852；为适应未来发展，乃于该年 3 月发表"大台北市区计划"，以 60 万人口的都市为规划目标，预计在 1955 年之前不会达到饱和。②

　　1945 年台湾光复，恢复台湾省并置省会于台北市。1949 年国民党政府播迁来台，定台北市为临时"首都"。随着人口的急速增加与都市发展之需要，于 1967 年 7 月 1 日将台北市升格改制为直辖市。经过多年的建设发展，台北市成为台湾地区政治、经济、教育、文化、交通等的中心，并转变为国际化大都会。③

　　2004 年，台北市人口数已达 2 622 472，人口密度为 9 649 人/平方千米，全市划分为中山、松山、大安、信义、文山、南港、内湖、万华、中正、大同、士林、北投十二个行政区。

---

①　温振华编纂：《台北市志》卷一《沿革志·城市篇》，1988 年。
②　温振华编纂：《台北市志》卷一《沿革志·城市篇》，1988 年。
③　台北市政府：《台北市年鉴》，2004 年，第 11 页。

（二）高雄市的垦拓变迁过程

高雄原名有二：一曰"打狗"，一曰"打鼓"，在明、清二代文献中，此两种说法均被采用过。"打狗"一说是因15世纪以前，高雄港口一带原为平埔马卡达奥人居住地，称之为打狗（Takau）社及竹林族，"Takau"一语为竹林之义，"打狗"乃其音译。高雄市的历史变迁过程可以分为下列四个时期：

（1）明郑时期。明天启四年（1624），荷兰人在澎湖被明朝军队击败，退守台湾组织东印度公司，实施殖民主义，鼓励汉人移台拓垦，全台共分五个会议区，高雄市现辖之西北区域，当时亦在开垦之列，隶属南部地方会议区。

明崇祯三年（1630）福建旱灾严重，接受清廷安抚之郑芝龙，建议巡抚熊文灿招饥民数万，用船载至台湾开垦荒地，此为汉人有计划有组织地移民入台之始。高雄为南部平原首善之区，自为移民垦殖之主要地区，此后郑成功在高市设屯垦区绝非偶然。

永历十五年（1661），郑成功率兵征台，荷兰人投降。郑氏改称台湾为东都，设一府二县，府曰承天府，县为天兴县、万年县。万年县县治设于今高雄市左营区，万年县辖境相当于今之高雄市、高雄县、屏东县及台南县一部分区域。

郑成功驱荷复台后，即以台湾为反清复明之基地，生聚教训，寓兵于农，并行屯田政策，高市之前镇、后劲、左营、前峰、右冲（今右昌）等地，即为郑氏设镇屯垦之处。永历十六年，郑成功病逝，子郑经继位，仍怀复明之志。永历十八年改东都为东宁，升天兴、万年两县为州，仍属承天府。永历三十五年（1681），郑经病逝，子郑克塽继位。永历三十七年（1683）清廷福建水师提督施琅率兵征台，郑克塽降清，明郑时代共二十三年至此结束。

（2）清领时代。清领台湾，废承天府另建台湾府，分万年州为台湾、凤山二县，隶属台湾府。凤山县治设于埤仔头，高雄市地区遂由万年县辖改归凤山县辖。乾隆五十三（1788）年，因林爽文事件，县治迁于埤头街即今凤山市。光绪十年（1884）中法战争，法军攻打鸡笼（今基隆）、沪尾（今淡水）等地，清廷更加体认台湾海防之重要。光绪十三年（1887），调整行政区域为三府一直隶州三厅十一县，高市仍隶凤山县。

（3）日治时期：光绪二十年（1894），甲午战争中国战败，翌年签订《马关条约》，割让台湾、澎湖予日本。日本设立台湾总督府统治台湾，六月设台北、台湾、台南三县，澎湖一厅，高雄市隶属台南县凤山支厅。其后行政组织经多次变革，至大正九年（1920）第八任总督田健治郎再次调整行政区，废厅设州，改西部十厅为台北、新竹、台中、台南及高雄五州，"高雄"一名首次出现于行政区名上。高雄州下设高雄、凤山等九郡，共辖六街、四十四庄及一二六社（山地区），州署设于高雄街（现高雄地方法院址）。

大正十三年（1924）废高雄郡街，改依州辖市制，设立高雄市，市役所设于今鼓波街代天宫址，直属高雄州，此为高雄设市之始。大正二十八年（1939），市役所迁至盐埕埔荣町，即旧高雄市政府（位于高雄市中正四路二七二号，即现之市立历史博物馆址）。

（4）光复以后。民国三十四年（1945）十月二十五日台湾光复，十一月八日台湾省行政长官公署指派连谋先生接管高雄市，十二月六日正式成立高雄市政府，市治仍设于旧市政府，派连谋为首任市长。1946 年 1 月合并缩编为盐埕、鼓山、左营、楠梓、三民、新兴、前金、连雅（1952 年更名为苓雅）、前镇、旗津十区。1947 年 5 月，台湾行政长官公署改制为省政府，高雄市遂隶属于台湾省政府，成为省辖市。1979 年 7 月 1 日，高市人口已逾百万，将高雄县小港乡并入改为小港区，升格为直辖市，至此高市共辖十一个行政区，面积 153.60 平方公里。2005 年，高雄市人口总数为 1 536 029，全市分为盐埕区、鼓山区、旗津区、左营区、楠梓区、三民区、新兴区、前金区、苓雅区、前镇区、小港区。

三、北、高两市客家人口的数目与分布

北、高两市的客家人口数目与比例多少？其分布情形如何？这是本部分拟探讨的问题之一。

关于台北市各族群之分布情形，2004 年《台北市年鉴》记载："台北市民包括四大族群：原住民、闽南人、客家人及'外省人'，唯户籍登记上只有原住民族别登记，并无区分闽南人、客家人与'外省人'的登记，但台北市人口主要仍以闽南人及'外省人'居多，近数十年来很多客家人陆续迁移台北地区，客家人聚落并无特定区段，大致以南机场公寓一带、三张黎、六张黎、五分埔、合江街及五常街足迹较多。"[1]

根据罗肇锦的分析，台北客家的垦拓过程，清初系以文山区的万盛街为最早，当时为广东大埔县"廖简岳"垦号的根据地，后来往北转往大安区的长兴街、舟山路一带，往南则转入万隆（罗斯福路）。[2] 日据时代，以

---

① 台北市政府：《台北市年鉴》，2004 年，第 13 页。

② 罗肇锦：《台湾客家族群史·语言篇》，南投：台湾省文献委员会，2000 年，第 30 - 31 页。

城中区、七星地区（士林、北投区）为最多。① 日据时代末期，则往大安区三张黎、六张黎一带。民国以后，移入台北市客家移民者，系以桃竹苗为大宗，其次是东势、高屏六堆、花东等地区。20世纪60年代，罗斯福路开始进行道路拓宽工程，必须拆除违章建筑户，使得居住于附近的同安街、南机场公寓、三张黎的通化街一带、六张黎卧龙街、五分埔、合江街、五常街等的居民都必须迁移。②

20世纪70年代，以桃园县民移入者为最多，其次是苗栗县。以客家人移入区域而分，新竹县集中在大安区，花、东二县集中于南港与内湖，桃园县则以古亭区为主。此外，内湖、北投、石牌、士林、阳明山等地都有客家人的踪迹，大多务农。③

台北市客家人口比例与数目究竟多少？ 根据台北市政府民政局统计约为204 241人。④ 黄河的调查人数约6.33%，约有166 885人。⑤ 梁世武的调查人数约为35.1万人，约占13.3%；⑥ 杨文山的调查人数则更多，高达49.7万人，约占18.9%。⑦ 萧新煌引述梁荣茂于1995年的估算，客家人以大安、信义、松山、文山、士林等区为主，约为40万人。⑧ 吴伯雄则估算客家人占台北市人口总数的1/7，约为43.7万人。根据笔者委托台北大学民意与选举研究中心的调查，采取比较宽松的定义，台北市客家人口约为43万人，约占16.4%。⑨

从上述各项数据来说，大抵上台北市客家人口在16万至50万，人口占比6%到19%，从客家人口数目与比例最高到最低至少有3倍的差距，考其原因应该是对"客家人"定义采取广义或狭义不同之故。

至于高雄市的客家人口更是一个"谜"，黄河的调查数据是4.72%，约有71 118人；⑩ 杨文山的调查人数约有18.7万，约占11.7%。⑪ 根据

① 戴宝村、温振华：《大台北都会圈客家史》，台北：台北市文献委员会，1998年。
② 台北市政府客家事务委员会：《客家风情：移垦、产业、文化》，台北：台北市政府客家事务委员会，2004年，第15页。
③ 台北市政府客家事务委员会：《客家风情：移垦、产业、文化》，台北：台北市政府客家事务委员会，2004年，第15页。
④ 台北市政府民政局：《台北市客家人口暨客家产业调查》，2001年。
⑤ 黄河：《全国客家认同与客家人口之抽样调查研究》，台北："行政院客家委员会"，2002年。
⑥ 梁世武：《台北都会区客家人口基础资料调查研究》，台北："行政院客家委员会"，2003年。
⑦ 杨文山：《全国客家人口基础资料调查研究》，台北："行政院客家委员会"，2004年。
⑧ 萧新煌：《台湾客家族群史·政治篇》（下），南投：台湾省文献委员会，2001年。
⑨ 丘昌泰：《北高城市客家调查研究》，中坜："国立中央大学"客家学院，2005年。
⑩ 黄河：《全国客家认同与客家人口之抽样调查研究》，台北："行政院客家委员会"，2002年。
⑪ 杨文山：《全国客家人口基础资料调查研究》，台北："行政院客家委员会"，2004年。

1994 年 1 月 1 日成立的高雄市政府客家事务委员会公布的官方数据，高雄市的客家乡亲约有 27.7 万人，占高雄市人口总数的 1/6。① 根据萧新煌的估测：高雄客家人口有 20 多万，以三民区最多，然后是小港区、前镇区，北部客大部分集中于三民区，六堆与美浓则集中于前镇与小港。② 将高雄市政府的官方数据与萧新煌的数据相比较，差距有限，若对照杨文山与黄河的调查，调查数据仍有相当差距，可能是引述的调查报告不同。林庆宏透过小学来进行估算，高雄市客家人口，以严格标准而言，约占 7.38%，约有107 404 人；若以宽松标准而言，则约占 16.89%，约有 247 010 人。③ 显然，官方数据主要是根据林庆宏的宽松定义。根据笔者委托台北大学民意与选举研究中心的调查，采取比较宽松的定义，高雄市客家人口约为 21.5 万，约占 14.1%。④

综合前述数据看来，采取广义定义，高雄市客家人口占比在 5% 到 14%，有 7 万人至 20 万人。

四、北、高两市客家的岛内二次移民

台湾客家移民大体上可以分成两个阶段：第一阶段发生于清朝年间，从原乡迁移到台湾本岛各地，这可以称为第一次移民；第二阶段发生于日据时代、台湾光复初期迄今，在台湾本岛内进行二次、三次或四次移民，我们统称为二次移民。其移民方向为从北至南，由西至东。

台北市与高雄市的移民过程基本上是二次移民互动的结果，其根本动机是谋生活、拼经济。北、高两市是台湾的政治、经济与社会活动的中心，工作与教育机会较多，距离这两个大都会较近的客家乡镇居民选择往都会移动，寻找工作，甚至落脚定居；愈是生活穷困、谋生不易的都会附近的客家地区愈可能移民都会讨生活。

根据笔者与黄先光、王美璇、梁文泰、彭映淳所进行的城市客家调查显示，台北市客家人主要是集中于万华区（南机场公寓）、信义区（通化街）、松山区（永吉路）、中山区（长春路、合江街、辽宁街、中仑）、中正区（南昌街）。邱彦贵与吴中杰认为除了上述各行政区域内可以发现客家人的踪迹，内湖有来自广东潮州饶平的陈姓客家与潮州镇平的黄姓客家，其后裔仍定居在内湖者不少。台北市政府客家事务委员会指出："以

① "行政院客委会"：《客家》1994 年第 24 期。
② 萧新煌：《台湾客家族群史：政治篇》（下），南投：台湾省文献委员会，2001 年。
③ 林庆宏：《高雄市客家族群史》，高雄：高雄市政府研究发展考核委员会，2000 年。
④ 丘昌泰：《北高城市客家调查研究》，中坜："国立中央大学"客家学院，2005 年。

人数来看，1965 年客籍人数排名前三名的是古亭、中山与大安区。"① 萧新煌综观整个大台北地区，客家集中于南昌街、厦门街、克难街、南机场公寓、通化街、三张黎、五分埔、合江街与五常街，以及台北县的中永和、新店等地。② 从这些文献的分析来看，台北都会客家似乎尚存在着某种程度的聚落性，古亭、中山、中正、大安、文山、松山、南港、万华、内湖等地都看得到客家人的身影。

由于台北市比桃竹苗地区更具地缘优势，故北市的二次移民几乎以这三个典型的客家县份为主，其中特别是生活较清苦的苗栗县与新竹县客家人，不仅找工作，还设法在台北都会周边购置价格便宜、交通方便的公寓住宅，如台北县近郊的新店、永和、中和、新庄都可以听到许多客家声音，落脚户都生活在群居的公寓当中，成为大台北地区的"落脚户"，但由于平日各忙各的，少有互动，最后竟然逐渐成为台北都会中的隐形客家人。根据调查，同安街多为桃园中坜、平镇、龙潭移民；通化街为新埔、关系、竹东移民。③

都会客家的职业分布如何？根据邱彦贵与吴中杰的分析，都会客家在社会经济地位的选择，大都以追求稳定的本质为考量，主要是以教育界、补教界、出版界、公务员、军人等中产阶级，以及小吃业、西药行业、手工业等小资本的创业者为主。④ 台北市客家人的二次移民，似乎相当符合这样的说法。例如台北市客家移民者最初职业几乎以工人、小生意者、摊贩等低下阶层为主，如做水泥工、做学徒、修理钟表、开自助餐馆、开五金店、卖水果等，通化街是信义区著名的夜市街，那里聚集了不少的客家人，笔者服务的学校前身为中兴法商学院，附近著名的菜市场与摊贩集中地为合江街与辽宁街，客家人不少。至于永吉路的五分埔以批发服务为主，也是客家人集中的区域。台北汀州路的四海豆浆，绝大部分是来自苗栗的客家人打出来的品牌。随着经济的进步，早期到大台北地区打工的客家人逐渐累积了一些财富，由于客家人向有晴耕雨读、诗书传家的传统，"读书"自然被视为光宗耀祖、追求功名最好的方式，于是近年来进入台北都会区的客家人几乎都以从事生活安定的公务员或老师行业为主，前述的小型生意行业逐渐看不到客家人的身影。邱彦贵与吴中杰指出："客属

---

① 台北市政府客家事务委员会：《客家风情：移垦、产业、文化》，台北：台北市政府客家事务委员会，2004 年，第 15 页。

② 萧新煌：《台湾客家族群史：政治篇》（下），南投：台湾省文献委员会，2001 年，第 527 – 528 页。

③ 罗肇锦：《台湾客家族群史：语言篇》，南投：台湾省文献委员会，2000 年，第 30 – 31 页。

④ 邱彦贵、吴中杰：《台湾客家地图》，台北：猫头鹰出版社，2001 年，第 139 – 140 页。

在现代社会中谋生存似乎甚少取得自身族群所提供的人脉、地域、资金等资源，于都市中的营生，主要还是靠后天的努力。追求稳定、避免冒险的价值观促使他们偏好文教公务职业。而投入工商场域者，务本的制造业也多于贸易、服务、金融等面向。"①

客家人在都会地区何以尚能够群居在一起而形成一个"都会聚落"？陈板以台北市通化街的都会客家聚落为例，当时系由于1953年高玉树市长拓宽罗斯福路，为安置以福佬籍为主的拆迁户，由市政府在通化街搭建竹造居所，然由于简陋的竹屋无法满足原拆迁户屋主，故入住者比例甚低；而桃竹苗地区客家人正大量移入台北都会区，为求安身之处，乃因陋就简，通化街的竹造安迁房就成为台北都会客家的新家。② 到通化街的客家人早期多以种菜、卖菜、油漆工、泥水工、修理自行车、开五金店等职业为主，后来基于乡亲关系，呼朋引伴，一个拉一个，逐渐形成少见的都市客家聚落。目前的通化街，已经成为药店、小吃、五金、金饰、照相馆的集中地，仍然到处可听到客家话。至于南昌街与塔城街的客家则是因为台湾铁路局宿舍区、调车场等职业因素而形成客家街。③

客家人进入高雄市的发展进程，可以分成好几个系统，可以说是台湾各地移民的大本营：屏东六堆客、高雄美浓客、新竹客、东势客、花东客，以及后来的"外省客"、新住民客。④ 第一次移民发生于清代初年；日据时代，高屏六堆与高雄美浓地区客家人，以地利之便，进入前镇区、小港区，并成立屏东客属同乡会、美浓旅高同乡会。20世纪20年代至30年代，另有一批桃竹苗的北部客家到高雄市三民区的龙子、宝珠、宝龙等地，形成菜公、凹底等聚落，为团结客家乡亲情谊，特别成立新桃苗同乡会。后来，部分台中地区的客家人移民高雄市，组成台中地区旅高客属同乡会。1945年台湾光复后，又有部分大陆的客家人移民高雄市；20世纪60年代则有部分旅居印度尼西亚的客家华侨移民高雄市。⑤ 至于最近一波发生于20世纪70年代左右的移民，则更有来自东台湾的客家移民。⑥

---

① 邱彦贵、吴中杰：《台湾客家地图》，台北：猫头鹰出版社，2001年，第141页。

② 陈板：《族群与地域：台湾客家在地化的文化观察》，徐正光主编：《聚落、宗族与族群关系》，台北："中央研究院"民族学研究所，2000年，第331–332页。

③ 台北市政府客家事务委员会：《客家风情：移垦、产业、文化》，台北：台北市政府客家事务委员会，2004年，第15页。

④ 萧新煌：《台湾客家族群史：政治篇》（下），南投：台湾省文献委员会，2001年，第256页。

⑤ 傅有舜：《高雄市客家人文史之研究》，高雄：财团法人高雄市客家文化事务基金会，2003年。黄耀能：《续修高雄市志》卷一《自然志·地理篇》，高雄：高雄市文献委员会，1996年。叶振辉：《高雄市社会发展史：移民篇》，高雄：高雄市文献委员会，2004年。

⑥ 邱彦贵、吴中杰：《台湾客家地图》，台北：猫头鹰出版社，2001年，第137页。

高雄市的人口结构为"两头大、中间小"，前者系指地主阶层大、劳动人口多的畸形现象，后者则是指白领阶层少，在这样的都会人口结构中，很容易形成家族与劳工之间的严重冲突，在政治性格上也显得相当的激进，不似台北以"外省人"、福佬人、白领阶层为主的人口结构，政治性格上趋于温和路线。移居此地的客家人，大部分以劳工阶层为主，客家人认真打拼，从贫致富的实例不少，如著名的高雄"牛奶大王"、尖美集团等。至于从政的客籍人物，大都是来自屏东六堆的客家人，其他各地的客家人则甚少，在高雄市，客家人的票源很稳定，成为无论哪一党都积极拉拢的目标。

与台北客家人不同，高雄市客家人隐形化的情形更为严重，除了刚开始移民高雄的客家人尚能操一点客家话外，其他几乎都不能操客家话，即便是上述所列出的几个客属同乡会，他们在聚会时，也经常说的是福佬话。因此，若不是这几年，台湾地方当局对客家文化的重视与发扬，恐怕高雄客家的隐形化会更为严重。根据学者研究，每年农历七月二十日的义民节祭典，客家人在高雄褒忠义民庙模仿原地新埔十五大庄或平镇十三大庄的祭祀组织，形成四大庄头轮值的传统（四大庄头，范围包括高雄县市，高雄市以铁路南北为界区别为第一、二庄；第三庄则是指宝珠沟、覆鼎金、湾仔内工专前等地；高雄的仁武、鸟松、凤山则为第四庄），义民节祭典成为难得的客家人现身的时刻。①

五、北、高两市隐形客家人的语言使用与客家意识

前述我们分析了北、高两个都会地区客家人口的数目、比例与分布状况，现在进一步探讨都会客家的隐形化现象。探讨的方式主要系继续笔者以前的研究成果，笔者曾指出：客家人的自我隐形化行为系指客家人在公开场合，不愿意公开自己客家身份的行为；换言之，这是一种在进行自我介绍时，即便是被问到族群议题，仍采取暧昧、保密或拒绝承认的否定态度。② 基于此而设计的"客家族群隐形化态度量表"，指标有两题：

指标一：当您刚认识一位新朋友时，您会主动说您是客家人身份吗？①主动表明；②被询问时才表明；③模糊以对；④不愿意承认。在这个题目设计上，回答"主动表明"者为"完全显性"客家人，回答"被询问

① 邱彦贵、吴中杰：《台湾客家地图》，台北：猫头鹰出版社，2001年，第136页。
② 丘昌泰：《台湾客家族群的自我隐形化行为：显性与隐性客家人的语言使用与族群认同》，载《2005全国客家学术研讨会：学术定位、社会脉络与经验探索》，中坜："国立中央大学"客家政治经济研究所、客家学院，2005年，第26－27页。

时才表明"者为"显性"客家人,若未被询问很有可能隐藏起来,视为隐性客家人,至于回答"模糊以对"与"不愿意承认"者都可视为"完全隐性"客家人。

指标二:您周遭的朋友有多少人知道您是客家人?①几乎所有认识的人都知道;②多数认识的人知道;③少数人知道;④几乎没有人知道。在这个题目设计上,回答"几乎所有认识的人都知道"者为"完全显性"客家人,回答"多数认识的人都知道"者为"显性"客家人,至于回答"少数人知道"与"几乎没有人知道"者视为"完全隐性"客家人。

本调查之母体系居住于台北市与高雄市20岁以上的客家市民。每样本户采任意成人法,以接电话的第一人且符合20岁以上、具投票权与完整表达能力条件者为本研究调查之合格样本,并控制受访样本之性别比例与居住区域,使样本与母体之性别与居住比例完全一样,经卡方检定无显著差异性,这显示本调查样本在性别与居住地区双重特征上具代表性。若某受访样本访谈不成功或无合格样本时,计算机电话访问辅助系统(CATI系统)将产生相同区域的替代样本户电话,再行拨号,直到访谈成功为止,确保样本代表性。

本次调查系委托台北大学民意与选举研究中心进行调查,调查时间自2005年9月28日到10月5日。本次调查完成样本总数为1 069,其中男性492人,占46%;女性577人,占54%;在95%信心水准下,抽样误差约为±3%。

(一)北、高两市隐形客家人口比例与人数概估

从表1中可以得知,完全隐性客家人口,以指标二测出的比例较高,若以台北市而论约有17.2%,高雄市则有高达26.8%的完全隐性客家人口,此与我们在桃竹苗地区所测出的5.4%相比,明显高出甚多。指标一测出的完全隐性客家人口比例虽然较指标二测出的比例还低,但基本上仍呈现出北、高两市的完全隐性客家人口高于桃竹苗客家区域的趋势。基于此,愈是高都会化的城市,则客家人隐形化趋势愈为明显。

表1 北、高两市与桃竹苗地区的隐形客家人口占比

隐形化指标[c]	台北市(%)[a]		高雄市(%)[a]		桃竹苗地区(%)[b]	
	指标一	指标二	指标一	指标二	指标一	指标二
完全显性	48.2	64.5	35.7	55.4	48.0	72.9
显性客家	46.4	18.2	58.9	17.9	47.4	21.7

（续上表）

	台北市（%）[a]		高雄市（%）[a]		桃竹苗地区（%）[b]	
完全隐性	5.4	17.2	5.4	26.8	4.6	5.4

资料来源：

a. 丘昌泰：《北高城市客家调查研究》，中坜："国立中央大学"客家学院，2005 年。

b. 丘昌泰、张翰璧、郑晓峰：《桃竹苗客家地区社会变迁调查成果报告》，中坜："国立中央大学"客家政治经济研究所、客家社会所与客家语文所、客家学院 2004 年。

c. 这是运用"客家族群隐形化态度量表"中的两道测量指标进行分析，指标一：当您刚认识一位新朋友时，您会主动说您是客家人的身份吗？①主动表明；②被询问时才表明；③模糊以对；④不愿意承认。指标二：你的周遭朋友有多少人知道你是客家人？①几乎所有认识的人都知道；②多数认识的人知道；③少数人知道；④几乎没有人知道。可参考丘昌泰：《北高城市客家调查研究》，中坜："国立中央大学"客家学院，2005 年。

（二）北、高两市隐形客家人的语言使用状况

北、高两市隐形客家人口的语言使用状况究竟如何？我们不妨先从非客家人使用各种语言能力来看①：

（1）公共场合（工作、学校或其他公共场所）中，非客家人中使用福佬话的比例为 33.44%，普通话的比例为 63.12%，至于客家话的比例则为 0。在家庭中，非客家人使用福佬话的比例为 48.28%，普通话的比例为 47.29%，客家话使用比例则为 0.11%。基于此，普通话为公共场所的主要语言，福佬话与普通话则为家庭语言，至于客家话，无论在何种场合，都不是经常使用的语言。

（2）客家人使用福佬话"说与听都没有问题"的比例高达 84.39%，"完全听不懂"的比例则仅有 2.44%；使用普通话"说与听都没有问题"者高达 93.13%，"完全听不懂者"占 0.89%。至于非客家人使用客家话"说与听完全没有问题"的，仅有 1.66%，"完全听不懂"者高达 74.86%。基于此，一般非客家人使用福佬话与普通话的能力都一面倒地高于客家话使用者。

在前述语言使用情境下的客家话使用频率，自然是非常低，若加上隐形化因素的影响，则在都会中，客家话出现严重的断层危机几乎是早就发

---

① 丘昌泰：《北高城市客家调查研究》，中坜："国立中央大学"客家学院，2005 年。

生，且是必然发生的事实。以表2来看，北、高客家人的客家话能力与两个指标均呈统计上的高度显著性（$p^{***} < 0.001$），以指标一而言，其客家话"说与听都没有问题"的，完全显性者中有90.4%，完全隐性者则有77.8%，显然低了很多，但显性人口这一能力是最低的，仅有47.6%。由此显示，完全显性与完全隐性客家人口的客家话能力确实呈现相反的趋势，客家话听与说都没有问题者比例最低的是显性客家人口。以指标二而言，完全显性者中有80.4%，其客家话"说与听都没有问题"；其次是显性客家人口，约为66.7%；完全隐性者则有32.4%。再从"完全听不懂"的比例来看，完全隐性者比例最高为32.4%；高于完全显性与显性客家人口（2.9%与3.3%）。由此看来，隐形化程度与客家话能力呈反比关系，亦即隐形化程度愈高，则其使用客家话能力愈低；隐形化程度愈低，则使用客家话能力愈强。但指标二比指标一更能够表达此种发展趋势。

表2　显性与隐性客家人口的客家话能力

$p^{***} < 0.001$ 您客家话使用状况为何？	指标一：当您刚认识一位新朋友时，您会主动说您是客家人的身份吗？		
	完全显性（%）	显性（%）	完全隐性（%）
说与听都没有问题	90.4	47.6	77.8
说得不流利，但听没问题	4.1	20.2	0
说得不流利，只听懂一点	4.1	16.7	11.1
完全听不懂	1.4	15.5	11.1
$p^{***} < 0.001$ 您客家话使用状况为何？	指标二：您的周遭朋友有多少人知道您是客家人？		
	完全显性（%）	显性（%）	完全隐性（%）
说与听都没有问题	80.4	66.7	32.4
说得不流利，但听没问题	7.8	23.3	14.7
说得不流利，只听懂一点	8.8	6.7	20.6
完全听不懂	2.9	3.3	32.4

　　显性与隐性客家人口子女的客家话能力如何呢？以表3来看，同样地，北、高两市客家人子女的客家话能力与两个指标均呈统计上的显著性，但指标二的显著度稍低（$p^{**} < 0.01$）。以指标一而言，"说与听都没有问题"者，以完全显性与完全隐性人口为最高，各占约20.5%与22.2%；"完全听不懂"者则以完全显性人口最高，约为24.7%；至于"说得不流

利，只听懂一点"则以完全隐性人口为主，高达44.4%，乃是此项指标中比例最高的一个选项。以指标二而言，完全显性人口中，"说与听都没有问题"（18.6%）与"说得不流利，但听没有问题"（19.6%）的比例都是最高的，远高于完全隐性人口的2.9%与2.9%；至于"完全听不懂"者，则以完全隐性人口为主，高达23.5%。基于此，指标一的结果较不一致，指标二则较能反映隐形化与客家话能力之间的反比关系。

表3　显性与隐性客家人口中子女的客家话能力

$p^{***} < 0.001$ 您的子女是否会说会听客家话？	指标一：当您刚认识一位新朋友时，您会主动说您是客家人的身份吗？		
	完全显性（%）	显性（%）	完全隐性（%）
说与听都没有问题	20.5	8.3	22.2
说得不流利，但听没问题	19.2	13.1	0
说得不流利，只听懂一点	24.7	11.9	44.4
完全听不懂	24.7	17.9	11.1
$p^{**} < 0.01$ 您的子女是否会说会听客家话？	指标二：您的周遭朋友有多少人知道您是客家人？		
	完全显性（%）	显性（%）	完全隐性（%）
说与听都没有问题	18.6	13.3	2.9
说得不流利，但听没问题	19.6	13.3	2.9
说得不流利，只听懂一点	20.6	20.0	14.7
完全听不懂	20.6	16.7	23.5

　　显性与隐性客家人口中与配偶的语言使用形态如何？其与两项指标均呈统计上的高度显著性（$p^{***} < 0.001$）。以指标一而言，无论是哪一种程度均以"普通话"使用情形最为普遍，但显性客家人口中，与配偶使用客家话沟通的比例亦不低，高达30.1%，与使用普通话者（37%）差一些。至于显性与完全隐性人口则普通话与客家话的使用比例则有相当大的差距，其中尤以完全隐性人口最为明显，普通话与客家话使用之比为55.6%与11.1%。指标二大抵亦反映此种趋势，完全显性人口的语言使用形态为普通话与客家话，完全隐性则一面倒的是普通话，客家话比例降至2.9%（表4）。由此显示，北、高都会客家中与配偶沟通所使用的语言，愈是隐形人口，则其使用客家话与配偶沟通的比例就愈低。

表4　显性与隐性客家人口中与配偶沟通的语言

p*** <0.001 您跟配偶最常用什么语言沟通？	指标一：当您刚认识一位新朋友时，您会主动说您是客家人的身份吗？		
	完全显性（%）	显性（%）	完全隐性（%）
客家话	30.1	13.1	11.1
福佬话	23.3	10.7	11.1
普通话	37.0	28.6	55.6
p*** <0.001 您跟配偶最常用什么语言沟通？	指标二：您的周遭朋友有多少人知道您是客家人？		
	完全显性（%）	显性（%）	完全隐性（%）
客家话	26.5	20.0	2.9
福佬话	16.7	16.7	14.7
普通话	37.3	26.7	29.4

　　显性与隐性客家人口中与父母的语言使用形态如何？其与两项指标之间均呈高度显著性（p*** <0.001）。以指标一而言，与父母沟通时使用的语言，主要是以客家话为主，且其比例甚高。以指标二而言，除了完全隐性人口以普通话与父母交谈，其他都以客家话交谈者居多，表明显性与隐性都会客家人以客家话与父母沟通者居多，仅有完全隐性人口例外，系以普通话沟通（表5）。基本上，愈是显性人口，其使用客家话比例亦愈高；愈是隐性人口，使用客家话比例就愈低，而普通话比例就愈高。

表5　显性与隐性客家人口中与父母沟通的语言

p*** <0.001 与父母亲最常用什么语言沟通？	指标一：当您刚认识一位新朋友时，您会主动说您是客家人的身份吗？		
	完全显性（%）	显性（%）	完全隐性（%）
客家话	79.5	41.7	55.6
福佬话	13.7	20.2	22.2
普通话	5.5	36.9	22.2

（续上表）

p*** <0.001 与父母亲最常用什么语言沟通？	指标二：您的周遭朋友有多少人知道您是客家人？		
	完全显性（%）	显性（%）	完全隐性（%）
客家话	73.5	56.7	17.6
福佬话	12.7	16.7	32.4
普通话	12.7	26.7	47.1

显性与隐性客家人口中与邻居的语言使用形态如何？其与指标一呈现显著关系（p*** <0.001），与指标二则未呈现显著关系。以指标一而言，完全显性人口最经常使用福佬话与邻居沟通者居多（46.6%），显性人口以普通话与邻居沟通（71.4%），完全隐性人口则以福佬话与邻居沟通（44.4%）为多。以指标二而言，全部是以普通话进行沟通为多（表6）。

表6　显性与隐性客家人口中与邻居沟通的语言

p*** <0.001 与邻居最常用什么语言沟通？	指标一：当您刚认识一位新朋友时，您会主动说您是客家人的身份吗？		
	完全显性（%）	显性（%）	完全隐性（%）
客家话	9.6	2.4	0
福佬话	46.6	26.2	44.4
普通话	38.4	71.4	33.3
与邻居最常用什么语言沟通？	指标二：您的周遭朋友有多少人知道您是客家人？		
	完全显性（%）	显性（%）	完全隐性（%）
客家话	8.8	0	0
福佬话	39.2	30.0	32.4
普通话	48.0	66.7	64.7

显性与隐性客家人口中与同事、同学或朋友的语言使用形态如何？其与指标一呈现显著关系（p*** <0.001），与指标二则未呈现显著关系。无论是哪一种指标，与同事、同学或朋友的沟通语言都是以普通话为主，且其使用比例甚高，而客家话使用比例极低（表7）。

表7　显性与隐性客家人口中与同事、同学或朋友沟通的语言

p*** <0.001 同事、同学或朋友之间 最常用什么语言沟通？	指标一：当您刚认识一位新朋友时，您会主动说您是客家人的身份吗？		
	完全显性（%）	显性（%）	完全隐性（%）
客家话	11.0	1.2	0
福佬话	24.7	25.0	33.3
普通话	60.3	73.8	55.6
同事、同学或朋友之间 最常用什么语言沟通？	指标二：您的周遭朋友有多少人知道您是客家人？		
	完全显性（%）	显性（%）	完全隐性（%）
客家话	7.8	3.3	0
福佬话	25.5	26.7	23.5
普通话	63.7	66.7	76.5

（三）北、高两市隐形客家人的族群认同

北、高两市隐形客家人口的族群认同如何？本文以四项调查项目加以分析：①对"在目前台湾社会中，客家人是被忽视的弱势族群"的同意度；②对"我以身为客家人为荣"的同意度；③对子女要求学习说客家话的程度；④对子女希望尽量嫁（娶）客家人的程度。依次加以分析如下：

两项指标与其对"在目前台湾社会中，客家人是被忽视的弱势族群"的同意度呈现统计上的显著关系。就指标一而言，完全隐性与完全显性人口明显地持正向态度，认为客家人确实是弱势族群，但显性人口则持不以为然态度。以指标二而言，完全显性与显性人口持正向态度，但完全隐性人口持负向态度（表8）。

表8　显性与隐性客家人口对
"在目前台湾社会中，客家人是被忽视的弱势族群"的同意度

p* <0.05 您是否同意"在目前台湾 社会中，客家人是被忽视 的弱势族群"？	指标一：当您刚认识一位新朋友时，您会主动说您是客家人的身份吗？		
	完全显性（%）	显性（%）	完全隐性（%）
正向态度*	63.6	40.3	55.6

（续上表）

p** < 0.01 您是否同意"在目前台湾社会中，客家人是被忽视的弱势族群"？	指标二：您的周遭朋友有多少人知道您是客家人？		
	完全显性（%）	显性（%）	完全隐性（%）
负向态度	36.4	59.7	44.4
正向态度	58.1	57.1	25.8
负向态度	41.9	42.9	74.2

注：正向态度系指在同意度方面表现出"非常同意"与"同意"的加总；至于负向态度指在同意度方面表现出"非常不同意"与"不同意"的立场，以下均同。

两项指标与其对"我以身为客家人为荣"的同意度并未呈现任何统计上的显著关系。但无论是哪一指标，都明显地在此项问题上，持着正向态度，换言之，都以身为客家人为荣（表9）。

表9 显性与隐性客家人口对"我以身为客家人为荣"的同意度

您是否同意"我以身为客家人为荣"？	指标一：当您刚认识一位新朋友时，您会主动说您是客家人的身份吗？		
	完全显性（%）	显性（%）	完全隐性（%）
正向态度	95.8	86.5	100
负向态度	4.2	13.5	0
您是否同意"我以身为客家人为荣"？	指标二：您的周遭朋友有多少人知道您是客家人？		
	完全显性（%）	显性（%）	完全隐性（%）
正向态度	93.7	92.9	82.8
负向态度	6.3	7.1	17.2

两项指标与其对子女要求学习说客家话的程度呈统计上的显著性。无论隐形程度为何，基本上不会要求子女学习客家话，但完全显性人口要求子女学习客家话的比例确实是最高的。以指标一而言，完全显性人口有34.2%的人要求子女学习客家话；以指标二而言，则有24.5%的完全显性人口与26.7%的显性人口要求子女学习客家话，明显高于完全隐性人口的5.9%（表10）。

表10　显性与隐性客家人口对子女要求学习说客家话的程度

p*** <0.001 是否要求子女一定要跟您学习说客家话？	指标一：当您刚认识一位新朋友时，您会主动说您是客家人的身份吗？		
	完全显性（％）	显性（％）	完全隐性（％）
会	34.2	10.7	11.1
不会	47.9	35.7	44.4
p*** <0.001 是否要求子女一定要跟您学习说客家话？	指标二：您的周遭朋友有多少人知道您是客家人？		
	完全显性（％）	显性（％）	完全隐性（％）
会	24.5	26.7	5.9
不会	50.0	26.7	29.4

　　两项指标与其对子女希望尽量嫁（娶）客家人的程度呈统计上的显著性。无论是哪一种指标，原则上受访者都采民主态度，并不干涉子女的婚姻态度。但若要做一选择，则两项指标都显示，完全显性与显性客家人口更希望其子女尽量嫁（娶）客家人（表11）。

表11　显性与隐性客家人口对子女希望尽量嫁（娶）客家人的程度

p*** <0.001 会不会希望子女尽量嫁（娶）客家人？	指标一：当您刚认识一位新朋友时，您会主动说您是客家人的身份吗？		
	完全显性（％）	显性（％）	完全隐性（％）
会	15.5	12.4	0
不会	0	4.5	14
p* <0.05 会不会希望子女尽量嫁（娶）客家人？	指标二：您的周遭朋友有多少人知道您是客家人？		
	完全显性（％）	显性（％）	完全隐性（％）
会	10.7	7.9	0
不会	2.5	0	0

六、讨论与结论

　　本研究结果须与笔者2005年对桃竹苗地区的研究结果相比较，以了解传统客家乡镇与都会客家隐形化状况的异同：

（一） 都会隐性或显性客家人口比例与人数概估

本研究显示，台北市隐性客家人口约占其客家人口的 17.2%，高雄市的隐性客家人口则占其客家人口的 26.8%，此与桃竹苗地区所测出的 5.4% 相比，明显高出甚多。基于此，愈是都会化的城市，则客家人隐形化趋势愈为明显。相对而言，传统客家乡镇则较不明显。

（二） 都会隐性或显性客家人的语言使用状况

本研究显示，隐形化程度与客家话能力呈反比关系，亦即隐形化程度愈高，则其客家话能力愈低；隐形化程度愈低，则客家话能力愈强。同理，都会客家家庭中的子女，其客家话能力亦随着隐形化程度的提高而降低。此外，都会隐性客家人口除了与父母的沟通较常用客家话之外，与配偶、邻居、同事、同学或朋友的语言使用形态，主要是以普通话与福佬话为主。基于此，客家话已经成为"家庭语言"，且此所谓的家庭主要系指"与父母"的交谈，在隐性家庭中，即便是与配偶交谈，客家话也几乎不是夫妻的共同语言。此外，客家话并不是"公共场合的语言"，工作或求学中的共同语言不是普通话，就是福佬话。上述研究结果与我们在针对桃竹苗客家区域的研究结果，几乎一致。唯一不同的是，在台北市与高雄市，使用普通话的比例似乎在许多公共场合都高于福佬话，在桃竹苗地区则使用福佬话的情形较普通话更为普遍。

（三） 北、高两市隐性或显性客家人的族群认同

本研究显示，愈是显性客家人，愈同意"客家人为弱势族群"，愈是隐性客家人则愈不同意"客家人为弱势族群"。此点与桃竹苗地区的研究结果一致。但"我以身为客家人为荣"的同意度则并未呈现任何统计上的显著关系，此则与桃竹苗地区的研究结果不同，唯完全隐性的族群尊荣感程度较显性客家人为低。至于是否要求子女学习客家话或尽量嫁（娶）客家人，虽然与桃竹苗地区的研究结论是一样的：客家话家庭中的父母都相当民主，不会强迫要求子女，一切尊重孩子的决定。但北、高两市的研究结果不同之处在于：完全显性人口要求子女学习客家话、希望其子女尽量嫁（娶）客家人的比例是最高的；完全隐性人口则正好相反。这样的趋势似乎在北、高两市的结果比桃竹苗地区更为明确。

基于上述研究发现，我们可以知道，客家族群在都会中所发生的隐形化现象是值得重视的课题，其在语言能力的消失与族群认同感的下降方面

更扮演催化角色。因此，挽救客家语言与文化危机，必须从都会客家着手。陈板呼吁前述的主张："客家人进入都市多年之后，渐渐形成一个集体的族群危机感，就像发生在北台湾的义民事件一样，客家人面对都市化就像当年桃竹苗地区的客家人要面对外来力量的侵扰，彼此之间很自然地就形成一个受难共同体。"① 因此，都会客家人应该要认清自己的族群属性，勇敢地面对族群文化断层与语言失落的双重危机。吴鼎武·瓦历斯以原住民角度指陈："世上不存在具有隐形超能力的台湾原住民，而是存在一群能让原住民文化消失的无知政客、短视近利的商人与文化流氓。"② 对于客家族群而言，如何让台湾民众真正体会客家文化精神及其如何在台湾历史发展过程中扮演积极角色，以争取文化主权，才能在文化多元主义的号召下，破解民族优越感与语言中心主义的宰制与压迫。而破解民族优越感与语言中心主义的第一步似乎仍是客家人挣脱隐形客家的刻板印象，勇敢地面对族群融合与族群互动的现实，重新塑造一个新的族群价值观。

---

① 陈板：《族群与地域：台湾客家在地化的文化观察》，徐正光主编：《聚落、宗族与族群关系》，台北："中央研究院"民族学研究所，2000年，第331页。
② 吴鼎武·瓦历斯，《从自然生态观点看原住民文化传承的困境：隐形计划之创造论述》，《中原设计学报》2002年第4卷第1期，第125页。

客家移民的文化再制

——台湾中部客家人的山林生存之道

陈瑛珣①

当客家移民家族远离原乡，跨越台湾海峡，到达台湾之后，随即发现其与原乡的环境颇有差异。如何在新环境存活，成了当务之急。于是他们集中家族的人力、物力，设法在新环境立足。在群策群力的奋斗中，个人知觉被融摄到集体知觉之中。族群在艰苦的生活条件下，养成勤奋、进取并重视集体的族性。移民过程中可以充分体会到：客家家族文化，既具体呈现于祠堂与祭祀活动此类人投身生活环境中的氛围，可视可感；亦可抽象地表现于编修家谱与订定家规族约的文字，家族精神的传承，直接地表露在后代子孙对祖先传说的传述当中。客家移民由原乡到移居地的移民过程，就是不断在定居地建构自身特有的家族文化，从抽象的宗族精神与具体的经济生活着手，没有间断地持续着。

一、前言

客家族群是一个经常迁徙、对外开拓的族群。迁徙的同时，客家族群的文化习俗同步形成。移民到新天地发展，就将受限于地方区域社会的地域性制约。所以在族群文化传承或许有相同、类似生活习性的支配架构下，因地制宜地产生有别于原乡的移民文化。这样的情况，称为文化的再制。

宗族文化的再制并非一种复制，也不是重制的过程。某些时候，客家

---

① 陈瑛珣：台湾台中侨光技术学院副教授。

移民文化的再制，笔者认为比较像是一种适者生存、不适者淘汰的物种进化生物规律。移民面对新环境的挑战，产生一种紧张情况，就是人跟移居地的冲突，进而进入妥协或者退出移居地的情况。如果成功妥协之后，日久将在当地调适出一种移民文化。

移民文化的再制过程当中，蕴含着大部分原乡带来的生活文化。移民面对移居地自然环境与人文条件的差异，不断地在人与自然的冲突当中，寻求一个调适的方式。客家移民社会，在特定的自然环境条件与历史背景下，形成特有的社会生活习惯与社会意识，使得客家族群社会关系存有古风的一面，又有变异的汉民族文化横向渗透的一面。

面对变异的陌生环境，客家族人采取聚族而居的对策，群策群力。一个家族是否能够永续经营下去，在于是否能够产生族群认同的文化价值体系。这种文化再制机能在客家族群特显旺畅，使笔者不自觉地对客家族群产生兴趣。因为客家移民的文化再制机能，是一种具有自我归并和自我认同的倾向，也可以说这是一种生活习性。每个人因为个人所经历的社会生活的不同，产生不同形式的"生活习性"，"生活习性"成为一种客家移民选择生活空间与方式的中介。从大范围来看，客家人的生活经验是过去历史的个体与集体经验的实践成果。因为，明确可行的生存经验被保存下来，成为一种客家人赖以延续族群的价值体系，于是就更具历史性了。它确保过去经验至今仍活跃地起作用，积淀在每个个人心中，以知觉、思想和行动的架构形式存在。

移民家族是否能够在移居地形成人际网络，端看这个家族文化如何将外在的人文情景，与族人的自身感受联系在一起，让他们设身处地地想象自己在这种情景下会如何。这有助于激发道德知识记忆、族群情感，教育族人养成合乎社会规范的行为。

客家移民在自己的知觉里，依照自己过去的原乡生活经验过海来到台湾，依然是由这种活跃的生存心态所影响，不自觉地运用在台湾的生活经验中。纵使正在实践这种生活经验的客家族群，并不是很明确地了解这种行为模式的经验内涵，却仍然奉行不悖。这种生活经验具有跨越时空的一致性规律，比起任何表面可以看到的法定规章或人群行为规范更加来得可靠，经过日积月累生活实证验证其"可行性"。

二、苗栗、石冈客家移民与山林共处

台湾中北部桃竹苗、台中县东势、石冈一带，① 这里居民以客籍人士居多。过去，往往以先来后到的顺序，借以说明客家人为何定居在山地、丘陵地居多。近年来，已有施添福先生将客家的原乡生活经验带入移民生活研究，主张原乡生活经验对移民的影响。客家先民的生活方式与文化方式，基本上传承自大陆南方的粤东（俗称唐山）文化。乡村聚落数量最多，以农村聚落为主。客家人在台湾中部近山的生活空间，继续维持着大家族传统，以祖厅为中心，建立起聚族而居的伙房。

以苗栗生活环境为例，苗栗本来是道卡斯人猫狸（pa li）社旧居之地，苗栗地名即由猫狸之音演变而来，所谓"猫狸"，就是道卡斯人所指的平原之意。苗栗设县始于清光绪二十七年（1901），名称也改为与"猫狸"近音的"苗栗"。属于河谷平原，多丘陵地区，山地成为农牧综合经营发展重点区域。

客家人生活在山多地少的地理环境格局，往往在群山环抱中，选择一个小区块平地生活。以封闭的生活圈，保持家族生活的独立性。苗栗为台湾著名的客家重镇，我们在调查苗栗铜锣时，以李应龙李氏家族为选择生活空间的移民过程做个案研究。

铜锣乡位于苗栗县中南部，东南与关刀山山脉和大湖乡为邻，南毗三义，西边与通霄镇、西湖乡接壤，东北和公馆乡相接，形成"三山二川"南北整齐的地形排列。有山有水的环境，让李氏家族有务农、经商两项生计。

清乾隆中期，广东省五华县李应龙（字德万），在16岁（1774年）时孤身一人，自广东嘉应州长乐县大湖洞，到台湾东势角土牛发展。经过10多年，经商有成，并从土牛搬到黄子社（今台中县石冈乡）。回乡带领家人，举家迁移渡海到此地开垦。移居台湾历时40年（1774—1813）后，因洪水为患，田地流失，于是李家开始购买芒埔田，移居到苗栗开垦。1819年找到建立祖厅的风水宝地，他个人的使命才告一段落。《李氏宗谱史记》载：

公晓谕次、三、四子（腾桂、腾清、腾华）三公，偕从地理师谢启秀先生，至铜锣庄洞窝相田宅。是年冬德万公决意购置洞窝田园山林土地，

---

① 台中县政府：《台中县志》卷二《住民志·礼俗篇、同胄篇》，台中：台中县政府，1989年，第12页。对台中的居住生态环境，区分为三种类型：沿海平原、台中盆地和丘陵地区及山。

且耕且辟。公以为得山得水，终于此而家焉。适年过古稀，预定苗栗芒埔田分给诸子，而涧窝业全部为尝，而奠定了日后子孙之安居乐业宏基福祉。①

　　台中县②历经原住民族及福佬人、客家人的拓垦定居，在明郑时期铁砧山与大肚地方为屯垦开拓地区。大安港是汉人移入的重要港口，而今日大肚、龙井一带，背山面海，是台中县开发最早的地区。清乾隆年间水里港街（龙井乡）、牛骂头街（清水镇）、沙辘街（沙鹿镇）、大墩街（台中市）及犁头店街（台中市）等主要聚落形成，更进一步发展今卓兰、东势、新社、石冈等乡镇及太平、雾峰等市乡。

　　根据《台中县志》记载："旧大字东势地区，客籍居民占95.6%，闽籍占4.4%"。③居民生产方式以农业为主，位于台中县客家聚落中间位置的新社的人口分布："客籍占95.4%，以刘、詹、罗为三大姓，闽籍占4.6%，多数务农，为枇杷、葡萄的生产地。"④

　　清康熙后期至清乾隆二十六年（1761），石冈开始有客籍移民入垦，汉人垦拓已达今日土牛村，清廷筑有19个土牛为汉番之界，严禁汉人越界进垦。石冈早期移民以潮州府人为主流，大埔县籍居多。⑤乡人姓氏分布以刘、黄、林、张、郭、连等姓所占比例最高。其中林姓家族有两个，于是形成石冈乡的六大姓七大家族。

　　这七大家族先后开垦石冈，分别在石冈各村落聚族而居。从石冈早期移民开垦地点的先后顺序来看，早期入垦者，大多由牛骂头街（今清水镇），再入垦石冈仔、金星面一带。下林家（林仕泰）与金星张家（张达京）系较早入垦家族。后来入垦者，由南部之嘉义或彰化方面入垦，因石冈仔已为人所开发，乃进入土牛、社寮角（今石冈乡万兴村）一带拓垦。刘家（刘元龙）开发土牛，而郭家（郭若朋）则开发社寮角。

　　客家移民采取系统化的族群控制模式。据石冈彭城堂《刘元龙公派下

　　① 李元福：《李氏宗谱史记》，苗栗：李氏宗谱续修编纂委员会，2003年，第3页。
　　② 台中县北邻苗栗县和新竹县，东邻宜兰县和花莲县，南邻南投县和彰化县且包围着台中市；台中县行政区域划分为丰原市、大里市、太平市、东势镇、沙鹿镇、梧栖镇、清水镇、大甲镇、雾峰乡、乌日乡、后里乡、石冈乡、新社乡、潭子乡、大雅乡、神冈乡、大肚乡、龙井乡、大安乡、和平乡、外埔乡3市5镇13乡。
　　③ 台中县政府：《台中县志》卷一《土地志》，台中：台中县政府，1989年，第50页。
　　④ 台中县政府：《台中县志》卷一《土地志》，台中：台中县政府，1989年，第52页。
　　⑤ 这种移民特色与邻近之东势镇等地相同。

家谱》① 记载：刘启成名文进，父亲永顺公原籍广东省大埔县高陂乡乌槎村。于清乾隆中叶时，自大埔县东渡来台，住在石冈，以卖豆腐为业。刘文进另有传记于家谱中。传中说刘文进帮忙家业，除了将父亲所做豆腐供应至伯父永万公的店铺兼销外，也挑着豆腐至庄外沿街叫卖，人称"豆腐进"。由此可知，刘元龙的几个儿子渡台定居之后，彼此间从事的营生有流通的关联性。于此可推知，这个家族应该是聚族而居的生活形态。

在定居地建立其对某种有效经济资本的独占。首先是自然经济资本市场的独占，其次是山林资本的独占。山区经济较难形成传统的商品经济体系，而是在狭小的盆地实施自给自足的农业经济体系。山林资源也是一种靠山吃山典型，有效维护并独占山林资本，成为家族生存的基本条件。所以，家谱中借由风水林传说制止族人滥砍山林，维护风水之说，甚为有效。宗祠修建与祭祀公业成立，可以视为家族在地化的社会象征，也是维系家族活动所需要的重要经济支持，作为凝聚家族力量的重要靠山。

台湾李氏祖厅的空间配置，规模不若闽西上杭李氏大宗祠宏伟。李应龙为了建立祖祠，在台湾苗栗铜锣选择一块可以让家族发展的好地，总共耗费他40年的时间。客家人的生存文化，对新环境略做调整。为了适应台湾新的生存环境，李氏家族再制造出跟原乡有点不同，却又大致相同的生活文化内涵。

李应龙家族，以农商并重，这是一种开垦与投资并重的家族价值观。李应龙从事米谷商业，不妨碍他找土地，留土地给后代作为务农的希望。这点已经跟原乡重义轻利的民性有所不同。生存空间的转变，使得族群生活方式跟着发生变化。开台祖勤勉地坚持着卜地而居，寻寻觅觅，就是要替子孙找到一个繁衍不息的基地。

李家在黄子社居住了20多年，李应龙55岁（1813年）时经常有盗匪作乱，闽粤、漳泉的械斗事件也层出不穷，因此人民生活很困苦。由于李家乐善好施，济弱扶贫，经常帮助穷困的难民，因此，即使当时常常发生动乱，李家始终都不受波及。

客家人无论是生前还是死后都注意生活的环境，有所改变的是对环境的调适，这种对生活空间的重视的文化传承，物换星移，是没有变动的。《连氏族谱》② 中有谱序和家训，并附上祖籍地买地建祠契约书两纸。体例

---

① 创建于清嘉庆末年，1929 年重修，迄今已近 200 年历史。建筑以德馨堂为中心，神龛正中是"十五世祖恩授贡生谨成文进刘公"之祖牌，传下祖先牌位左右并摆。神龛正面尚有木刻雕花金饰，精美雅致。于1999 年"9. 21"地震倾倒，2006 年 5 月已经重修落成，内有客家文物馆。

② 连炳松等：《连氏族谱》，台中县，1983 年，第 22 – 25 页。

内容简单。其中家训有十则：

1. 要敬天地，礼神明。
2. 要孝双亲，爱兄弟。
3. 要勤习诗书，力行圣训。
4. 要勤耕种，以足衣食。
5. 要和宗族，睦乡邻。
6. 要平心接物，厚道待人。
7. 要亲近有德，远避凶人。
8. 要奉行善事，广积阴功。
9. 要教子孙习成一艺，勿为游人。
10. 要习风水，安祖先，以荫后人

客家人聚族而居与空间选择的关系，具体呈现于"聚落—生态—环境"的氛围。《连氏族谱》中标榜一个家族要如何立足于天地神人之间，懂得跟人群相处，代表着合乎社会伦理规范。比较特殊的地方在于强调人跟大自然和平共处，族谱明确标示子孙要懂得风水，才能够安顿祖先，庇荫后代。此中彰显的是大埔客家移民文化中尊敬大自然的精神。

三、苗栗、石冈客家移民与原住民族群共舞

台湾汉人跟原住民族群相处之道，类似于原乡客家族群跟畲族的相处。人文与自然地理都跟原乡接近，让台湾客家移民有挥洒的空间。在族群生存竞争中，客家族群优于泉州、漳州族群。以血缘为纽带的宗族组织，可以抵御外在侵略，也加强族人互助。

苗栗客家移民开发于清乾隆二年（1737），广东东部客籍垦民最初开拓此地时，依道卡斯人猫狸社音译，称为"猫狸"。清乾隆至嘉庆年间，汉人大量移垦，尤其是广东客家人入垦最多，形成村庄。在清道光年间（1821—1850）苗栗县铜锣乡李氏家族后代腾华，[①] 伙同当时地方有识志士，共同集资有组织地规划垦辟"三叉河之草昧陆地"今之三义乡辖下一带地区：东至双连潭、十六份、崩山下，南至八股头、水尾、鲤鱼潭（由原山地人占据），谓之"金华生三十二股"。[②]

台湾中部以客家人聚集的石冈乡过去称为石冈仔为例，此地是拍宰海

---

① 李腾华卒于 1884 年。

② 李元福：《李氏宗谱史记》，苗栗县：李氏宗谱续修编纂委员会，2003 年，第 91 页。

平埔人（Pazeh）朴仔篱社群（Varutto）①的分布地区。客家人跟平埔人相商，筑社贸易，开垦地区日广，伐木辟地之时，其间与强悍之泰雅人南势群为邻，番害颇甚。依照族谱记载，各族开基祖都有跟原住民相处的记录，如能够处理好与原住民之间的关系，番害一除，生存空间安全得到保障，移民聚族而居，族群日益扩大。

清乾隆十二年（1747）客籍移民先后入石冈仔，清乾隆二十六年（1761）清廷在土牛庄立碑，禁止汉人越界开垦。②刘家全家移民到这里的时间，为清乾隆二十四年，两年之后，清朝划地立界，禁止汉人入番地。清廷在此立民番分界碑石。以土筑成，作为防御工事之用。由于拱起如牛背状，故称"土牛界碑"。土牛村是客家移民跟当地原住民居住处相当接近的地方。东势石冈刘元龙家族便定居于此。刘氏家族因为跟原住民的生活相处得相当融洽，所以能顺利地在土牛村立足生根。石冈仔聚落约在清乾隆年间形成，此间，石冈土牛地区变成汉番紧张地带，双方竞争生存空间，纠纷不断。

石冈刘家族谱记载一桩汉番纠纷的历史，源于土牛一带熟番打死汉人，汉人告官到彰化县府，县府为了维护地方安宁，拟派兵镇压熟番。粤、闽联合将原住民逐出此地区，熟番闻讯纷纷将土地变卖，准备逃离土牛，迁到埔里居住。③

番土官的田产廉售给平时就有日常生意往来的汉人"豆腐进"。原住民急于离开之际，用田契交换咸菜、菜干、米粮、钱等作为移居的路费。这种临时的土地买卖交易，交易金额不足以全额支付土地价金，卖掉的仅是俗称的"田皮"而已，并非卖断田根。因此，日后，埔里的熟番回到土牛作客，称为"翻田根"④，在刘家形成一种传统，跟原住民之间有个传说故事。《刘元龙族谱》说：

后来这些平埔人（熟番）迁居埔里后，每年冬至节来到石冈的文进公家里做（作）客，顺便向文进公表示"以前这些田卖了大（太）便宜了，请再补点前（钱）意思意思"。也都拿点钱给熟番回家过年，久而久之，

① 台中县政府：《台中县志》卷一《土地志》，台中：台中县政府，1989年，第45－46页。对本社群有言："包括社寮角、大渭、水底寮、山顶、大马磺等五社，分布于大甲溪中游纵谷中或新社河阶上。其居地与强悍之南势群泰雅人为邻。"

② 台中县政府：《台中县志》卷一《土地志》，台中：台中县政府，1989年，第50页。

③ 台中县政府：《台中县志》卷二《住民志·礼俗篇、同胄篇》，台中：台中县政府，1989年，第13页。

④ 《刘元龙族谱·十五世祖篇》，1995年。

住在埔里的熟番可说年年"回娘家"作客。①

原住民跟台湾中部开发关系如此紧密，台湾中部台中东势一带的开发，就不能忽略张达京家族的发展史。台湾中部平原一带，曾经是巴则海平埔人居住游耕的地方。此地开发是以广东潮州府大埔人张达京为首。②在诏安客家人廖朝孔协助之下，与平埔族潘敦仔等族人合作，于清雍正元年（1723）因开垦所需，采"割地换水"策略，以"汉八，番二"比例分水权，利用水权换取巴则海人地权，并召集汉人屯垦。水圳灌溉所及，为现今大台中地区。佃户多以广东省大埔县客家乡人居多，使得台中东势一带，为台湾大埔客家移民密集地区。

四、居住空间文化再制

传统的住宅与聚落空间常被视为一个缩小的世界，一个生态与社会性空间，其空间的意蕴亦隐含着人与环境之间一种有意义的关系。寻求满足单纯的生存需求以及自然环境间的冲击与调和安适的生活，是人类生命最根源的需求之一。与中原相比，客家先民迁到闽、粤、赣山区后最大也是最重要的一种文化变迁，可能就是由中原祖地的麦作文化变成稻作文化。另一个巨大变迁是聚居方式与生产方式，血缘聚居与血缘团体开垦耕作山间小块耕地，形成血缘宗族的共生结构，与人和自然的共存结构。民居对居民而言，是具有独特意义的居存空间，此居存空间包含着不同尺度的"场所"，每一个"场所"都是居民糅合自然地理环境、文化、习俗、在地知识及生活智能所形成的文化地景。黄应贵说：空间是以自然的地理形式（Geographic Form）及人为所构成的环境（Built Environment）为其基本要素及中介物。③

客家先民深入一些尚未开发的区域，其开垦区域多集中在较为恶劣、土壤贫瘠的山区或丘陵的环境下，他们面对恶劣的环境衍生出以"人"为中心的概念。表现在传统建筑本体上，由此民居设计来反映生活文化价值的延续之所在。建筑选材，以当地材料为要。客家族群克勤克俭，建筑模式，不失原乡精神。以铜锣县李氏民宅为例：

---

① 《刘元龙族谱·十五世祖篇》，1995年。

② 张达京是广东省潮州府大埔县赤山乡下湾村人，生于康熙二十九年（1690）。先是在闽南做生意，然后康熙五十年（1711）渡海来台。原住于彰化，康熙五十五年（1716）初抵达岸里社附近，因为通晓医理，受到岸里社族人信任。张家在神冈开发，石冈乡金星村属于后裔张七贵公派下。现有公厅与伙房（该伙房是少数经历了1999年"9·21"地震能保存完好的建筑之一）。

③ 黄应贵：《空间、力与社会》，台北："中央研究院"民族学研究所，2002年，第3页。

铜锣县民宅大都是客家聚落，早期茅草式竹片为屋顶材料，木构桁梁，其必以确墙（泥砖堆栈外表敷泥灰）或边竹夹泥墙（墙壁以竹边敷泥，外表刷上白灰）最普遍。土确墙、边竹泥夹的宅院古厝，在新隆村、九湖村、竹森村还保存有，但都以改做牛稠鸡舍或废弃不用了。先民早期克勤克俭，无力购买大陆砖瓦高级木材，就地取材，因陋就简，但仍不失中原客家优雅恬适的民风。[①]

客家人在当地有无立足之地，端看其家族是否能够博得原住民的友谊，双方互动关系是否密切。这从居屋环境也可以得到验证。在客家人聚落以传统汉人文化为主体的聚落景观建筑中，包含着原住民的建筑文化元素，其中以"竹围"的表现最为突出。《台湾的地理》记载：

以莿竹围墙环绕，护卫家宅安全的形式，不仅出现在南部的集村地区，也普遍存在于北部的散村地带。……若与平埔人早期的部落建筑对比，便可清楚看出在台汉人实际上是向南岛民族学来的生活智慧。[②]

铜锣李氏应龙公宗祠，位于铜锣乡竹森村，外围环绕竹林。从外观来看，不熟悉路的人，无法知道里面有一座历史悠久、完整的传统客家建筑。

五、结论

（一）1999 年"9.21"地震过后，宗族组织激活重建力量

走访台湾中部石冈地区所探访的祖厅或者伙房，乍看之下，映入眼帘的建筑物年代既不久远，样式也不古朴。石冈的民宅比较起来，实在有点普通，而在普通之中，却又略显破败。然而当我们从耆老的口述历史中得知：原来这些不起眼的民宅，隐藏着一段段不平凡的经历。每个姓氏的开台祖，在此曾经创造出一段段让子孙津津乐道的家族开基史。对地处台湾中部丘陵地区的一个乡镇而言，地方家族故事的精彩与多姿，似乎是难以想象的。然而检视家谱记录，却都是铁一般的真实事件。而且历经 1999 年"9.21"大地震，各家族眼见祖厅、伙房不是倒塌就是损毁，马上凝聚共识，重建家园，于是又再谱写一段家族史。

---

① 李元福：《李氏宗谱史记》，苗栗：李氏宗谱续修编纂委员会，2003 年，第 45 页。
② 陈宪明、吴进喜：《台湾的地理》，台北：玉山社，2004 年，第 41 - 44 页。

客家人的朴实性格，使其在移民来台的过程当中，发挥韧性，坚守着这块土地，紧紧扎下根来，所以能不被大地震打垮。1999年"9.21"地震过后，各家族马上商量祖厅如何重建，使本来看似松散的家族，立刻紧密地联系起来，启动家族组织原有的热切亲谊与庞大潜力。就算伙房短时间内没办法一一重建，祖厅总要先盖起来，好让祖先有栖身之所。就像大埔客家移民开台祖先一样，先致力于建造祖厅，以便作为凝聚家族成员的焦点，借以确立家族的共同意象，强化子孙的集体记忆。

（二）家族史研究的重要性

学界对研究家族史抑或区域史，屡有不同的认定。有人认为一姓一家不能够代表地方历史文化，却又不能否认，有的区域社会开发，无法跟特定家族历史撇清关系。研究区域经济社会发展，尤其是台湾客家移民相关地区，应该努力发掘与厘清客家移民的家族组织结构。这是因为客家移民家族在当地，掌握地方生存资源，对区域经济社会的发展有重要价值。

家族史对开台祖先的叙述，就是一部移民开发史。开台祖先通常具有超越常人的精神、智慧和体魄。第二代则因为耕读传家的传统，具备深厚的儒学修养，深得地方乡亲倚重，拥有拓展家族资源的能力。以客家人聚居的新竹县为例，新竹县由于普遍重视文风，有"海滨邹鲁"之称。

由于生存环境艰难，在激烈的生存竞争中，以家庭利益为首要考虑，与当地人文、自然环境互动，在"冲突—调和—适应"的反复过程里，逐渐形成特定地域社会文化体系，本文称为文化再制。这股力量是一直促使客家聚落生生不息的动力。

粤台客家移民与文化互动

客家文化与两岸关系：以梅州为例

宋德剑①

　　客家文化是广东三大地域文化的重要组成部分之一。梅州具有丰富的客家人文资源，区域内保存的客家文化是客家文化最成熟的表现形态，在客家文化的形成发展过程中具有极其重要的地位，被誉为"世界客都"。台湾的客家人，多为从粤东梅州迁徙而至。历史上两岸客家族群一直保持不同形式的互动，考察历史上两岸客家族群互动的表现方式，可将其置于台湾历史发展变迁的脉络中。由于早期台湾移民方式以不完整家庭移民为主，移民的宗族关系一时难以建立，移民必须借助其他组织形式来整合地方社会秩序，寻求生存与发展的保障机制，因此以神明信仰为旗帜的地缘组织便成为一股重要的社会力量。在这种社会背景下，早期台湾社会特别重视与大陆原乡的民间信仰的互动。他们往往通过祭拜原乡的神明、庙宇，以地缘为纽带，来寻求在台湾的生存发展。清代中后期直至民国时期，进入定居社会后，迁台各姓氏开始在台湾建构血缘性宗族制度，建立祠堂、置办族产，并共同奉祀来台祖；他们开始重视编修族谱，为建立宗族制度寻求文本"依据"。因此这一时期，回乡寻根问祖成为两岸互动的重要活动形式。20 世纪 80 年代以来，由于中国的改革开放政策，两岸民间活动呈现出多元化的态势，表现为民间信仰活动异常活跃、宗族文化交流频繁、学术机构与团体的互动频仍等。本文通过考察历史上两岸客家族群互动的表现方式的变化，可以看到台湾从移民社会到定居社会再到今天

---

① 宋德剑：广东嘉应学院客家研究院副院长、教授。

多元族群社会的变迁，同时提出加强两岸交流互动的对策与建议。这一课题的研究可以让我们认识到充分利用客家文化资源，构建粤台交流互动，增进中华民族凝聚力的重要意义。

一、粤东客家人迁移台湾概况

据学者研究，台湾自清代进入了大量移民的阶段，初步估计，自康熙二十三年（1684）至光绪十九年（1893），台湾人口从 7 万增加到 254 万，其中在康熙至乾隆年间的人口增长中，50% 为移民；乾隆四十七年（1782）至嘉庆年间的人口增长中，66% 为移民；嘉庆十六年（1811）至光绪年间人口增长中，60% 为移民。[①] 台湾的客家人，大多都是在清康熙二十年以后由粤东及福建汀州府属客家地区迁徙过去的。在台湾，客家人遍布桃园、新竹、苗栗、彰化、屏东、台中、台东、南投、嘉义、花莲等14 个市县 76 个乡镇，其中主要分布在桃园中坜至台中东势之间的丘陵山谷地区，而以台湾北部的苗栗、新竹、桃园、台北等地最为集中。在苗栗、新竹两县，客家人占有明显的比重。据统计，客家人在苗栗县占全县总人口的 68%，在新竹占 65%，在桃园县占 48%。

台湾北部地区包括今天的苗栗、新竹、桃园、台北等地。根据文献记载，直到康熙末年才有零星的客家人入垦这一地区。[②] 到了乾隆年间，由于政府鼓励垦殖，客家人于是开始大规模地进入该地区。客家人向北部的垦拓，以淡水、新竹一带为早。最初，他们与先期而来的闽南移民共同开垦。到了乾隆中期，由于人地关系的紧张，双方的矛盾和冲突不断出现，最终发展为大规模的械斗。由于客家人属于弱势族群，于是向桃园方向迁移。新竹以南的苗栗开垦更晚。对这一地区的开发起决定作用的是从桃园迁来的一支客家移民，这支客家移民以黄南球为首，联合组成垦殖公司，并且设立了隘佃合一的防卫体系，应付各种紧张的族群冲突，最终完成了客家向苗栗的移民。移居台湾的客家人中，祖籍粤东蕉岭县的特别多。清乾隆、嘉庆年间及以前蕉岭东渡台湾姓氏有丘、何、利、吴、巫、李、林、明、孙、张、徐、涂、许、陈、冯、傅、曾、汤、温、黄、廖、杨、刘、蔡、邓、郑、卢、赖、戴、谢、钟、罗、邝 33 姓 480 多户。清同治、光绪年间又有大量蕉岭客家人移民台湾。[③] 据统计，祖籍蕉岭县的客家人

---

① 邓孔昭：《清政府禁止沿海人民偷渡台湾和禁止赴台者携眷的政策及其对台湾人口的影响》，载陈孔立编：《台湾研究十年》，厦门：厦门大学出版社，1990 年，第 262 页。
② 陈运栋：《客家人》，台北：联亚出版社，1978 年，第 95 - 96 页。
③ 《蕉岭县乡亲入垦台湾概况》，载《台北市蕉岭同乡会会刊》，1980 年。

有 40 多万人，相当于现蕉岭县人口的两倍左右。

二、清代以来两岸民间互动的表现形式

目前学术界对清代台湾移民社会发展模式提出了内地化、土著化和定居化三种理论。① 内地化台湾社会变迁"在取向上以中国大陆各省的社会形态为目标，转变成与中国大陆各省完全相同的社会"。内地化观点认为：台湾移民社会是以移垦者的母体社会为标准重建的。土著化观点则认为移民社会向土著社会变迁的指标有二："一是祖籍人群械斗由极盛而趋于减少，同时本地寺庙神的信仰则形成跨越祖籍人群的祭祀圈；二是宗族活动则由前期以返唐山祭祖先之方式渐变为在台立祠独立奉祀。"定居化观点认为台湾移民社会的发展应是双向型的，即一方面日益接近大陆社会，另一方面日益扎根于台湾本土。社会结构由以不同祖籍的地缘关系组合为主转变为以宗族关系组合为主。上述三种观点虽然不同，但都将乾隆、嘉庆时期看成是台湾移民社会转型的分界线。因此我们在考察历史上两岸民间互动的表现方式时也可以将其置于台湾历史发展变迁的脉络中去考察。

第一，在移民初期，台湾还是一个移民社会，因此民间信仰成为超越血缘关系的互动纽带。清初移民政策规定：渡台者，不准携带家眷。业经渡台者，亦不得招致。② 这一政策使得台湾移民大部分属于单身移民，其父母家室都留在大陆，他们的流动性很强。乾隆时期中叶，福建巡抚吴士功奏称：居台湾者"均系闽粤二省滨海州县之民，从前俱于春时往耕，西成回籍，只身去来，习以为常"③。这说明台湾移民直到乾隆时仍以季节性流动为主。这种频繁的往来，造成台湾移民社会的不稳定性。这些迁台人员几乎都没有落籍台湾的考虑，他们渡台是为了谋求生活出路，本人及家属都认为这是客寓或旅居台湾而已。因此在许多族谱中都记述为本族某房某世某人"往台湾""外出台湾""出居台湾"字样，无非说明他们的这种游子身份。雍正年间广东人蓝鼎元指出：广东潮惠人在台种地佣工的客家庄，"人众不下数十万，皆无妻孥"④。由于早期台湾移民方式以不完整家庭移民为主的这种状况，移民的宗族关系一时难以建立。因此移民必须借助其他组织形式来整合地方社会秩序，寻求生存与发展的保障机制，因

---

① 陈孔立：《清代台湾移民社会研究》，厦门：厦门大学出版社，1990 年，第 32－37 页。

② 台湾省文献委员会编：《台湾省通志》卷二《人民志·人口篇》，南投：台湾省文献委员会，1968 年。

③ 《台案汇录丙集》，载《台湾文献丛刊》第 176 种，第 236 页。

④ 蓝鼎元：《粤中风闻台湾事论》，载蓝鼎元撰，蒋炳钊、王钿点校：《鹿洲全集》（上），厦门：厦门大学出版社，1995 年。

此以神明信仰为旗帜的地缘组织便成为一股重要的社会力量。据台湾人类学者庄英章教授研究，台湾竹山各汉人宗族的渡台始祖都系单身移民，而非整个家族或宗族的集体迁台，在边疆环境下，为了生存，必须与他人进行合作，因此他们很重视团结地缘关系的宗教活动，联合同一地区的居民团结起来，建立庙宇开展祭祀活动。在这种社会背景下，早期台湾社会特别重视与大陆原乡的民间信仰的互动。他们往往通过祭拜原乡的神明、庙宇，以地缘为纽带，来寻求在台湾的生存发展。比如粤东的三山国王信仰就是粤籍移民开发台湾艰辛历程的历史见证。首先，三山国王是粤籍移民渡海垦荒、披荆斩棘、开拓家园的精神支柱。大陆移民移居台湾，必须先要面对充满危险的台湾海峡。为祈求一帆风顺，粤籍移民们在渡海前都要叩头膜拜三山国王，或随身携带平安符或小神像之类的圣物，而三山国王信仰也正是这样由粤籍移民传入台湾的。如《云林县东势厝赐安宫沿革》记载，潮州人蔡鸿均在明崇祯末年渡海赴台途中遭遇台风，临危之际，面祷三山国王叩求神灵庇佑，果然有惊无险，随风漂泊于台岛西岸，于是筑茅供奉香火膜拜。移民在经历九死一生的跨海旅程抵达台湾后，又面临垦荒早期广泛蔓延的瘟疫的严重威胁。在当时的医药又无法有效地控制瘟疫的情况下，粤籍移民只得借助祭拜故乡的三山国王来减少对瘟疫的恐惧。如《云林县大埤乡太和街三山国王庙沿革》记载：康熙年间，太和街瘴气未除，民众染上流行疾病，于是祈求王爷施医救世，罹患奇难杂症者，每求必应，依愿痊愈。民众感于神灵显赫，于是信神更笃，前来参拜者络绎不绝。其次，三山国王是台湾粤籍早期移民团结整合的象征。由于历史的原因，粤籍移民大规模在台湾垦殖要比闽籍移民时间要迟，同时也面临更多的挑战。因西部平原被闽南移民所占，粤人便一直迁移到中部、东部山区。当时的垦殖地区大多为尚未开化的原住民所盘踞，原住民为了保护据以维生的鹿场，以及猎取人头以祭祀神祇习俗的需要，时而"出草"（指台湾原住民猎取汉人首级祭祀神灵）杀人，对移民们构成了严重威胁。面对恶劣的自然环境和与原住民、闽籍移民的生存竞争，粤籍移民不得不依靠集体的力量来求生存、求发展。三山国王由于为广东各地民众所共同信奉，于是很自然地成为移民团结整合的依托。移民开垦荒地，将三山国王神位祖牌安奉于田寮或供于居屋等处，朝夕膜拜，祈求神贶。到了开垦成功，形成村社时，百姓便集资建造粗陋庙寺，以答谢神恩，神灵信仰逐渐发展为村社守护神。如《云林县志稿》记载了该县北港镇干元宫建庙的过程："本庙主祀三山国王庙，源自二百余年前，郑成功开台后，先民自潮州三山国王庙分香至本地，镇宅奉祀。其后住民日增，信仰渐盛，庄民协同创建庙宇，由民宅迁入庙殿供奉。"最后，台湾各三山国王庙之间的分香关系隐含粤籍移民开拓台湾的发展路径。大陆民俗信仰传入台湾最显著的一个特点，即它是伴随着明清时期大陆移民入台垦殖而逐步扩展的，其播迁的方向和范围与移民开拓的路径是一致的。台湾的三山国王庙的分布特点及其相互之间显著的分香关系见证了粤籍移民在台湾开发过程中由渡海、垦荒到定居的足迹，使其成为粤籍移民垦荒台湾的历史标志。

同样的例子在福建客家地区也不例外。诏安县官陂镇张廖氏从清初海禁大开后开始大量迁台，现在主要定居在台湾云林县、台北市、台中县、南投县等地，后裔人数10多万。尽管这些渡台垦殖者远离故土，但他们从未割断与故土的联系。入台后，他们还经常派人回乡参加家乡的祀神活动。官陂溪口的观音阁相传是当地最为灵验的一处庙堂，从清代迄今，这里接待了数以万计的台湾乡亲。官陂龙光庙内留下的一块落款为乾隆五十三年（1788）的善源碑就是一个历史见证。碑文如下：

上祀堂张道文喜舍大柱一支，邑宾张钦岳公舍木瓜五个

张宁周公舍左边神座前粗石条一完　太学生吴德泮公舍花头瓦三百二个

台湾题捐银款名次开列如下：

信士张荣旭公助银十二元

信士张奇情公助银十二元

信士张奇俊公助银十元

信士张周彻公助银八元　信士张焕庵公助银七元　信士张宗拈公助银五元

候选知州张时齐公助银四元　信士张天接公助银四元　信士张成韬公助银三元

信士张文森助银三元　信士张有炳助银三元　信士张宗洞公助银二元

信士张廷苍助银二元　信士张廷墙公助银二元　信士宗斗公助银二元

信士张廷傍公助银二元　信士张世君助银二元　信士张友仁助银二元

信士张世晓助银二元　信士张世且助银二元　信士张官福、信士张国润、信士张世焕、信士张国来、信士张朝富、信士张朝泄、信士张朝鲜、信士张朝福、信士张诗话、信士张廷递、信士张朝恺、信士张廷调公、信士张文炮、信士张世楚，以上各助银二元

乾隆五十三年岁次戊申冬月谷旦

第二，清代中后期直至民国时期，台湾从移民社会过渡到定居社会，构建宗族秩序的需要，使得寻根问祖成为两岸互动的重要平台。康熙六十年（1721），蓝鼎元应族兄南澳总兵蓝廷珍之邀，充当其高参，随军队赴台平定朱一贵起义，在台湾逗留了一年多时间，有感于台湾"客庄居民从无眷属……无家室宗族之系累"，建议"凡民人欲赴台耕种者，必带有眷口，方许给照载渡，编甲安插。台民有家属在内地，愿搬取渡台完聚者，许具呈给照，赴内地搬取。文武汛口，不得留难。凡客民无家眷者，在内地则不许渡台，在台有犯务必革逐过水，递回原籍。有家属者，虽犯，勿轻易逐水，则数年之内，皆立室家，可消乱萌"①。蓝氏的这一建议强调的是必须使移民有一个完整的家庭，才能消除台湾的社会动乱，以助于台湾社会秩序的稳定，但另一方面客观上加快了台湾从移民社会向定居社会的过渡，同时也促使台湾与大陆的两岸民间的互动从原来的重视地缘关系的整合向重视血缘关系的建构转变。早期台湾移民社会的宗族组织，一般都是以互利为基础的合同制宗族。合同制宗族主要奉祀"唐山祖"。进入定居社会后，迁台各姓氏开始在台湾建构血缘性宗族制度，建立祠堂、置办族产，并共同奉祀来台祖；他们开始重视编修族谱，为建立宗族制度寻求文本"依据"。因此这一时期，回乡寻根问祖成为两岸互动的重要活动形式。从一定程度而言，台湾移民在构建宗族关系时，基本是以原籍宗族关系为蓝本而建立的。移民在修建祠堂、编撰族谱时，会通过各种途径与祖籍地进行联系。

梅县朱姓主要分布在梅县摺田石壁宫和梅县洋门。据族谱记载：梅县始祖朱元益公，其先宋代由莆徙粤，居梅县丙村，曾孙永寿始移洋门，至十一世文福公徙居老虎凹，孙曾九斋恭生等于清初渡台，建基美浓镇。朱姓在美浓开基五代后，直至民国十六年（1927），朱姓族人朱蒸云1937年回乡寻祖，誊抄族谱而返。《梅州朱氏族谱序》载："格言曰，祖宗虽远，祭祀不可不诚，……然子孙欲伸孝敬之心，必有族谱稽考……余不敏，自幼家贫，有志未逮，后稍有余资，又因老母在堂，未敢远离，至母寿终，余行年六十始得回乡探查焉。斯时家内人等均往南洋营业，兼之身体不安，地方扰乱不能久住，所以上始支分系贯考察未详，亦一大憾事也，因以大始祖定诚公以下，一统略腾录之，遂携而归，惟远我族内人等，有志

① 蓝鼎元：《平台纪略》，载蓝鼎元撰，蒋炳钊、王钿点校：《鹿洲全集》（上），厦门：厦门大学出版社，1995年。

者继而行焉（民国十六年丁卯仲秋既望元益公后十八世孙美浓蒸云序）"。
回乡寻根问祖的重要性从民国二十六年（1937 年）朱蒸云的侄子朱鼎豫的
这段话中可见一斑，"嗟夫我十四世祖敏生公，迁居台岛，久缺荣旋，家
谱莫问，余恐后丁男日盛，人愈繁而居愈散矣，致使异地相逢尊卑莫辨，
他乡面叔侄难分，此亦一憾事也。幸而民国十六年丁卯之秋，得胞叔蒸云
同伴堂兄等共回原籍，因眷抄族谱一册来归，余将之若珍宝焉"。

同样的例子还有平远韩姓迁台宗族。韩姓迁台主要在清朝康熙时期，
现在主要居住在台湾新竹横山乡横山村。据《韩氏族谱·南阳堂韩氏开辟
源流记》记载：台湾新竹横山乡横山村南阳堂韩氏裔孙韩莹焕、韩政栋昆
仲曾两次来我平远县八尺金谷坑寻根问祖，并提供横山村祖堂内"南阳堂
韩氏开辟根源碑"照片，碑载"广东省嘉应州平远县八尺市金谷坑一世祖
先公即系宋帝殿前将军……十八世祖义和俊松韩公渡台龙潭乡黄泥塘，与
李太孺人回唐别世子十九世祖振兰韩公迁横山村，建立本堂。初期全部土
砖建造，二十世祖秀辚氨三公生于嘉庆四年，妣谥端懿吴太孺人，生下十
子……二十一世祖名韩拾和，目前子孙十代五百余人散居全省……"而据
当地老人讲述，今金谷坑塘尾新厅下园里原来居住的一房人在清朝康熙时
期过番谋生去了。此与今居台湾新竹横山乡的俊松——振兰公后裔的情况
极为吻合。

据台湾学者尹章义研究台湾许多宗族发现，许多家族家规中还规定，
宗族后裔必须回乡祭祖、扫墓、整修风水，还要善待来台族人亲友，这种
规定导致"迟至同治元年，台湾与大陆的族人，来往仍很密切"[1]。

台湾移民对故土的认同与互动，除了回乡祭祖寻根，延续宗族历史脉
络外，还有一种现象就是归葬大陆祖籍，这充分反映了迁台客家人对故土
的眷恋和落叶归根的乡土情怀。据光绪《永定谢氏族谱》记载，谢氏自十
五世于乾隆年间迁台，繁衍到二十四世，许多族人死后，子孙都把骨骸送
回永定安葬。如"十六世长藩于嘉庆五年在淡水去世，收骸寄回；十七世
燕秀嘉庆八年在淡水去世，嘉庆十二年收骨骸寄回永定安葬；耀秀于嘉庆
十九年在淡水去世，嘉庆二十年收骸寄回；十八世武凤身往淡水，身故骸
骨寄回与父母连葬；初凤身往台湾身故，长男庭应往台湾手骨骸，无奈被
水漂流，以致无骸带回，后附银牌与妻合葬；秉衡于嘉庆十一年去世，嘉
庆二十二年收骸寄回"，除了迁葬原乡外，台湾移民还回祖籍地添置祭祀
产业，有些则在台湾购置义田，每年所得收益用于赡养家乡族人，如漳州

---

① 尹章义：《张士箱家族移民发展史》，南投：台湾省文献委员会，2001 年。

龙溪林姓迁移台湾板桥，道光年间设立义田、义庄，族谱记载："念故乡族人贫苦，仿范仲淹义庄之法，置良田数百甲为教养资"，"义田年收佃租，除完供耗谷外，年实收谷 1 600 石，按年寄回内地，赡给同宗族人贫乏之用"。

第三，20 世纪 80 年代以来，由于中国的改革开放政策，两岸民间活动呈现出多元化的态势。国民党退居台湾之后，两岸同胞开始了长达 30 年的隔绝状态，台湾与大陆间的民间交流因此中断。随着台湾当局开放民众赴台探亲，两岸民间互动日益频繁，且呈多元化态势。

（1）民间信仰方面表现为台湾的众多庙宇回原乡祖庙进香。

以三山国王信仰为例，自 1995 年起就有来自彰化、屏东、台北、新竹等地 120 多个进香团，共计上万人次到祖庙进香。

1988 年 3 月 21 日，台湾《中国时报·地方综合新闻》报道了当时宜兰县冬山乡振安宫回祖庙进香的经过和对台湾的影响："在政府开放大陆探亲全省各地的妈祖庙抢回湄州探亲热之后，全省各地的三山国王庙也展开回乡探亲较劲，均未如愿找到揭阳县霖田祖庙，但宜兰县冬山乡的振安宫拔得头筹，并将在二十九日迎回三尊祖庙神像。据振安宫工作人员表示，由该宫管理委员会主任委员陈添财率领的二十六人探亲团在 3 月 6 日启程，已经到过揭西县霖田三山国王祖庙。振安宫工作人员透露，去年 8 月以来，花莲护国宫、壮举六顺天宫屏东林边三山国王庙、嘉义庆宁宫、丰原德惠宫、埔里奉天宫、均向振安宫索取霖田祖庙资料，但振安宫并未施给最详细的地址。又说花莲护国宫甚至在去年 8 月企图派出探亲团到霖田去，但未找到祖庙。而冬山振安宫系 300 多年前有 38 名人士随郑成功来台，并奉神像来台，便在宜兰冬山建庙。振安宫计划在 3 月 29 日三神像返台时，举行迎神会，并在 4 月 21 日举行过火仪式。"据揭西霖田祖庙庙委会记录，1989 年至 1998 年 10 年间，来自台湾的三山国王寻根问祖团有 230 多个，信众 5 000 多人。近年来，台湾三山国王庙组织来粤东地区寻根祭祖出现次数增加和规模扩大的趋势。仅云林县大坤乡太和街三山国王庙在 1999 年至 2001 年便先后 4 次组团来揭西三山祖庙瞻仰进香。2001 年 9 月，该庙组织信众 316 人，取道台中到金门，再从金门进入厦门，从厦门到汕头，最后从汕头到揭西进香，是迄今为止最大的进香团体。

2007 年 5 月 28 日至 29 日，台湾三山国王宫庙联合谒祖进香团一行 168 人，专程来到粤东南澳岛后江象山三山国王庙和揭西县霖田三山祖庙举行大型进香谒拜活动，开展以三山国王文化为主题的民间文化交流。南澳岛后江象山三山国王庙，始创于南宋德祐年间（1275—1276），香火自揭西霖田祖庙传入，至今已有 730 多年历史。后江象山三山国王庙历来神威显赫，香火鼎盛，有过长达数百年的"日有百船求平安，夜有千人圆美梦"的兴旺历史，成为岛内外民间最信奉的古神之一。南澳台湾同胞祖居地和台湾渔船停泊基地，历年来都有很多台湾同胞尤其是台湾渔民前往后江象山三山国王庙进香。潮汕与台湾民间共同信仰的三山国王和妈祖，带来了两岸同胞的不断交流。这次台湾三山国王宫庙联合谒祖进香团由团长、台湾三山国王协会会长林枝松先生和荣誉团长、协会创会会长陈添财先生带领，成员来自台湾省三山国王协会和台湾各地的 9 座三山国王宫庙。在南澳岛和揭西县期间，台湾三山国王宫庙联合谒祖进香团同南澳县、揭西县的三山国王信众欢聚一堂，就三山国王文化的历史发源、流播发展、文化内涵、社会意义和两地文化亲缘性等方面的内容进行探讨。两岸三山国王信众一同进香跪拜圣神，祈福求平安，寄托了一个个美好心愿。

揭西县三山祖庙也于 1999 年 4 月组织 14 人的访问团到云林大埤乡三山国王庙访问，受到台湾各地信众的热烈欢迎。访问团受到很高规格的接待，包括台湾省主席、议员、台湾地区民意代表和云林县长、云林各乡镇乡长及两万多信众到高雄小港机场迎接，充分体现了台湾信众对祖庙的文化认同。可以说以三山国王信仰为平台的两岸文化交流活动已经成为粤台文化交流的一道亮丽的风景线，客观上有力地促进了海峡两岸关系的发展。

（2）民众寻根问祖方面异常活跃。

台湾古姓多来自梅州五华，古姓在台湾开基已有 300 年的历史，早在康熙六十年（1721）朱一贵起义时，就有古姓在台湾淡水居住。现在主要聚居在台湾新竹、苗栗地区。1990 年间苗栗古姓派人到梅州参与华阳古氏宗祠和九世祖宗悦公祖墓重修落成典礼，并到蕉岭县黄土村拜访宗亲，受到宗亲的热情接待。同时确定了开台祖子浴公就是黄土村宗谱上记载的子睿公，从而清晰了台湾古姓的脉络，为了修撰台湾古氏族谱，他们还从梅州影印了 40 多册家乡族谱回去参照。借助梅州嘉应学院客家研究所这一平台，许多台湾乡亲在梅州找到了自己的祖籍地，如台湾"国立中央大学"客家学院院长丘昌泰找到了其祖籍地梅县白宫，台湾"国立"交通大学客家学院罗肇锦教授也在五华寻到了根，"国立"台湾师范大学地理系教授徐胜一也多次回蕉岭寻根问祖，台湾苗栗邱文智先生父子在蕉岭县三圳寻根问祖等。这些事例充分说明了移民后裔对原籍的认同。

（3）学术机构与团体的互动。

台湾新闻媒体原乡客家题材专题片的拍摄。1999 年 4 月 20 日，台湾怀宁录影传播事业有限公司摄制组温怀宁、陈板、彭启原、徐彩云等一行7人赴梅州拍摄反映客家人的历史文化、生活背景、风俗习惯的电视专题片，反映了台湾媒体对原乡客家文化的认同。2008年12月4日，台湾中天电视台张明杰一行赴梅州拍摄原乡客家围龙屋节目。

台湾客家文化协会赴梅州的寻根。2002年8月20日，台湾成功大学化学系教授、台南市客家文化协会理事长叶茂荣博士率台南市客家文化考察团16位专家学者来梅州参观访问，访问嘉应学院客家研究所，并就如何弘扬客家文化与该所专家、学者展开热烈讨论，并表示以后进一步加强交流与合作的意向。2003年8月16日，台北客家文化协会会长黄子尧一行11人到嘉应学院客家研究所访问，并就客家文化的保留与继承等问题与嘉应学院客家研究所进行了深入的交流与探讨。2004年11月25日，台湾新竹客家文化代表团到嘉应学院客家研究所访问。2006年4月6日，经世界客属总会引荐，在世界台商协会钟锦富会长的率领下，台湾美浓博士学人协会访问团一行14位博士来梅州访问。

两岸青年大学生的交流互动。2000年8月4日，包括来自台湾"国立"政治大学、"国立"屏东教育大学在内的50余名师生组成的台湾大学生客家文化考察团来梅州参观访问。2005年7月16日至7月24日，由嘉应学院客家研究所与中山大学历史系共同主办"第二届海峡两岸青年学生客家文化寻踪夏令营"活动，共有来自台湾、广州、梅州等大专院校的81名专家教授、博士生、硕士生参加，其中来自台湾"国立中央大学"、"国立"暨南国际大学等高校的营员51名。2006年7月3日至7月5日，由台湾"国立中央大学"客家研究院，广州中山大学历史人类学研究中心、梅州嘉应学院客家研究院联合主办，梅州嘉应学院客家研究院承办"探索客家族群记忆研习营"活动，其中来自台湾"国立中央大学"、明新科技大学等高校的营员29名。2006年7月14日至7月19日，梅州嘉应学院客家研究院与广州中山大学历史系联合主办"第三届海峡两岸青年大学生客家文化寻踪夏令营"活动，其中来自台湾"国立"交通大学、"国立"清华大学、"国立"暨南国际大学等高校的营员33名。2007年1月12日，梅州嘉应学院客家研究院与台湾"国立中央大学"客家研究院主办"走进客家社会——海峡两岸青年大学生田野实作研习营"开营，其中台湾"国立中央大学"、"国立"联合大学、"国立"新竹教育大学、"国立"台湾艺术大学及台湾综合研究院等学校、机构的营员共29名。这些活动对进一步增进两岸高校师生的交流，加深营员特别是台湾营员对客家历史与文化的认识和理解，对中国传统文化的认同起到了积极作用。

三、建议与对策

梅州是海外客家人特别是台湾客家人的始迁地。从历史上两岸民间的交流与互动，可以看出两岸客家人血浓于水的深厚感情，然而随着时间的推移以及地域的阻隔，两地的交流互动一直处于渐行渐远的状态，当前随着两岸"小三通"的开启和直航包机的实行，在两岸交流上应该因势利导采取相应的举措，加快民间交流互动的力度，不断推进两岸关系的深度发展。

第一，加强原乡客家文化的保护与研究，奠定两岸客家文化交流的坚实基础。粤东梅州地区保存有许多丰富的客家人文资源，如祠堂、古建筑、坟墓等，这些宝贵的物质文化遗产是台湾客家人寻根问祖的重要资源，是当前联系两岸乡亲的重要纽带。当前一方面要加强两岸客家文化的研究，特别是加强一些在台湾有影响的客家人的家族史研究，如丘逢甲家族、黄南球家族、张达京家族等，另一方面要保护和规划好这些家族在原乡的聚落、故居，夯实两岸交流与发展的乡土文化根基。

第二，拓宽交流渠道，推动民间团体的互访。当前两岸民间交流大多数还处于一种民众自发的层面，而且形式比较单调，建议在以后的两岸关系发展过程中，相关部门要有意识地引导、规划、组织好两岸宗亲会、文化研究会等民间团体的互访，不断加深相互了解与交流，通过学术研讨、民俗表演、观光考察等形式不断提高两岸交流的层次与质量，从各个层面推动两岸的交流互动。

第三，建立交流互动平台，强化年青一代对原乡的认同。当前两岸交流发展的一个突出问题就是台湾青年一代对中国文化继承的断裂。这种断裂主要表现为老一辈的客家人仍然保留对原乡的眷恋情结，还未割断与故土的联系，而年青一代由于从小在台湾本土成长，受环境、文化、教育等诸因素影响，对祖籍地极为陌生，缺乏原乡概念。这种状况非常不利于两岸关系的可持续发展。因此当前较为紧迫的任务是建立有效的交流平台与机制，唤起台湾年青一代的中国情结，强化对原乡、对祖国的认同。近年来福建泉州成立"闽台缘博物馆"、上杭设立"客家族谱馆"就是很有成效的举措。因此可考虑在广东成立相应的机构如粤台客家族谱中心等，有组织地吸引台湾年青一代回乡寻根，充分利用客家族谱这一平台，寻求两岸客家后裔的文化对接，从血缘、地缘的层面不断推进两岸乡亲的联系与互动。

清代饶平与台湾互动关系初探
——以饶平客家为重点分析

陈汉元　房学嘉①

　　明清之际，大陆沿海民众陆续迁居台湾，清代尤甚。大量大陆民众迁台，对台湾的开发起到了至关重要的作用。这其中，饶平客家人占有相当的比重，他们对台湾的开发有着重要贡献。长期以来，学界关于大陆与台湾之间历史上的互动关系已经有了一些探讨。杨彦杰、陈支平、刘正刚等就闽粤与台湾两岸的互动做了比较深入的研究，积累了不少成果。② 嘉应大学客家研究院在研究清代粤东与台湾的往来方面也取得了一定研究成果，③ 饶平与台湾互动方面的研究已有了相关的研究，④ 但目前还未见专门探讨。笔者曾多次深入饶平县各乡镇做田野调查，收集了大量的民间族谱、碑刻和访谈资料。现拟就清代饶平与台湾的互动关系做一初步探讨，敬请方家指正。

一、饶平县迁台概况

　　饶平置县始自明成化十三年（1477），几经析分，清代饶平县分辖弦歌、宣化、信宁、龙眼城四都。饶平县北部是丘陵、山区，黄冈河一条水

---

　　① 陈汉元：福建工程学院教师；房学嘉：广东嘉应学院客家研究院原院长、教授。
　　② 相关的研究成果有：杨彦杰：《"林日茂"家族及其文化》，《台湾研究集刊》2001 年第 4 期。陈支平：《福建向台湾移民的家族外植与联系》，《中国社会经济史研究》2004 年第 2 期。刘正刚：《东渡西进》，南昌：江西高校出版社，2004 年。
　　③ 夏远鸣：《明清粤东石窟河流域社会变迁与对台湾的移民垦殖》，南昌大学硕士学位论文，2006 年，未刊稿。
　　④ 由郑国胜主编的《饶平乡民移居台湾纪略》一书收录了许多饶平与台湾两地互动的资料。

系联结全境，往南流入南海，与台湾仅一水之隔，出海方便，沿海港口是大陆乡民迁台的主要出海口。饶平北部客家地区关于饶、台互动方面的资料比较丰富，文中探讨的饶平与台湾的互动将着重围绕这一地区展开论述。

明代开始，饶平人随海上武装集团或者别的缘由迁居台湾，这种情况屡屡现诸官方文献和民间的族谱。《明神宗显皇帝实录》卷三十载：

> 福建海贼林凤自彭（澎）湖逃往东番（台湾）魍港（北港），总兵胡宗仁、参将呼良朋追击之，传谕番人夹攻贼船，煨烬，凤等逃散。

明军追击"海盗"林凤（饶平人）集团到台湾北港后，明朝传谕让台湾"番人"与明军合力夹攻海盗。明清时期东南沿海的"海盗"常活动于台澎地区，其中就有饶平人。谢重光先生在《闽台客家社会与文化》一书中认为，这些"海盗"中客家人的数量定然不少，这些客家徙众随头领到达台湾，因当时台湾地旷人稀，王化不及，成为逋逃渊薮的特殊条件，有些人因而留下来。① 有人认为台澎地区不仅成为大陆海盗和商人的根据地，而且大陆沿海渔民常在台湾海峡捕鱼，有部分人便定居于台湾。肖文评在《饶平县瓜园社坑前村的传统习俗》一文中考察了饶平坑前张氏宗族历史后发现，在1554—1580年已有客家人开始移居台湾，一直持续到清乾隆以后。② 笔者在民间收集的族谱中亦有明代迁台记载，饶平石井乡（今饶洋镇）刘氏族人在明成化、弘治年间迁台。③ 郑成功收复台湾时亦有部分饶平人随其迁居台湾。迨至清代，沿海人民陆续迁台，台湾成为饶平乡民外迁的主要集结地。

明清时期，饶平的每个村落几乎均有人移居台湾。据钟晋兰的调查，饶平乡民迁台的时间主要集中在清康熙至乾隆年间，其中尤以乾隆年间迁台居多。饶平乡民迁居台湾的有詹、林、刘、黄、张、丘、邓等共36个姓氏。从饶平乡民迁入台湾的地点来看，以移居彰化者最多，其次为台中与新竹，此外，拓垦苗栗与桃园的也不少。④ 当然关于迁台的时间、原因、迁台祖的人数及在台的分布等有待进一步深入细致的调查，才能获得更全

---

① 谢重光：《闽台客家社会与文化》，福州：福建人民出版社，2005年，第169－170页。

② 肖文评：《饶平县瓜园社坑前村的传统习俗》，见肖文评等：《民间文化与乡土社会——粤东民俗文化与地方社会》，广州：花城出版社，2002年，第72页。

③ "六世祖（约1460—1510）……文生……妣卢氏，迁渡台湾。"见刘兴孚：《刘氏族谱》，1997年，第29页。

④ 钟晋兰：《饶平移民对台湾的开发》，2009年，未刊稿。

面的认识。

二、清代饶平与台湾的互动往来

清代饶平与台湾的往来可谓是紧密而频繁，即使是在日据时代，遇到不少阻碍，饶、台两地宗族乡亲往来及经济文化的联系也从未中断。而饶、台两地乡亲、经济、文化等之互动是重合叠加，并非截然分开的。

（一）"持续迁台"① 与两岸乡亲

从田野调查收集的资料来看，许多宗族的迁台延续了好几代人，这方面的材料相当多，我们来看看几个宗族的迁台情况：

饶平建饶镇石坛村张廖氏：

> 十世祖考拔诚公……过继一孙名天，送往台，子孙俱在台。
> 十二世堂伯叔讳佳，往台身故。因1790年修祠换牌取号景逐原命生于雍正癸卯（1723）年终于乾隆廿五庚辰年（1760）。
> 十二世永藏，原命生于乾隆戊午（1738）往台。
> 十四世祖考布列公，原命生于乾隆甲午年（1774），卒于道光甲申四年（1824）。往台身故，享年五十一寿。
> 十四世祖考福三公，原命生于嘉庆三年（1798）卒于道光十九年己亥年（1839）登仙。往台身故，享年四十二岁。②

据此族谱记载，从十二世开始便有族人往台湾谋生，一直持续至十四世，时间在清朝乾、嘉之间，除了少部分人留在台湾外，大部分人会回到原乡。今在台有后裔者，目前已知的仅有张廖明一人。乾隆庚戌"修祠换牌"，说明死亡后归葬在大陆原乡。据石坛村张廖氏后裔张裔湾先生介绍，当地台湾山、台湾田正是为祭拜台湾坟（在台去世的族人骸骨带回家乡后所建的坟地）购置的尝产。归葬祖籍地反映了迁台民人落叶归根的乡族情怀。迁台的族人不忘根在饶平，为永结宗族亲谊，"直到新中国成立前，台湾（沙梨街）宗亲每年都捎钱回来祭祖和修祖坟"。③ 韦庆远先生在

---

① 文中的"持续迁台"指的是延续了几代人的迁台，一般会有一个时间段，当然并不是所有的迁台宗族都是如此。

② 张裔湾先生所藏《饶平县石坛村张氏族谱》，清道光年间修撰，2005年复印版。

③ 广东饶平客属海外联谊会：《饶平客家姓氏渊源》，深圳：深圳市福田区东升印刷厂，1997年。

《族谱、契约文书看清代闽台间的宗法关系》一文中通过族谱、契约等资料研究发现，早期迁台人员几乎都未存在定居落籍的考虑，他们渡台是为了谋求生活出路。族谱所记载的"往台""外出台湾"等，在原乡的族人看来，他们赴台是一时性的外出，他们不过是漂泊在外的游子，是迫于生计而拼搏于异乡的宗亲。石坛张廖氏族谱对"在台""往台""在台身故"做了区分，而过去我们在研究迁台时忽视了"往台身故"的记载，它给我们透露了两个信息：一是原乡的人从未将他们当成已在外地定居的人，而认为他们是和原乡一样的亲人；二是他们很可能是候鸟式迁移的一个例证。移民台湾由于得不到官府法律入籍的保障，早期大部分移民属于单身移民，其父母家室多留在大陆，移民入台后的流动性很强。而且我们可以推知，除了这些记载以外，去台湾谋生者远不止这些，族谱中有注明"往台身故者"仅仅3人，年龄分别为38岁、51岁、42岁，年纪并不算很大，迁台者年老后还是回乡养老，落叶归根，但最后在原乡去世，族谱却未有注明"往台身故"。这也表明只有少部分人真正在台湾获得田产立足后，才会定居台湾。借助于宗族的关系，他们会介绍或招募更多的族人去台湾谋生，从而获得在台定居的机会。

观饶平新丰杨康村刘氏：

九世维文……生七子。长存辰，子天中……生二子……次存壬……生二子，长宁榜，次宁环，移居台湾校榔脚住；三子存郑……生一子宁枢，移居台湾；四存保……生一子；五存弼……生三子；六存品……生一子，移居台湾；七存晚……生三子（呙、娘进、娘建）移居台湾。

十世兆合……生六子。长瑞学，移居台湾，次瑞檀，三瑞接，移居台湾，四瑞闾，失传，五瑞益，六瑞颗。

十世兆昂公……生四子，瑞柔、瑞阁、瑞严、瑞然。瑞阁公……姚克俭詹氏、潘氏，生四子，延转、延轮、延臼、延楹。公逝世后六年，乾隆二十年由姚詹氏携带长、三、四子等移居台湾，初居淡水厅盐水港，于乾隆四十六年长男延转迁移枋寮塘肚肇基……现有人口三四千人。延轮留居原乡，裔孙万模后亦渡台。

十世，存待公……生一子宁克……生三子，长延分，次延月，三延朗，俱往台湾。

十世存□公……生长宁□公，往台湾，子延栋公娶陈氏生一子，千禄公，往台湾。

十一世，宁君公……生二子，长延倦公，继一子承德，往台湾，次延山公，生千豆，千应，千篆，千显，千琼，千敏，俱往台湾。

十一世，宁粟公……生五子，长延炉，次延锡，三延槌，四延钳，五延闪，合眷往台湾。①

从上述记载来看，杨康村刘氏从十一世开始迁台，一直持续到了十三世，时间也是在乾嘉时期。一般同一房系中，有去台湾的，也有留在家乡的。至少会有一房人在原乡守候，一般不会出现整房几代人一起迁台的现象，但杨康刘氏在十二世时出现全家合眷迁台的情况。刘瑞阁之妻詹氏于乾隆二十年（1755）携带长、三、四子等移居台湾，到乾隆四十六年（1781）"长男延转迁移枋寮塘肚肇基"，已经在台湾奠定了一定的经济基础了，十一世宁□公往台湾后，其孙子隔了一代后"往台"，而留居原乡的延轮公之裔孙万模随后渡台应与在台宗亲的互动往来不无关系。他们迁台后，"由祖祠内连年派人莅台，各地查探后裔产生，录归祖祠整谱。其后至光绪二十一年乙未五月以后日人统治五十年间，来往不便，在台更少出为奔走者，如逢宗客，向询祖宗世系事"②。

从石坛村张廖氏和杨康村刘氏的持续迁台来看，有以下共同特点：一是迁台的时间都是清乾隆、嘉庆时期；二是都是延续了3～4代人的持续迁台；三是这两个跨海峡的宗亲一直保持着密切的联系。他们中先有一部分人迁台，而不是全部离开原乡，正因两岸都有宗亲在，这种亲情才能更好维系。在台宗亲奠定基础后，通过两岸宗亲彼此互动，让更多的族人迁台或者移居台湾。持续迁台正是清代迁台早期以宗亲为纽带的两岸宗族互动来往的一种形式，并且通过这种互动关系延续了大陆与台湾两地的宗族的血缘亲情。而两岸宗族之间的密切联系与地方的文化传统是分不开的。陈支平在其《福建向台湾移民的家族外植与联系》一文中认为福建居民在迁台后，通过许多不同形式与福建原乡的家族、乡族保持着一定的联系。这是建立在血缘和地缘关系基础上的传统家族制度和乡族观念使然，中国的祖先崇拜自宋明以来更蒙上某些宗教迷信色彩。人们对原乡的乡族势必怀着相当的敬畏之心。广东饶平客家人也是如此，共同的祖先崇拜是一个图腾式的符号，而宗亲族人是一个纽带，把两岸的宗族聚合起来，又通过两岸的宗亲的互动维系着他们共同的"信仰"。

---

① 刘镇定主编：《杨康·刘氏族谱》，饶平：广东杨康刘氏修谱理事会编印，2004年。
② 刘天桢编：《瑞阁家乘》，新竹：刘学悟祭祀公业管理会，1997年，第25页。

（二）地缘组织与两地互动

在乡民迁台及其两岸宗族在彼此互动中，地缘组织①起着什么样的作用呢，扮演的是怎样一种角色呢？我们先看几个饶、台互动的实例。"清乾隆十四年（1749）石头林村林氏第十五氏林衡山携长子居震、次子先坤入垦台湾。乾隆二十三年（1758），林先坤回饶北老家招带林姓族人 170余人，沿途又带丘、刘、詹、曾、郑、吴等姓氏乡民共计 200 余人一起到竹北六家垦荒。"② 以林先坤家族为代表的地缘组织在台拓垦有一定基础后，一方面需要更多的人来辅助开垦，另一方面乡民通过他们，得以顺利渡台谋生，从而减少了去台湾的各种讯息、资金等方面的成本。从而又使更多的人了解台湾，在得知台湾谋生较易后，再经过宗族或地缘组织成功地迁往台湾谋生。

台湾新竹县《郭氏族谱》记载了这么一段先祖迁台的故事：

清雍正十年（1732）初夏，时年 32 岁的郭与广单身一人与当地乡亲一起东渡台湾，在台湾淡水厅登陆，于香山大庄附近定居，并于此垦殖农耕。郭与广只身渡台，时间荏苒，一晃五年，其妻袁氏在家盼夫心切，又闻丈夫在台基业可观，遂于乾隆二年（1737）四月，头戴风帽，女扮男装，混进渡台人群，至淡水登陆。登陆后一路探访与广住所，终于在与广住地见面。袁氏女扮男装，又籍称饶平同乡，因而两人亲切地聊起家乡情况，不觉日落西山，留乡客在家歇宿。睡眠前与广请他与雇工同床，此时袁氏捧腹大笑，卸下风帽与男装，顿时，郭与广才认出眼前的乡客是自家的妻子。其后夫妻协力，男耕女织，事业日渐发达。③

姑且不论材料的真实与否，从分析饶、台两地的互动关系来看，郭与广只身渡台，其妻袁氏得知其在台基业可观，听闻这样的消息，大概是从在台乡亲回来后得知，而且乡亲在台又彼此保持着某种联系，袁氏才可能打听到其丈夫的消息。如果是偷渡的话，妇女偷渡比男子困难得多，即使是官渡，袁氏女扮男装渡台，若能成功渡台少不了渡台人群中老乡的帮

---

① 这里所讲的地缘组织并不是指有具体组织形式的，而是指通过同乡族亲等比较松散的形式。

② 广东饶平客属海外联谊会：《饶平客家姓氏渊源》，深圳：深圳市福田区东升印刷厂，1997 年，第 126 页。

③ 转载于饶平县台湾事务办公室、饶平县志编委会：《饶平乡民移居台湾纪略》，香港：香港文化传播事务所，1998 年，第 88 页。

助，而渡台可能是一种很普遍的现象。以前的研究通常认为，因为清朝禁止偷渡和禁止携眷的政策造成台湾开发早期人口性别比例失调。但不排除携眷偷渡和这种女扮男装的情况，其实"性别比例并没有差别到过于惊人的地步"。① 袁氏登陆后似乎很轻松地探访到其丈夫郭与广的住处，袁氏是饶平北部的客家人，不会说福佬话，又是如何探访到丈夫的住处的呢？我们很难想象如果没有同乡的指引和帮助，其要与人沟通都成问题，更何况要找到丈夫的住处。郭与广在不知这位女扮男装的老乡是妻子的情况下，是通过这些大陆来的乡亲或者往返于饶、台两地的乡亲了解家乡，并且热情接待和收留老乡"歇宿"。同乡在台湾所给予的帮助是一般人不可取代的。这个郭氏在两岸乡亲往来时，可凭"暗号"相认，本地乡亲去台湾谋生或认亲时，遇见台湾宗亲，如能回答台湾宗亲的提问（上西埔有几个门楼，有几个台阶），即承认为郭氏宗亲，给予路费及相关的帮助。② 由此可见，这种地缘纽带的关系，是一个复杂而庞大的网络，通过这个网络实现各种讯息的交通，它实现了两岸经济文化的交通往来，使两岸宗族乡亲以最低的成本获得彼此的沟通，为两岸人员往来和物品流通等提供便利，对巩固他们在台湾的基业也起到重要的作用。

这种地缘组织还是文化交流和传播的纽带。饶平客家人迁居台湾，把家乡流传的汉剧等民间戏剧和民间艺术带到了台湾，并且通过宗族乡亲等地缘组织的联系，实现饶、台两地的互动交流。清代汉剧（在饶平称为"外江戏"）已在饶平县北部客家山区流行。清道光年间，弦歌都上饶堡陈坑乡（今饶洋镇赤棠村）有一"彩和香"戏班，应台湾乡亲之邀请，到南投县鹿谷乡演出。因一路车、船颠簸劳累，很难献艺，在台乡亲及时送来能消除疲劳的茶叶给他们冲水喝，使他们顿觉精神大振，演出顺利，深受好评。他们回乡时把台湾乡亲所赠之茶叶籽，种于西岩山，当地人称为"台湾种子茶"，经过多年的培育，成为现今饶洋镇出口创汇主要产品之一的西岩茶。可能谁也没有想到饶平戏班子的演出会擦出"经济"的火花来，饶平与台湾两地的互动交流所产生的影响是深远的。除了汉剧的交流外，文化的交流是多方面、多向的，限于篇幅，不再举例。

（三）荣宗追远与寻根谒祖

有部分宗族迁台后，由于特殊的历史原因，或长时间未能再相聚，或与原乡失去了联系，但他们延续着荣宗耀祖、慎终追远的传统，回乡探

---

① 陈孔立：《清代台湾移民社会研究》，北京：九州出版社，2003 年，第 110 页。
② 报告人郭九潘，男，78 岁。郭章树，51 岁，饶平县上饶镇新埔村村书记。

亲、建房、修祖坟、祖祠等。还有些宗族在清代已开始寻根谒祖，以续接两岸亲情。从笔者收集的资料来看，最早回乡探亲的是弦歌都潘段社长彬乡（今新圩镇长彬村）陈继青之子朝棕，继青于"清康熙四十年（1701）移居台湾，其子陈朝棕雍正八年（1730）回乡探亲，在家乡兴建'懿谷堂'，寄寓于歌颂先祖美好德行，自喻（其）本人为落叶归根的楮树"①。笔者在新丰镇葵坑宽阳田村做调查时，当地有个被称作"台湾客"的清代豪宅，其大门上写有"震德居"三字，据张全土介绍，民国族谱②中所载十三世子光前公去台湾做生意，他的次子元观和三子元察也去台湾做了生意，他们在台湾开的是和伙食有关的店铺，"台湾客"就是他们出钱所建。他们迁台湾大概的时间是19世纪中期。据张金球先生③说，中华人民共和国成立前听他父亲说台湾有一千多人可能在台中，他们中的一部分人要准备回来居住，但是没有地方建房，就没能回来。

"清光绪元年，弦歌都中饶堡马岗乡（今三饶镇马岗村）在台宗亲张振中回乡，为祖祠'永思堂'赠写楹联：'永怀祖德宗功惠泽长流千百代，思念水源木本精神不隔两重洋。'"④ 清同治二年（1863），弦歌都瓜园社羊较埔岗下村（今饶洋镇岗下村）陈达祚，受众人之托渡台，告之在台宗亲祖龛上干蚁损坏，家乡人丁单薄财力不足，希望台湾的房亲回唐修理，台湾裔孙显威负责修理祖庙，在台筹集资金，回乡请师父动工兴修，同时探寻到了七世祖妣杨氏孺人的坟墓，考究族谱源流，使得"身虽居外地而家乡之祖祠、坟墓、地势、乡俗无不了然"。⑤ 饶平县官田社赵姓迁台后裔赵德暖，咸丰年间参加福州省试，中举人，诰封文林郎，授七品官衔，同治五年（1866）曾回祖居地省亲。其子赵维庚中高雄秀才，曾准备回乡定居，时因日本占据台湾，规定移民条款太苛刻，回乡定居未能如愿。

前述杨康村刘氏瑞阁公派下裔孙，虽在台繁衍后代，但与原乡紧密联系，大陆原乡的宗亲会到台湾，收录在台裔孙的繁衍情况，以便编撰族谱时可以将台湾方面的世系一并收录，在日据时代，虽受到各方面的阻碍，往来不便，但还是有往来，在正常的情况下，这个家族将和大陆的宗亲一

---

① 广东饶平客属海外联谊会：《饶平客家姓氏渊源》，深圳：深圳市福田区东升印刷厂，1997年，第54－55页。

② 张全土所藏民国版《张氏族谱》（手抄本），但族谱中为注明光前公及其子迁台。据说从九世开始到十四世间都有人去台湾。

③ 报告人张金球，男，81岁，退休老师。

④ 广东饶平客属海外联谊会：《饶平客家姓氏渊源》，深圳：深圳市福田区东升印刷厂，1997年，第55页。

⑤ （作者未详）《陈姓族谱》，1984年立。

直保持传统家族的血缘网络而不会被中断。

与杨康村刘氏不同的是，饶平石井乡（今饶洋镇安全村）刘氏"十五世祖传佬公，良侃公之四子，于乾隆末年偕长兄传锐、次兄传道、三兄传易等家人，自广东迁徙来台定居今之纸寮窝"，① 光绪丁酉（1897）年四月间名曰世祥（传老公后裔）回转谒祖。② 在日据时代，刘氏后裔世祥回乡寻根问祖，此事在民国时期原乡撰写的族谱中记录在案。

20 世纪 80 年代以后，台湾乡亲掀起了寻根问祖的热潮，以前中断的宗亲往来再次建立紧密联系。台湾乡亲回乡后，重修祖祠、建桥铺路、捐资助学、投资办厂等善举对家乡的建设做出重要贡献，他们的芳名在祠堂、寺庙等的碑刻中比比皆是。节录部分碑刻如下：

……第二次修祠于同治二年（1863 年）由台湾先祖捐款修建基金一三九银……后台湾之宗亲缅怀唐山之祖厝，历经五年，不惜千辛万苦寻找祖先的"根"……③

东福寺……乐捐重建本寺及安装水电资金芳名……台湾刘氏宗亲返乡旅游团三千一百元……1990 年春日立。④

三、思考

清代饶平乡民延续多代人的"持续迁台"是迁台的一个特点，也是两岸宗族互动的一种形式，正是因为持续迁台，使得两岸宗亲集结更多族人的力量共同开发台湾，这种历史记忆又成为两岸宗族保持着密切联系的文化资源，从而实现了原乡语言、文化习俗传统的移植。在饶平与台湾的互动关系中，以宗族乡亲为基础以地缘组织扮演着相当重要的角色，清代台湾社会的一个特点是移民以地缘关系为基础进行组合，多数情况同乡集聚一地，形成各自的社会组织，在这样的情况下，地缘组织是饶、台两地宗族乡亲联系与经济文化交流和传播的纽带。它组成一个复杂而庞大的联系网络，通过这个网络实现各种信息的交流，实现了两岸经济文化的互动往

---

① 刘炳昌：《传佬公派下刘氏家谱暨通讯录》，2005 年，第 5 页。
② 刘良泉：《前洋村刘氏族谱》（手抄本），民国时期出版。
③ 陈汉元收集整理《陈氏祠堂沿革碑记》，采集点：饶平县饶洋镇岗下村陈氏祠堂，2009 年 11 月 12 日。
④ 陈汉元收集整理《东福寺碑记（zgrsb001）》，采集点：饶平县饶洋镇安全村，2009 年 11 月 16 日。

来，使两岸宗族乡亲以最低的成本获得彼此的沟通，为两岸人员往来和物品流通等提供便利，为宗族乡亲的持续拓垦奠定了良好的基础，对巩固他们在台湾的基业也起到重要的作用。清代饶平宗族慎终追远、荣宗耀祖的传统，使得许多迁台宗族回乡修建豪宅、修建祖祠、续修族谱等，延续了两岸的亲情与文化。与台湾社会于1860年左右进入定居社会相适应的是，这时宗族成为联系的主要网络，他们回乡捐资修建祖祠、续修族谱，也开始了寻根谒祖。日据时期，虽然遇到了交往的阻碍，但饶平与台湾的联系始终没有中断，并且一直维系到了现在。总之，清代乃至现在，饶平人以宗亲乡族为基础、以地缘血缘组织为纽带的互动，延续了原乡的地方文化传统的同时，也与台湾的乡亲宗族保持着密切的互动联系。饶平与台湾在血缘、文化等方面是一脉相承的。

清初陆丰客家渡台时空背景之研究

——《渡台悲歌》与《渡台带路切结书》的联想

徐胜一　范明焕　韦烟灶①

　　近年在新竹地区流传两份文件，《渡台悲歌》与《渡台带路切结书》，都与清代陆丰客家人渡台有关，其内容或可提供正史缺漏的环节。前者叙述陆丰客家乡亲长途跋涉，渡海的艰辛过程及初到台湾所遇到的困窘生活环境，乃立书劝告家乡亲友切莫渡台。后者为嘉庆九年（1804）的一份契约书，载明陆丰彭瑞澜一家的渡台费用、人数、立约日期，以及与带路人罗阿亮之间的亲友关系。

　　彭姓、罗姓人口在陆丰为第一、第三大族群，两姓聚落大多分布在榕江南河上游河谷地区。清初爆发渡台移民潮时，陆丰北部大量居民便是沿着榕江出海的，从饶平柘林雇船渡台，并在新竹各乡镇定居。彭氏聚落分布在竹东、北埔、芎林一带，而罗氏聚落集中在湖口乡。陆丰县境内各姓氏通常聚居在一起，而渡台后的聚落分布则较松散，但仍带有浓厚的姓氏关系与地缘关系。

　　本文根据《渡台悲歌》及《渡台带路切结书》的记载，解析两份文件内容，尝试找到《渡台悲歌》作者的身份、创作年代以及创作目的。透过彭瑞澜在新竹芎林的家谱、其兄彭瑞清在陆丰河田的家谱、带路人罗阿亮在新竹湖口的家谱，以及一些相关旁证，本文推测《渡台悲歌》的作者是随彭瑞澜渡台（1805 年）的众多儿子中之一，创作年代约在道光十五年（1835）。

　　① 　徐胜一：“国立”台湾师范大学地理系兼任教授；范明焕：台湾明新科技大学副教授；韦烟灶：“国立”台湾师范大学地理系副教授。

一、前言

清初闽粤海禁不开，清廷严防潮惠居民渡台谋生，然而渡台者还是不绝于途。来自陆丰的先民，在桃竹苗地区形成聚落。族群人口较多的姓氏建有祠堂，保留了陆丰原乡的习俗，在新竹县各乡镇地区体现得尤其明显。然而这些陆丰氏族，对先祖的渡台年代、迁徙路线、登陆港口，大多记载不详或付诸阙如。

《渡台悲歌》与《渡台带路切结书》是台湾乡土史研究者黄荣洛（1989）首先出版的两份文件。两者虽非正史文献，其中所描述的两岸社会经济状况、移民路径及异地生活环境等，却也可以补充陆丰客家渡台史中缺漏的片段。本研究从地理学角度切入，参考相关姓氏族谱及与两岸耆老们的说法，试图找寻清初陆丰居民渡台的方式与可能路径。此外，对于《渡台悲歌》出现年代、作者背景、写作的心历路程这些大家一直关注的问题，一些细节内容也有待厘清。

歌词中记载了"横江""柘林"等地名，横江为小河流，有些学者偏译成"韩江"，因此歌词作者被认为是饶平人。及至彭校版出现后，其末段几个句子是黄校版所遗落而未付梓的关键歌词，表明了作者是年已半百的"陆丰河田"读书人。根据彭氏渡台年代、随父渡台子嗣年龄、《渡台悲歌》原版出现地点、花边银船资以及歌词作者的教育背景表白等因素考虑，似乎可以推测居住在芎林的"彭瑞兰"家族便是切结书里"彭瑞澜"的后裔，歌词作者便是彭瑞兰的儿子。他们 1805 年渡台，三十年后（1835 年）创作了歌词。本文认为《渡台悲歌》与《渡台带路切结书》是彭、罗两氏渡台事件的宝贵参考资料，从而说明陆丰客家与新竹客家的姓氏族群间具有浓厚的亲缘关系与地缘关系。

二、陆丰地名沿革

桃竹苗地区一带的陆丰客家族谱，多数记载其祖居地为"陆丰吉康都"，又自称其所操语言为"海陆话"。"陆丰吉康都"及"海陆话"，有其历史缘由，必须从清初陆丰立县开始说起。

1731 年（雍正九年），清朝从海丰县析出陆丰县，管辖吉康都、坊廓都、石帆都。吉康都下辖河口以北广泛土地，包括今之陆河县全境与今之揭西县境之上砂、下砂、五云等乡镇；坊廓都下辖今陆丰市（县级市）西部地区；石帆都下辖陆丰市东部地区。并将原平安驿改为河田巡检，视为当时陆丰县治。

1965 年，广东省政府将揭阳县分割为揭东县与揭西县。当时河婆镇与棉湖镇争抢设为揭西县治，但当时河婆镇位于揭西县西部边陲，紧邻陆丰县，不利设为县治条件。经过多方协调乃将原属陆丰县之上砂、下砂、五云等地划入揭西县，让河婆镇成为县治所在。目前台湾地区许多客籍族谱记载祖居地时，有的仍沿用清初地名，有的则用现今地名；如彭氏族谱有的载"陆丰吉康都五云洞"，有的载"揭西五云镇"，其来有自。

1988 年，广东省再析陆丰县北部地区建陆河县，县治河田，是广东省侨乡之一，也是广东省 16 个贫困县之一。① 1995 年撤县设市，市政府驻在地为东海镇。陆河县居民操陆丰腔客家话（昔时称海陆话），陆丰市居民则操潮州腔（或曰福佬话或福建话）居多。

陆丰县丘陵多，早期水陆交通均不甚方便。本区有两条水系，东北部为榕江南河上游，河婆镇以东可行小船，到揭阳市后可搭江轮到汕头市出海；② 另一条较小的水系，是从北向南贯穿陆丰境内的螺河，其中段汇入樟河后始可行小船，③ 在碣石湾出海。早期陆丰居民是否有自碣石湾渡台者？有待尔后考证。

三、《渡台悲歌》的出现与内容

黄荣洛先生将所发现的客家山歌《渡台悲歌》整理校正后于 1989 年出书，其所发现的版本简称为原版，校正后的版本称为黄校版。另一个版本是彭发胜④先生早年用来作为汉文教材的版本，暂称之为彭校版，它是彭发胜先生于 1938 年向芎林下山村隔壁彭姓邻居⑤借来的歌词抄录后作为汉文教材。歌词原稿并无标题，彭先生以诗歌首句"劝君切莫过台湾"称之。彭校版未刊印成书，流行度低。

彭校版的歌词共 376 句 2 632 字，而黄校版的歌词共 352 句 2 464 字，后者短少了末尾的 24 句。两个版本内容几乎相同，但原版因年代久远而有磨损或缺漏，由彭、黄两位先生各自以自身理解校正，因此少数句子的用字便有出入了。

曾学奎（2003）以原版及黄校版为基础，对台湾客家《渡台悲歌》进行深入探讨，完成他的硕士论文。曾先生的文章中对歌词内容在台湾客家

---

① 广东省地图出版社编：《广东省城市地图册》，广州：广东省地图出版社，2007 年。

② 揭西县副县长徐战略先生提供。

③ 陆丰耆老徐尚沛先生提供。

④ 北埔彭氏，1919 年生，彭延年二十九世孙，家住竹北市东海窟，早年是汉文老师。

⑤ 该邻居为年轻的彭姓农夫，住芎林下山村水尾，非竹东或北埔之彭氏。据彭发胜云，抄录之原本为古旧本。

史的价值、早年台湾衣食住行的风俗与文化、创作诗歌的目的及创作年代，都提出了独到的见解，他也是目前研究《渡台悲歌》最透彻及搜集相关文献最丰富的学者。然而因为缺漏了原版后段 24 个句子中有关诗歌作者的故乡与身份记载，又把"横江"译作"横冈"或"韩江"而误解了作者的原乡。

由于彭校版抄录时间较早，保留了末尾 24 句有关悲歌作者自述身份背景的部分。本文仅以彭校版为基础，用来讨论清初渡台先民离家起程与船资、台湾营生情况、歌词作者身份及各版本之比较等方面，在此列出供大家参考讨论。

1. 离家起程与船资

　　别却门亲并祖叔　　丢别坟墓并江山　　家中出门分别后　　直到横江①就搭船

　　船行直到潮洲府　　每人五百出头钱　　船过小船昼一夜　　直到柘林港②口边

　　上了小船寻店歇　　客头就去请洋船　　一人船钱贰圆半　　客头讲爱四花边③

　　……

　　大船还在港口外　　又等好风望好天　　亦有等到三二月　　卖男卖女真可怜

　　……

　　顺风相送都容易　　三日两夜过台湾　　下里大船小船接　　一人又要两百文

　　……

作者拜别亲人后，到横江坐船。横江为揭西县小支流，在县治河婆镇汇入榕江南河，河水流量变大，可以行驶小船，经过一昼夜到汕头出海。出海后再往东航行到饶平县的柘林港，此港比汕头开阜要早，为中国海上丝绸之路的重要港口之一，清初移民渡台在此港等候大船及好风，航行三天两夜到台湾。

花边银为西班牙殖民时代的货币，18 世纪中叶在墨西哥铸造，银币周

---

① 彭校版写为"横流"，应是"横江"之误或别称。
② 饶平县南端之柘林港。
③ 即俗称之花边银。

边铸有花纹，故名。花边银含银量较高（0.72 两），主客及船帮计价时，以花边银交易公正又方便，清乾隆嘉庆年间流通于台海。至于从横江到台湾海岸，每位乘客的花费为内河 500 钱（折银 0.5 两），大船过海 2.5 圆（折银 1.8 两），抵台后转搭小船 200 文（折银 0.2 两），所有船资约 3.5 枚花边银（折银 2.5 两）。

　　2. 台湾营生情况

　　　各人打算寻头路　或是佣工做长年　可比唐山卖牛样　任其选择讲价钱
　　　身壮之人银拾二　一月算来银一圆　四拾以外出头岁　一年只堪五花边

　　新移民到台湾后，做帮佣或做长工，靠劳力过活，甚为辛苦。年轻力壮者，年收入 12 银圆，超过 40 岁者，每年只得 5 枚花边银。

　　清朝沿用明朝银两钱制，一两银等于一千文，并一直延续到 1933 年国民政府废两改元为止。清初知县的年薪为二十七两四钱九分，县丞二十四两三钱二厘，巡检十九两五钱二分，兵役约二两每月另配米三斗。那时候一斗米值二百文，一斤肉四十文。若以当时的兵役一年薪水为二两银，加上一年的食物配给三十六斗，年总收入共银九两二钱，折 12.8 圆花边银。而渡台年轻人则可收 12 圆，若伙食由雇主免费提供的话，则与原乡兵役之待遇相当。

　　3. 歌词作者

　　《渡台悲歌》歌词用语及内容，以陆丰客家俗话写成，如"被铺蚊帐""痾脓滑血"及农具"米槌、椿臼、摩兰、禾槌、谷桶、禾排"等语词，很生动地描述当时所见所闻的农业社会景象。能写出这样的文章或歌词，必须有私塾教育的基础。下列几句，也是黄校版缺漏的最后部分，显示了歌词作者的籍贯、年龄及受教育程度：

　　　借问此书何人作　原乡陆丰近河田　一笔写成俗世语　六亲门见可流传
　　　三十年前时运转　立马回头看状元　月过十五光明少　龙虎相会万万年

　　作者自称是陆丰河田人，他相信三十年前若能参加科举考试，搞不好现在就是状元郎呢！可惜光阴已逝，年岁已过半百，体力渐衰，当官晋爵的理想与憧憬，只好留待梦中去寻觅吧！这段叙述表明了作者的故乡，也关乎渡台路径的正确解释。

4. 彭校版、黄校版与原版之比较

原版除了末尾有缺失之外，开头两页也已磨损约五分之一，① 有些字句已难还原。其他可以阅读的诗歌词句，存在着不少错别字，全文至少有一百处需要校正的地方。兹将较显著有错词或错字部分，且经黄荣洛及彭发胜两位先生校正者，列如下表；如"朝州府""柘林巷口""半尽食了真点心""唐山人可连""当面被人退口延"等处，是抄录者的笔误。

彭校版	黄校版	原版
百般道头微末处	百般道头微末处	百般×路微末处
直到横流就答船	直到横江就答船	直到横江就答船
船行直到潮洲府	船行直到朝州府	船行直到朝州府
直到柘林港口边	直到拓林巷口边	直到柘林巷口边
一人船钱贰圆半	壹人船钱壹圆半	壹人船银壹完半
客头讲爱四花边	客头就受银四圆	客头就受银四员
两人名下加二元	两人名下赚三圆	两人名下赚三员
亦有等到三二月	也有等到二三月	也有等到二三月
三餐番薯难进口	三餐番薯九隔一	三餐番薯九隔一
碛得肩头背又弯	碛得肩头皆又弯	碛得肩头背又湾
所挑担竿四五尺	所挑担竿二尺半	所桃担竿二尺半
天下抄草用脚踏	天下耕田用脚踏	天下耕田用脚踏
台湾抄草用手爬	台湾耕田用手爬	台湾耕田用手爬
双手用爬膝头跪	双手用爬脚用箭	双手用爬脚用箭
半昼食饭当点心	半昼食了真点心	半尽食了真点心
一年田禾跪四次	一年田禾跪两次	一年田禾跪两次
早冬两季尽皆然	早冬跪孝尽皆然	早冬跪季尽皆然
何用唐山人可言	何用唐山人可怜	何用唐山人可连

① 黄荣洛：《渡台悲歌——台湾的开拓与抗争史话》，台北：台原出版社，1989年，第43页。

（续上表）

彭校版	黄校版	原版
在家若是干勤俭	在家若系干勤俭	在家若系干勤捡
衣食丰足也买田	猪牯都有假裤穿	猪牯都有缎裤穿
到此斯文都会贱	到此斯文都饥贱	到此斯文都机贱
当面随时肺口涎	当面被人呸口涎	当面被人退口延
交得三年和两载	交得一年和半载	交得一年和半载
心中爱想后头事	心中想爱后头事	心中想爱后头事
路上相逢诈不见	路上相逢目不见	路上相逢目不观
钯头晒衫差了天	钯头槤衫差了天	钯头晾衫差了天
甜言细语来讲笑	甜言细语称司阜	甜言细语称司阜
三手禾排打两下	一手禾排打四下	三手禾排打四下
抽藤做料当隘勇	抽藤做料当民壮	抽藤做料当民壮
再加一世都闲难	再加一年都还难	再加一年都还难

此外，原版歌词也有不合逻辑的地方，譬如"所挑担竿两尺半"及"一年田禾跪两次"两句话，依新竹地区老农之见，他们认为"两尺半"的担竿稍嫌短了些，而一年跪田除草则在四次到六次之间。我们推测当初抄录者可能将原稿"四"字误植"两"字，因此这两句话应该还原为"所挑担竿四尺半"及"一年田禾跪四次"，彭校版的更正是正确的。

5. 小结

悲歌创作的目的，是客家乡土文学研究者想要了解的。彭发胜先生认为它是一首传记诗，记载早期陆丰客籍人士渡台前后，所遇到的各种困境与苦难。黄荣洛先生认为有两个可能：一是歌词是为客家"采茶戏"（三脚戏）戏本而作的；二是作者用客家大众喜欢的山歌词体，留下渡台先民过去筚路蓝缕的故事。

其实在 20 世纪 50 年代之前，台湾街上还可看一些清贫可怜的沿街乞讨人，以月琴弹唱民间流行的劝世歌，或是有些江湖卖艺人自弹自唱招徕顾客，有人称之为"卖药调"。虽然这首歌词创作的目的及年代仍待商榷，但其内容透露了渡台路径、方式、途中艰险及当时台湾的生活环境与社会经济状况等信息，提供了研究清初客家渡台的宝贵参考资料。

四、《渡台带路切结书》的出现与内容

黄荣洛书中刊载的《渡台带路切结书》，内容记载彭瑞澜一家九口包括三个幼子，由亲戚罗阿亮带路渡台，言明船资总共三十一圆花边银，并由彭瑞澜兄长彭瑞清代笔立约，时间为嘉庆九年（1804）正月二十五日。全文如下：

立请约人彭瑞澜，今因合家男妇老幼共九人，要往台湾。路途不识，前来请到亲罗阿亮亲带至台湾。当日三面言定，大船银并小船钱总铺插花在内共花边银叁拾壹圆正，其银至大船中一足付完。其路途食用并答（搭）小船盘费，系澜自己之事。此系二家甘愿，不得加减，口恐无凭，立请约付炤。

批明九人内幼子三人

见请代笔兄瑞清

嘉庆九年正月二十五日五时①

契约内容不长，却可提供给我们几项可资思索的方向：①当事人彭瑞澜一家九人及带路人罗阿亮，他们行踪安在？②渡台交通工具为小船转大船，起程与登陆地点在哪儿？③船资为三十一圆花边银，计价是否特别优惠？④立约时间为1804年正月，如何安排"好风"季节顺利起航？所提这几个方向，几乎可以在《渡台悲歌》中找到相对应的回响，将在下面做更多的探讨。

下面让我们先了解一下罗阿亮及彭瑞澜的家族：

1. 关于罗阿亮

带路人罗阿亮为陆丰河田许山下（火山嶂）人，1799年随兄长罗阿福来台，于苗栗中港登陆，在头份垦殖数年后迁往湖口居住。罗阿亮1804年带领彭氏家人来台后，当年返回陆丰便亡故了。②

黄荣洛先生1986年亲访湖口罗景辉耆老，得知带路人罗阿亮即罗鹏明，系陆丰吉康都河田许山下③罗秀文的第十四世孙。嘉庆三年（1799）

---

① 黄荣洛：《渡台悲歌——台湾的开拓与抗争史话》，台北：台原出版社，1989年，第69页。

② 黄荣洛：《渡台悲歌——台湾的开拓与抗争史话》，台北：台原出版社，1989年，第69页。

③ 火山嶂位在县城北，高764米。今名为"许山"，该处有许家人居住，故名。

罗鹏明（阿亮）随兄长罗鹏申（阿福）。[①] 到苗栗中港登陆后，兄鹏申在头份从事农耕，弟鹏明则从事带路工作，兼做生意；回唐山时带回台湾的物产，到台湾时带去大陆商品。罗鹏申于道光元年（1821），由头份迁居关西，道光二十七年（1847）迁往湖口粪箕窝。罗鹏明于嘉庆九年病逝于大陆，家人认为他留在湖口家中的文书之类或许尚须留存，才留下这份珍贵的文件。据新竹湖口《罗氏族谱》载，罗阿亮上祖世系如表1所示：

表1　新竹湖口罗阿亮上祖世系

一世	二世	三世	四世	五世	……	十二世	十三世	十四世
秀文	公孙	未生	矣生	翠峰	……	奕周	用万	鹏明（阿福）、鹏申（阿亮）

2. 关于彭瑞清与彭瑞澜家族

清初渡台的陆丰彭氏家族人数众多，分布也很广泛，新竹竹东镇的彭氏人口有五万多人，是该镇第一大姓。查阅《彭氏大宗谱》（庄吴玉图，1988），找到芎林乡的彭瑞兰家族，就是切结书所载的彭瑞澜的后裔。虽然彭瑞兰家谱渡台后四个世代的生育祠别记载不明，然其字辈却维持了广东陆丰彭氏径头祠。[②] 依"瑞、尧、舜、禹"排辈的特征，因此，我们循线找到了彭氏径头村主祠，也找到了住在河田火山嶂彭瑞清的后裔[③]。据彭武雄云，清初彭茂桂从径头村迁至火山嶂，生七子瑞清、瑞勇、瑞江、瑞穗、瑞澜[④]、瑞胡、瑞云，茂桂公葬在河田镇北边的石禾町火山下（又名火山嶂）。由此可知彭罗两姓家族是住在同一条村子的，而六弟彭瑞胡之妻子也姓罗，切结书中所云"有亲"的说法，其来有自。又据陆河河田彭氏谱载"瑞澜姓叶氏"，这与新竹芎林谱"瑞兰姓叶氏"雷同。基于上述理由，芎林彭瑞兰家族就是河田彭瑞清四弟彭瑞澜也。表2为新竹县芎林乡彭瑞兰家族世系表：

---

① 罗鹏申为罗景辉先生的渡台祖。又据陆丰耆老徐尚沛先生云，许山又名火山嶂，是螺溪及河田通往河婆镇的山口。

② 径头祠以彭延年第十四世彭昆山为开基始祖。

③ 感谢陆河县侨外办主任彭秉忠先生的协助，找到彭瑞清后裔彭武雄。

④ 瑞清后裔彭武雄曰：瑞兰通瑞栏、瑞澜、瑞兰、瑞斓等同音字。

表 2 新竹芎林彭瑞兰上祖世系

二十二世①	二十三世	二十四世	二十五世	二十六世	三十世
瑞兰（叶氏）	尧祝（田氏）、尧松、尧生、尧梅（曾氏）、尧浦、尧观、尧凤、尧申（罗氏）、尧寿（吴氏）	舜财、舜灶（钟氏）、舜昌（江氏）、舜贵、舜富	禹胜（陈氏）、禹旺（邱氏）、禹兴（黄氏）	番古（吕氏）、阿添（刘氏）	后裔聚落在芎林

芎林彭瑞兰生有九子，而 1805 年渡台者除了彭氏夫妇两人及三个幼子，还有四个儿子同行，渡台后再生两子。四个同行的青少年儿子中，年龄在十岁至十八岁之间，可能接受过私塾或学堂教育。从切结书的代笔人彭瑞清为彭瑞澜长兄，能执笔立约且文句通顺，可以推断出彭氏应是书香世家。

3. 彭姓与罗姓在陆丰县的分布

《渡台悲歌》作者自称为陆丰河田人，与切结书带路人罗阿亮同在河田火山嶂下，地缘关系近，彭罗两氏又有亲缘关系，可以托付带领彭家九人渡台之重任。据 2005 年 8 月 10 日填报的资料，陆河县八乡镇（河田、南万、螺溪、新田、河口、上护、水唇、东坑）76 个姓氏的总人口数为约 28.8 万，② 彭姓居首（约为 5.1 万）、叶姓次之（约为 4.9 万）、罗姓第三（约为 3.3 万），三姓人口达半数之多。彭姓人口主要集中东坑（约为 1.9 万）、水唇（约为 1.7 万）、河田（约为 1.3 万）；罗姓人口主要在河田（约为 1.2 万）。他们在河田的地缘关系甚为明显，互结亲戚可能性极高。表 3 为陆河县前五大姓氏人口的分布情况。

---

① 参考新竹彭氏谱及陆河彭氏谱，"瑞"字辈为彭延年二十二世，芎林谱误载为二十四世。彭延年宋英宗时，从江西卢陵吉水迁徙至广东揭阳浦口开基，其九世孙彭受章明洪武年间迁至五云开基。

② 陆河县客家文化集编小组：《客家陆河》，2006 年，第 342 – 345 页。

表3 陆河县前五大姓氏人口的分布比例

	全县	河田	南万	螺溪	新田	河口	上护	水唇	东坑
合计	288 396	59 795	12 342	35 694	30 400	47 298	37 932	40 323	24 612
彭	51 332	12 543	6	6	162	230	1 527	17 442	19 416
叶	49 035	1 925	827	28 850	6 318	2 630	8 485	0	0
罗	32 293	12 426	4 077	5 268	275	2 550	3 015	4 682	0

五、《渡台悲歌》与《渡台带路切结书》的联想

上节讨论了罗、彭两氏家族背景,那么《渡台悲歌》到底是何人所作?下列数项事实,与歌词作者有密切关联:

(1)歌词末尾的两句话"借问此书何人作,原乡陆丰近河田"①,这就给了我们一个初步线索,作者故乡靠近陆丰河田。歌词又记明渡台路线,是从揭西横江口坐上小船,沿榕江南河顺流出海,在饶平柘林港搭洋船渡台。这肯定了作者是陆丰河田人的自白。

(2)《渡台悲歌》歌词载明渡台费用每人3.5圆花边银;而《渡台带路切结书》的旅费为九人共31圆花边银,平均每人3.44圆花边银。两份文件路费相近,客头均以花边银计价。前后两份文件,实为彭瑞澜家属渡台的直接与间接历史记录。

(3)据彭发胜先生云,1938年他所抄录的《渡台悲歌》原件,是向苎林下山村邻居彭姓友人处借来的。彭发胜先生又说,邻居同姓友人与他不属同一祠堂。

从上述诸项事实推测,《渡台悲歌》作者是来自陆丰河田的彭姓人氏。又查出彭瑞澜与罗阿亮同为陆丰河田火山嶂下人,这就不禁让人联想到《渡台悲歌》是彭瑞澜之儿子所作。因为,《渡台带路切结书》与《渡台悲歌》歌词内容十分吻合,包括人、地、时因素在内。

有了上述基本事实与线索,本文再做联想,推测该书作者,便是彭瑞澜的众多儿子之一。其理由如下:

(1)1805年正月二十五日订立切结书,当时东北季风还很强,可能滞留港口两三个月等候"好风",如《渡台悲歌》所言:"大船还在港口外,又等好风望好天,亦有等到三二月,卖男卖女真可怜。"所谓好风季节为阳历的七八月,那时台湾海峡盛吹西南风,可以"顺风相送都容易,

---

① 据彭发胜先生1939年抄录的歌词本。

三日两夜过台湾"。假如彭氏在正月签立契约后马上起程，他们一家人可能就要在柘林港滞留三两个月，等待西南风来临才能出发，其进退维谷的困窘状况就如歌词所描述的一般凄惨。五云镇黄泥岭的彭林祥①（彭延年二十五世）1819 年渡台时，"携带家人老幼共十六人，由河婆经揭阳到汕头买舟以作渡之举，差呼一叶轻舟航海四个余月方到旧港②，当时川资用尽，登陆后寄居树杞林"。歌词所言出海未遇好风，在海上漂流数月后才到台湾，也许就是指这家人吧。

（2）诗歌作者受过汉教育，具有一定程度的国学基础；彭瑞澜的长、次、三、四子中，必有接受过私塾教育的。随父渡台后，在开荒垦殖的新环境里，无法完成科举仕途的抱负，不得志之怨恚情绪在歌词里表现无遗。本文假设诗歌作者在 15 岁时随父渡台，那么三十年后他是 45 岁（道光十五年，即 1835 年）完成诗稿。下列歌词可证之：

三十年前时运转　立马回头看状元　月过十五光明少　龙虎相会万万年

六、问题与检讨

台湾客家人口分布在桃竹苗地区各乡镇者居多，各姓氏原乡祖居地约可分三类：①沿韩江出海者，所操方言为梅县、饶平、大埔之方言，渡台后聚居苗栗县、高雄美浓两处，也散居在新竹、台中地区。②沿榕江出海者，所操方言为陆丰话，渡台后居住在新竹县及桃园县内陆各乡镇。③陆丰南部出海者，所操方言主要为陆丰话，少数操福佬话，渡台后居住在新竹县及桃园县近海各乡镇。然而，经过多次迁徙及长期混居，在台繁衍的客家聚落，原乡方言属性已渐模糊。

因篇幅所限，本文仅将相关的彭、罗两氏渡台祖、来台年代、登陆地、在台繁衍聚落、原乡世祖等信息，以表 4 列出来以供参考。

---

① 《彭氏大族谱》，第 289 页。
② 新竹南寮。

表4　新竹地区彭、罗两氏渡台祖相关信息

姓氏	渡台祖	来台年代	登陆地	在台繁衍聚落	原乡世祖
彭氏	茂松 二十一世			观音乡大潭村	揭西县五云镇欧坑
彭氏	祥懿 二十二世	1743年	苗栗后龙	新港社脚	揭西县五云镇田螺祠（镇西北）
彭氏	延球 二十二世	1745年偕妻子共五人渡台		桃园平镇宋屋	揭西五云大盛岭黄田祠
彭氏	廷祥 二十二世	清初（约1740年）		湖口羊喜窝	陆河东坑乡大溪欧公陂
彭氏	瑞兰 二十二世	1805年偕家族九人渡台	苗栗中港	新竹芎林	陆丰五云（瑞兰可能为《渡台带路切结书》之瑞澜）
彭氏	瑞贡 二十二世	道光十九年（1839）与族亲渡台		新竹芎林秀湖村	陆丰径头祠
彭氏	林祥 二十五世	1819年携带家人老幼16人渡台	五云洞经揭阳到汕头出海	在海上漂流四个多月，旧港登陆、居树杞林后迁北埔庄	吉康都黄泥岭
彭氏	会忠	1821年来台	偕妻子与长兄共五人渡台	竹东镇陆丰里	吉康都东坑下甲、大阪田洋杨梅树下
罗氏	上威	乾隆三十五年（1770）	淡水（大甲）	湖口湖南村笨箕窝	陆丰河田石禾埕（镇北）
罗氏	鹏申	嘉庆元年（1796）	苗栗中港	湖口	河田首甲许山下

七、结语

《渡台悲歌》出现后，有些乡土文学工作者推测其为康熙、雍正年间作品。然而从陆丰地名演化的历史及花边银流通的年代看来，歌词撰写不应早于雍正时期。嘉庆九年彭、罗两姓签订的《渡台带路切结书》，其内容与《渡台悲歌》有多处相呼应。本文认为切结书在1804年签订，而《渡台悲歌》则是彭瑞澜的儿子所撰写，约成稿于1835年。这个推测与黄荣洛的"道光年代以后……可以断定绝对不是年代以前的作品"，以及曾学奎根据台湾双冬稻作的推测《渡台悲歌》的创作年代当在嘉庆、同治（1796—1820年）以后所写，都相去不远。

歌词虽然强调渡台过程的艰难与凶险，然而在那个时候，似乎没有很多人因此退缩，一批批年轻人还是络绎不绝地赴台。也许因为原乡地少人多，是广东最贫困的地区之一，而台湾是一片自由乐土，能吃苦耐劳在桃竹苗地区开基立业者不在少数。

饶平的柘林港及汕尾的白沙湖港是明朝海上丝绸之路的重要港口，除了洋船外，也是商船、渔船汇聚的港口，前者在明清时还是粤东第一大港。清初台湾提供极大土地发展空间，因此他们勇于冒险寻找发展机会。渡台居民一旦增加，生活需求及农牧生产也随之剧增，对渡活动与贸易发展，互为因果相得益彰。因此，台湾北部海岸的中港、南寮港、旧港、红毛港等地，都可能是渡台者及商品登陆的港口。

清代大埔县移民台湾研究

肖文评①

近年来，由于台中县石冈乡政府和石冈乡客家文化研究会的推动，连续三年举办了"大埔客家文化学术研讨会"，邀请海内外学者对大埔文化进行深入研究，在探讨客家文化尤其是大埔社会文化在台湾的形成和发展方面取得了众多研究成果。② 但总体而言，要明了台湾大埔社会文化的形成和发展，必须了解位于大陆的大埔原乡的历史和社会文化，尤其是须把两地的社会文化作为一个整体来看待，因为两地之间的社会文化一直保持着相当密切的联系。因此，研究两地社会文化的互动关系，对认识和理解台湾的大埔社会和文化具有重要的意义和价值。

一、大埔县生态环境、历史沿革与社会动乱

（一）生态环境

大埔县位于北纬 24°01′～24°41′，东经 116°16′～24°56′，居南岭山脉东端，地处广东省东北部，居韩江中上游，东北与福建漳州市平和县、龙岩市永定县为邻，东南与潮州市饶平县接壤，西南与丰顺县接壤，西北与梅县为邻。东西宽 62.75 千米，南北长 74 千米，面积 2 475 平方千米，人口 50 多万。全县除高陂部分村庄讲潮州话外，均讲客家话。辖区内共有

---

① 肖文评：广东嘉应学院客家研究院副院长、教授。
② 详见石冈乡政府编的《第一届大埔客家文化学术研讨会论文集》（2006）、《第二届大埔客家文化学术研讨会论文集》（2007）、《第三届大埔客家文化学术研讨会论文集》（2008）。

15个乡镇，县政府驻湖寮镇。

大埔为典型山区，境内多为丘陵山地，约占总面积90%，海拔自200米至1 400米不等，向有"山之山"之称。由于东北和西北两组山脉建构线的影响，县境山脉与河谷皆沿此构造发育，大部分山脉为北南走向。韩江起点至西部为莲花山系，东边及梅潭河以南为凤凰山系，汀江两岸及梅潭河以北，诸山祖脉来自福建，属水珠岽系和象湖山系。众山之中，海拔1 000米以上的27处，均分布在县境四周边陲，成为大埔的天然分界线。其中东北面与福建接壤处有桃坑嶂、水珠岽、三层岭及象湖诸山；东南近饶平有铁顶岽、纹山、西岩山和罗根石山，西南接丰顺处有飞凤坳、留宾岽、铜鼓嶂诸山；与梅县接壤之地有明山嶂、王寿山、阴那山等。在北部老县城茶阳附近，有五百嶂、风波嶂、笔山、狮子山、三将军山、阳石峰等，莫不重岩叠嶂，飞壑流丹。东南部诸山，如芙蓉山、双吉山、帽山、虎耳山、廊山嶂、九峻岭等，也莫不磅礴郁积，千岩竞秀。

境内多山，山林聚水，因而江河溪坑涧壑繁多。在众多的山岭之间，形成众多的大小河流。其中汀江中贯，梅江西来，梅潭河横其东南，构成河流三大系统。汀江发源于福建省武夷山南麓宁化县的木马山，流经长汀、上杭、永定入大埔县清溪乡的石下坝，然后流经茶阳镇，又有青溪、小靖溪、漳溪河注入，再流至三河。梅江，主源出于广东、江西间的九连山南麓紫金县乌突山，入五华境后经过兴宁、梅县至蓬辣滩入大埔英雅乡，再流入三河；东南部的清远河，发源于福建平和县东部，西流经平和县城，从西北流入县境之大东、兰砂、百候，再经湖寮、三河入，在三河的汇东处流入汀江，原可通木篷船，且是粤东通漳州、泉州必经水路。彰溪河，发源于福建省永定县东华山，途经西河、茶阳再流入汀江，原来可通小木船；银江河，发源于明山嶂的银窿顶，纵贯银江镇，最后流入韩江，可行梭船。汀江、梅江、梅潭河至三河汇合后称韩江，至高陂以后入丰顺，下潮州、汕头入南海。除以上几大水路外，县内皆有陆路通向邻县，但是历史上，大埔与外界的交通主要还是走水路。

这些河流在山间长期冲刷淤积，逐渐在较宽阔的山间冲积成为众多的大小盆地，其中较大的盆地有茶阳盆地、百候盆地、湖寮盆地等。相传湖寮原为湖泊，汉晋时，有人于湖边搭棚寮以居，后由于河流冲积及人工围湖，遂成盆地，居民发展成为村落，遂名为湖寮村。这些山间大小盆地，一般群山环绕，水土条件较好，适宜耕种，亦宜于畜牧。全县小块盆地约为95.6平方公里，约占总面积的3.9%。"吾邑山多田少……邑中殷实之户亦极少，大地主以一家收租谷百石以上者已不多得，因田地稀少，人皆留以自耕，虽有重金不轻易变卖。"① 所以大埔也被称为"山中之山"，以形容大埔山之多，田之少。全县现有耕地 227 300 余亩，占总面积 6.2%。

大埔气候属于热带、亚热带季风气候，夏长冬短，雨量丰沛，雨季长，常年雨量 1 500 毫米。夏秋多台风，冬春有寒潮，是其气候的主要特征。由于东南两面临近海洋，属海洋性气候。

酷暑最高温度为 37℃ 至 38℃，寒冬最低温度为 −4℃，年平均气温 20℃ 以上，这是指一般年份而言的。全年来说，春夏秋冬四季分明，而在一天之中也有四时天气。宋朝人龚茂良题惠来驿诗云："晴云欲午常挥扇，晓雾生寒又着棉。自是岭南多气候，日中常有四时天。"他说的岭南天气，大埔也是如此。

至于风向，民国《大埔县志》说："春初晴明多北风，渐由北（风）而东（风），阴雨则为东风，夏季晴雨皆南风，日晴风静，入夜则南风极佳；秋季仍多南风，阴雨则成西风，寒气早侵时则渐多西北风。冬季皆北风，阴雨时或有东风；夏秋之季或有暴风（台风）。"因此经常受到台风、暴雨等恶劣天气影响。

（二）历史沿革

大埔县境之地，秦汉时，属揭阳县地，东晋义熙九年（413），立义招县。隋大业三年（607），改义招为万川县。义招、万川县治所都在湖寮镇（古城）。唐武德四年（621），废万川县并入海阳县（今潮安），此后，历宋、元、明前期，均为海阳县光德乡。明成化十四年（1478）立饶平县，县城设在三饶，今大埔县地域属之。明嘉靖五年（1526），分饶平县的清远、滦州二都重置县，定名大埔，治所设在茶阳，属潮州府管辖。全县计有神泉社、大埔社、田心社、小靖社、长富社、长窖社、清溪社、虎头砂社、平沙社、松山社、永安社、漳溪社、大河社、三河新寨社、三河旧寨社、浒梓村社、大麻社、湖寮社、黄坑社、东山社、双坑社、莒村社、白堠溪南社、白堠溪北社、黄沙社、黄兰社、白罗社、白堠社、大产社、平原社、古野社、桃花社，总共 32 社。②

清朝因之，县下设社或甲，康熙二十五年（1686）全县共计有 21 社 2 甲。至乾隆三年（1738），分白芒畲、箭竹洋、下畲子、塘子腹、风吹礤、青麻园六处归新设的丰顺县。据乾隆《大埔县志》载，县以下计设有三河社、大麻社、同仁社，在城甲、长富甲、长治甲、永青甲、石上甲、坪砂

① 温廷敬：民国《大埔县志》卷十《民生志上》，大埔：大埔县政府，1943 年，第 2 页。
② 吴思立：嘉靖《大埔县志》卷二《地理志·乡村》。

甲、维新甲、保安甲、大宁甲、永兴甲、白堠甲、兰沙甲、白寨甲、大产甲、岩上甲、源高甲、古源甲，全县总计 3 社 17 甲。① 这种行政设置一直延续至清末。

1912 年中华民国成立后，大埔县改由广东省政府直辖。1958 年，大埔划归梅县地区管理。1961 年，县治由茶阳迁到湖寮。②

（三）人口、土地与生计

自明代以来，大埔县地方一直动荡不安，一直到清初才稳定下来。正如乾隆年间茶阳饶堂在其所编族谱中说："吾埔居岭海之交，依山则伏莽凭陵，近洋则海氛叵测。计自有明一代，为盗贼蹂躏，一寇未平，一寇复起，征剿旁午，求数十年戢宁安堵，了无可得。洎入本朝康熙二十年后，海宇升平。承休养恬，百年不见刀兵。"③ 大埔在清初以前一直动荡不安，经济文化发展相对落后。至康熙二十三年（1684）迁海"复界"后，社会才步入稳定、快速发展的时期，一直延续到清朝末年。

1. 人口发展迅速

随着社会的稳定和经济文化的发展，人口的发展也非常快。虽然明清两代的地方志主要记载的人口数是纳税单位而不是真正的人口数，但我们还是可以从嘉庆七年（1802）人口数的大增发现大埔人口的发展状况。详见表 1：

表 1　明清大埔各时段人口统计表

年号	年份	总户数	总人口	男	女	备注
明嘉靖五年	1 526	4 721	36 785			明嘉靖《大埔县志》
明隆庆六年	1 572	5 223	41 852			清康熙《埔阳志》
明万历三十年	1 602	5 238	41 821			清康熙《埔阳志》
明崇祯五年	1 632	5 021	41 042			清顺治《潮州府志》
清顺治元年	1 644	5 024	15 012	8 104	6 908	清康熙《埔阳志》
清顺治八年	1 651	5 024	12 552	7 466	5 086	清康熙《埔阳志》
清康熙三年	1 664	5 024	15 012	8 105	6 907	清康熙《埔阳志》
清康熙四十年	1 701		15 016	8 107	6 909	清乾隆《大埔县志》

---

① 蔺焘：乾隆《大埔县志》卷一《疆舆志·社甲》。

② 大埔县志编委会：《大埔县志》，广州：广东人民出版社，1992 年，第 48 页。

③ 饶堂：乾隆大埔茶阳《饶氏族谱》第八册《汇志》，第 105 页。

（续上表）

年号	年份	总户数	总人口	男	女	备注
清雍正四年	1 726		15 024	8 115	6 909	清乾隆《大埔县志》
清乾隆元年	1 736		16 562	9 653	6 909	清乾隆《大埔县志》
清乾隆六年	1 741		15 373	8 578	6 795	清乾隆三年奉文拨丰顺县男 133 丁，女 113 口
清嘉庆七年	1 802		102 197	68 123	34 074	清嘉庆《大埔县志》
		又屯丁	482	348	134	
民国十七年	1 928	51 620	303 793	167 075	136 718	民国《大埔县志》
民国三十三年	1 944	52 830	262 104	145 720	116 384	大埔县政府呈报

至嘉庆七年（1802）时，全县有人口 10 万余人。看似与以前统计不相符，但主要是统计口径不同，因而这一数据基本反映了当时大埔县人口发展的真实情况。这也可以从一些家族的人口发展状况来验证。

如大埔百侯的杨氏家族，在 1645 年时才数百丁，但到康熙五十五年（1716）时"丁二千有余"①，至道光二十三年（1843）时，"丁则七千有余"②，成为人口上万的大宗族。从 1645 年至 1843 年的近 200 百年间，人丁增长了 10 多倍，可见当时人口增加得非常迅速。

2. 耕地少

大埔地处万山之中，山多田少。在明末人多地少的现象就很突出。"其间耕桑之地，不过山阻水涯。总计之，得十一耳。故民生生计甚难，其不沾寸土，则十室而九也。"③清初社会稳定后人口的大量增长，造成严重的人地矛盾。具体情况详见表2、表3：

表2 明清大埔田亩数量统计表

年号	官民田地山塘数	备注
嘉靖五年	662 顷 48 亩 2 厘 2 毫	明嘉靖《大埔县志》
隆庆六年	895 顷 76 亩 3 分 7 厘 8 毫	清康熙《埔阳志》

① 杨之徐：《编年录》（下册），上海：泰东书局，1924 年，第 29 页。

② 杨光辅：《归善德化桥杨氏归宗序》，《归德化桥杨氏族谱》，1842 年。

③ 王演畴：《大埔县义田记》（万历二十九年），载温廷敬：民国《大埔县志》卷三十六《金石志》，大埔：大埔县政府，1943 年，第 23 页。

（续上表）

年号	官民田地山塘数	备注
万历二十年	967 顷 55 亩 7 厘 6 毫	清康熙《埔阳志》
天启二年	969 顷 2 亩 8 分 6 厘	清康熙《埔阳志》
崇祯五年	969 顷 8 分 6 厘 1 毫	清康熙《埔阳志》
康熙十一年	938 顷 30 亩 4 分 6 厘 1 毫	清康熙《埔阳志》
乾隆三年	912 顷 50 亩 9 厘 2 毫	除掉拨给丰顺县 25 顷 80 亩 3 分 6 厘 8 毫，乾隆《大埔县志》

表3　大埔县1951年土改前主要阶层占有耕地详析表

阶层	户数		人口		占有耕地		人均占耕地（亩）
	户	%	人	%	亩	%	
合计	60 583	100	335 672	100	225 257	100	0.67
地主	1 531	2.53	16 699	4.97	20 424	9.07	1.22
富农	1 002	1.65	9 883	2.94	6 473	2.87	0.65
中农	12 352	20.39	85 816	25.57	35 264	15.66	0.41
贫农	38 927	64.25	191 278	56.98	39 243	17.42	0.21
雇农	1 369	2.26	3 323	0.99	255	0.11	0.08
小土地出租者	431	0.71	2 544	0.76	1 913	0.85	0.75
其他	4 971	8.21	26 129	7.78	9 316	4.14	0.36
公尝					112 339	49.88	

注：据《大埔县志》，广州：广东人民出版社，1992年，第109－110页统计资料综合而成。

大埔人口众多，至嘉庆年间即达到10万余人。而当时全县耕地才9万余亩，且公尝等公用土地占了近一半，因此人均耕地不足半亩。

3. 主要生计

（1）农业为主。

大埔县与整个粤东山区一样，山多田少，至康熙年间以后，各山间盆地及周边山区的开发已基本饱和。但"邑多山陵林麓，耕稼之地，十仅一二"，能够耕作之田地，仅百分之一二十。为了取得生存所必需的粮食，维持生计，农民生产非常勤奋。"农亦最勤，岁两熟。低洼为田，种占禾糯各稻；高燥为园，种粟、菽、薯、芋、番薯、瓜蔬诸物，以佐谷食。近亦有种甘蔗、管蔗、煮汁炼糖，及烟草，以贩外省。（烟草今已禁止）山居小民，则烧山治畲，栽种旱禾、油茶、油桐、杉松，以供日食，勤苦倍甚。"① 他们在田地里种植各种农作物和经济作物。

为充分利用山地，还在山里开了很多梯田，种植旱稻、红薯等耐旱作物。"山谷迤逦有水之处，自麓而跻腰颠皆阪田鳞次，远望如梯级，如蹬道焉。其不可田者烧治为畲，以树旱禾、姜、豆、瓜、瓠、薯、芋，佐饮谷食。"②

但人多地少，土地所出，不足维持三个月之需，生计成为当时人们面临的主要问题。因此，出现了除农业外的其他一些生计。

（2）发展林业。

因其他资源缺乏，大埔山区很多人靠山吃山，靠采伐山林为生。如王演畴万历二十九年（1601）到大埔来任知县时，"度岭而南入（县）境，峰头石上，见男妇老弱皆樵采，负戴相错于道，黧面跣足，披烈日，履巉岩，走且如鹜。甫下车，进邑，父老问焉：古称男耕妇织，今皆以力事，人岂其农桑无地，故以樵负当耕织与？良苦矣。父老为予言：君侯谓其苦，此犹乐事，彼之生计在樵，所从来矣。今道旁之山且将童，非深入不能得"③。再如平砂社一带，居民赖樵采为半年生活之计。④

但对天然山林的任意采伐，导致严重的社会问题，如湖寮吴、蓝、罗等姓与双坑何姓长达数百年的官司，就是因为滥采山林而引起的。⑤ 由于韩江下游地区木材市场的吸引，从明末以来，人们开始有意识地经营山林，种植杉树、松树等有经济价值的林木。到清初以后，这种现象就变得非常普遍。康熙三十二年（1893）双坑何姓与湖寮蓝、罗等姓打山林官司时，海阳县丞高某在查堪杉树种植情况时看到，"山丰山系蓝、罗、黄、丘等姓栽种"，"高道庵之前地名粪箕窝，何姓杉木繁多"，"何姓通族坟木共十八处"，"外有他姓共三十三家"。他认为"此乡居民，山多田少，艺木营生，历代无异。不独何氏一姓，合邑皆然"。⑥ 双坑何姓村落四周之山，因长期采伐，山上连一个"遮障之所"也找不到。康熙初年，"通族

① 蔺焘：乾隆《大埔县志》卷十《风土志》，第7页。
② 蔺焘：乾隆《大埔县志》卷十《风土志》，第23页。
③ 王演畴：《大埔县义田记》（万历二十九年），载温廷敬：民国《大埔县志》卷三十六《金石志》，大埔：大埔县政府，1943年，第23页。
④ 宋嗣京：康熙《埔阳志》卷二《政纪·平砂村煽炉议》。
⑤ 肖文评：《明末清初"湖寮田山"事件的环境反思》，《绿叶》2006年第2期。
⑥ 《高县丞回勘文》，载何晓楼、温廷敬等：《崧里何氏族史·杂录》，1919年。

始议，照鼎成、道隆、鸿业三户丁口派银购物，鸠工栽种，修蓄松、杉等木”。经过族人数十年的精心管理后，至乾隆十七年（1752）时，“吾族一抔之土，茂林修竹，蔚然深秀，一望无际”①。可见人工林的种植已达到相当的规模，并成为一种维持生计的主要经营方式。

（3）经商成风。

为维持生计，大埔人形成了“走川生”的经商习俗。正如嘉庆《大埔县志》所称：“土田少，人竞经商。于吴、于越、于荆、于闽、于豫章，各称赀本多寡，以争锱铢利益。至长治甲民名为贩川生者，则足迹几遍天下。”② 民国时期的丘星五对此按语说：“贩川生者，不独长治甲民，他甲亦多有。”③ 如湖寮吴禹石在民国初年编族谱所写序言中也称族众“出外经商者日多，在家读书者日少”④。自清初以来，大埔人多地少，为了维持生计，很多人外出经商，充分利用县境外的社会资源来维持和发展家庭生活。

（4）读书出仕。

清代的大埔，自社会稳定后，文化教育崛起，并得到长足发展，文风盛行。除了修复明代建的茶阳书院和学宫，还在乡绅的倡议下不断增办社学、义学，如“湖寮社学在黄坑，旧为隆庆严寺，嘉靖初，乡之绅士呈改为社学，年久废坠。雍正二年里人吴砥柱、蓝双峰等倡募重建，又旁造仓廒一间”⑤。又“康熙八年复定府学二十名，大学十五名，中十二名，小七八名，而以大埔为小学”。至雍正二年，“谕督抚会同学臣查明实在最盛之州县，题请小学改为中学，中学改为大学，大学照府学额取录”，⑥ 大埔县学改为中学。可见，清代大埔教育之发达。到乾隆盛世时期，大埔教育更是极为兴盛。（参见表4）

---

① 《十八公引》，载何晓楼、温廷敬等：《崧里何氏族史·杂录》，1919 年。
② 洪先焘：嘉庆《大埔县志》卷十一，第 4 页。
③ 温廷敬：民国《大埔县志》，卷十三《人群志》，大埔：大埔县政府，1943 年，第 9 页。
④ 大埔吴氏宗谱编委会：《大埔县湖寮吴氏宗谱》，1995 年，第 10 页。
⑤ 温廷敬：民国《大埔县志》卷八《教育志》，大埔：大埔县政府，1943 年，第 5 页。
⑥ 蔺焘：乾隆《大埔县志》卷四《学校志·考校》，第 18 页。

表4　大埔明清两代的科举取士人数

朝代	明代	清代								
		顺治	康熙	雍正	乾隆	嘉庆	道光	咸丰	同治	光绪
进士	5	1	5	2	16	3	2	1	2	10
举人	26	3	26	17	93	32	24	10	10	20

注：据民国《大埔县志》卷十五《人物志·科目表》，大埔：大埔县政府，1943年绘制。

　　大埔教育的盛况，正如乾隆《大埔县志》所言"矜气节而甘淡泊，一衿已青而后，不预外事，惟以授徒为业。书簏衣箧，不惮千里之行，一切武断乡曲、把持衙门诸恶习，百中无一二焉。乡塾献岁延师开馆，腊尽解馆，几于寒暑不辍。至于蒙馆，则虽三家之村，竹篱茅舍，古木枯藤，蒙茸掩映，亦辄闻书声琅琅。明郡志云：山瘠栽松柏，家贫好读书，盖非今斯今矣"①。正因为考中科举者众多，所以出仕为官者亦众，而以教读为生者更多。

　　4. 天灾与人祸

　　（1）自然灾害频频。

　　大埔地处亚热带，为亚热带季风性湿润气候，降水量大，常年降水量在1 500毫米以上，而且主要集中在夏季。尤其是大埔距离海岸线不远，每当夏秋台风多发季节，经常遭受暴风雨袭击。而大埔山多田少，自明代中叶以来山区不断被开发，植被破坏严重。因而每当暴雨来袭，便很容易出现洪水，导致水灾，破坏田园，造成较大的人员、财产损失。如康熙四十年（1701）六月的洪水，"城内外民居漂去十之六七，城垣塌毁数处。三河店冲毁十之九，民房崩塌十之四"。雍正元年（1723）的洪水，"坏民房、城垣，三河城多冲塌。民居漂毁大半，较辛巳更高六七尺"。乾隆十五年（1750）的洪水，"沿河一带，冲毁民房无算"②。

　　虽然大埔地处山区，山林资源丰富，山林蓄水，有利于农业生产。但自明中叶以来山区的不断开发，导致植被破坏，不仅造成严重的水土流失，破坏水利设施，而且形成"大雨大灾、小雨小灾，无雨旱灾"的情形。如果稍长时间不下雨，即出现严重的旱灾。如雍正四年（1726）、五

---

　　①　蔺焘：乾隆《大埔县志》卷十《风土志》，第8页。

　　②　温廷敬：民国《大埔县志》卷三十七《大事志》，大埔：大埔县政府，1943年，第4－7页。

年（1727）的旱灾，导致严重的饥荒。雍正四年，"二月二十二日，斗米银三钱。至五月初七日，斗米八钱。山蕨、树叶、草根，采食殆尽。兼值时疫，有患即殒。民之流亡死丧者，不计其数"。雍正五年，"二月，斗米三钱二三分。三月，四钱七八分。夏四月，斗米六钱一二分。民之饿病死者、流散者不可胜记，计开邑以来，未有此二年之惨"①。

因此大埔的自然灾害相当频繁。据康熙《埔阳志》、乾隆《大埔县志》、同治《大埔县志》、民国《大埔县志》统计，康熙年间大埔有记录的灾害 16 次，平均每 3.7 年一次；雍正年间有灾害 6 次，平均每 2 年 1 次；乾隆年间有灾害 18 次，平均每 3.5 年一次；嘉庆年间 5 次，道光年间 8 次，光绪年间 8 次。

（2）社会动乱。

明末清初，介于沿海与内地之间以及粤、闽、赣交界地区的大埔县，因其重要的地理位置而成为兵家必争之地，因而先后遭受了钟凌秀之乱、叶阿婆之乱、梁良之乱、田养民之乱、刘进忠之乱等动乱 8 次，地方社会动荡不安，一直到康熙十六年（1677）六月耿精忠部将刘进忠投降清军后，大埔地方社会才稳定下来。动乱期间很多人被杀。如康熙十四年四月，刘进忠部将朱缵，"乌合数千人，于四月十六日由枫朗、白堠直抵湖寮蜂，屯鸦鹊坪，日勒饷围楼，肆行杀掠"②。

康熙三十年（1691）以后，又先后遭受郑德敬、罗辰、张俊应、黄宜加等小范围的动乱 4 次。③

咸丰九年（1859）正月，太平天国将领石镇吉率军进入大埔，攻占大埔县城。同治三年至四年（1864—1865），太平军几次出入大埔，所过之地人们纷纷逃亡。

二、清代大埔县迁台情况

（一）渡台方式

1. 偷渡

康熙二十二年（1683）收复台湾后，康熙皇帝担心台湾会成为反清复明的根据地，对大陆与台湾之间的往来实行三项严格的管制，即通常所说的"渡台三禁"：①欲渡船台湾者，先给原籍地方照单，经分巡台厦兵备

---

① 温廷敬：民国《大埔县志》卷三十七《大事志》，大埔：大埔县政府，1943 年，第 6 页。
② 洪先焘：嘉庆《大埔县志》卷九《兵防志·寇氛》，第 17 页。
③ 洪先焘：嘉庆《大埔县志》卷九《兵防志·寇氛》，第 18－19 页。

道稽查，依台湾海防同知审验批准，潜渡者严处。②渡台者不准携带家眷，业经渡台者，亦不得招致。③粤地屡为海盗渊薮，以积习未脱，严禁粤中惠、潮之民渡台。

清廷厉行这种海禁政策时间相当长，其间仅有短暂的数次弛禁。大致说来，清朝统治台湾的 212 年当中，从 1683 年到 1790 年是采取一种较严格的禁止与限制；1790 年以后，才较放松，到了 1875 年以后，才真正开放移民。

当时对偷渡处罚相当严厉。偷渡被查获者处罚 100 大板，船东流放黑龙江，责任区官员降级。而合法在台湾取得户籍者课以两倍于大陆的人头税（称为丁银）。例如乾隆元年（1736）的《谕减台湾丁银》中言及，"台湾丁银一项，每丁征银四钱七分；再加火耗，则至五钱有零矣。查内地每丁征银一钱至二钱、三钱不等，而台湾加倍有余"。虽然如此，但还是有很多大埔人在清初以后来到台湾。

由于"渡台三禁"的限制，早期渡台的客家人主要是私自偷渡过台湾。具体路线为：顺着汀江、韩江南流而下，到达饶平樟林、柘林附近的各港口，绕开查验，直接渡过台湾海峡，航行至凤山县的打鼓港（今高雄港）、前镇港、凤山港、下淡水港、东港等港口及琉球屿，再由小船接运登陆，徒步到达目的地。

2. 官渡

康熙六十年（1721）台湾南部朱一贵作乱，朝廷派蓝廷珍到台湾剿乱，当时台湾凤山各地的客家人，组织"六堆义军"协助围剿。事后论功行赏，由于客家人有功于朝廷，而作乱的朱一贵祖籍又是闽南泉州，因此蓝廷珍乃奏请解除粤籍人来台的限制，从而使客家人来台不受歧视。自此嘉应州、惠州、潮州的客家人不断渡台。大埔人渡台多走官道，即朝廷规定的路线，具体路线为：顺着汀江、韩江南流而下，到达饶平樟林、柘林附近的各港口，而后乘船到厦门等待查验；或者沿梅潭河经湖寮、百侯、枫朗、双溪至福建平和县九峰上岸，步行到小溪后再坐船沿九龙江至厦门。再后渡洋到澎湖列岛的马公等港口候风；再而后向东南行驶，经东吉洋，进入鹿耳门查验；最后由安平登岸，到达府城（今台南市）附近，再分迁各地。如湖寮莒村的陈廷拔，在乾隆二十三年（1758）去台湾时，即沿梅潭河至平和，再到漳州、厦门过台湾。①

当然此时也还有走私渡的。

---

① 陈克招：《莒村村史》（手稿本），2008 年，第 290 页。

（二）大埔人渡台概况

康熙二十二年（1683）收复台湾后，东南沿海地方社会稳定后，因台湾地广人稀，土地肥沃，闽粤沿海居民纷纷渡台开垦，从而形成一股渡台垦荒之风。受这一风气影响，从康熙中期以后，大埔人也纷纷渡台，到台湾南部、中部各地垦殖。由于文献记载的有限，现所见最早渡台的是康熙五十年（1711）大埔高陂的张达京和刘元龙。大埔渡台的主要是东南部沿韩江、梅潭河地区，西北部地区较少。

1. 清代大埔县各姓渡台情况简表

表 5　大埔湖寮罗氏渡台情况统计

房派	世次	人名	迁台时间	备注
塘唇房	十七	上快	乾隆年间	客台湾。康熙六十年（1721）四月二十八日生，卒葬台湾。娶刘氏，卒葬台湾。子一：东麟，失传
坪上房	十二	宗璇	康熙年间	康熙五年（1666）九月二十八日生，康熙五十三年（1714）十月二十九日卒于台湾，归葬鸦鹊坪
	十三	肇皋	康熙年间	自幼教读台湾。康熙三十二年（1693）十二月二十三日生，乾隆十四年（1749）四月初四卒于台湾，享年五十七，归葬鸦鹊坪
	十三	鸿敏	康熙末年	壮游台湾，逐什一利。在该处成立家业，殆有终焉之意。后因生番为乱，房舍荡然，始束装言归。生平临财不苟，建筑朱紫地小宗祠时，房众推鸿敏董其役。年老事繁，积劳成疾卒
	十四	用舒	雍正年间	经商台湾。生康熙四十七年（1708）八月十三日，卒乾隆三十六年（1771）九月初一，享寿六十四，葬台湾
	十四	用福	雍正年间	客居台湾。康熙四十年（1701）正月十六日生，乾隆九年（1744）十月二十四日卒，得年四十四，葬台湾
	十四	干麟	乾隆年间	雍正十三年（1735）十一月八日生，嘉庆十二年（1807）六月十六日卒于台湾，享寿七十三，葬台湾

（续上表）

房派	世次	人名	迁台时间	备注
	十四	唐麟	乾隆年间	康熙五十年（1711）生，乾隆四十八年（1783）卒，享寿七十三。娶台湾镇平县张氏，雍正十三年（1735）生，乾隆三十七年（1772）卒，行年三十八。合葬坳背碑坑桐树坑。子六：家仁、家义（失传）、家礼（失传）、家忠、家豪（失传）、家英。女四：长适台湾镇平县吴，次适岭下邹，三适台湾镇平县赖，四适平远龚
	十五	永宁	乾隆年间	赏给把总衔。为人志趣不凡，弱冠游台湾，值奸民林爽文倡乱，公率义民讨之，所至有功，授把总。嗣为奸人所陷，发充江南军
	十五	兴盛	乾隆年间	用福嗣子，乾隆二年（1737）生，乾隆二十八年（1763）九月初三日卒于台湾，行年二十七，归葬鸦鹊坪
	十五	家俊	乾隆年间	干麟之子，乾隆二十九年（1764）生，乾隆五十四年（1789）四月初一日卒于台湾，行年二十六。归葬双髻山蔗林坑子山。娶碗窑里蓝氏（改适）
	十五	家仁	乾隆年间	唐麟长子，乾隆十五年（1750）生，乾隆四十九年（1784）卒于广西流县大埠村，行年三十五。归葬坳背陂坑。娶台湾谢氏，夫亡回乡，媚守抚嗣，安贫度日，族众贤之。嗣子一：嗣贤（殇）
	十五	家忠	乾隆年间	唐麟四子，乾隆二十七年（1762）生，嘉庆四年（1799）五月十三日卒于台湾，行年三十八。葬鹿子港。娶饶平刘氏，乾隆三十五年（1770）生。子三，嗣贤（过继家仁为嗣）、次安贤（失传）、三贤（失传）
	十五	家英	乾隆年间	唐麟六子，乾隆三十三年（1768）生，嘉庆十一年（1806）四月二十七日卒于台湾，行年三十九。葬台湾。子一：坤贤（失传）
	十五	相时	乾隆年间	又名辅基，客台湾不返。乾隆元年（1736）生。娶蓝氏，嗣子一：嗣英（殇）

（续上表）

房派	世次	人名	迁台时间	备注
	十五	霍时	乾隆年间	乾隆二十五年（1760）生，娶吴氏，继娶台湾某氏，子二：冠秀（失传）、二秀（失传），俱后出
	十七	敬贵	同治年间	道光十六年（1836）生，光绪三年（1877）十月三十日卒于台湾淡水沪尾，得年四十二。归葬鸦鹊坪。娶新村刘氏，子一元启（失传）
河头房	十八	丹诚	光绪年间	家贫，力学不辍，年二十六补弟子员，二十七食廪饩，明年备乡荐，文名藉甚，远近争礼聘之。曾在台湾丁中丞雨生抚署任西席。道光二十二年（1842）生，光绪二十四年（1898）卒，享年五十七

资料来源：罗氏族谱续修委员会：《大埔罗氏族谱德垂公系》，1998年。

表6　大埔湖寮蓝氏渡台情况统计

房派	世次	人名	迁台时间	备注
小宗七派德玉公派	十七	明	康熙年间	慷慨有大志，随总戎吴启聪到琼州镇效力，不遂。回家娶吴氏，生一女，相继而卒。遂子身往福建，从本家提理公征台有功，授功加都督衔，随到浙江定海镇修补守备。生康熙五年（1666），卒雍正三年（1725）
大宗一派均伯公派	十八	应杰	康熙年间	生平宏达，壮岁过台湾营生。创有庄业，结交甚伙。康熙辛丑，台地遭朱一贵难，力能捍卫，提督蓝公廷珍给以外委，协办军务。回家捐资重建巷口祖祠，乡族钦之。生康熙十八年（1679），乾隆九年（1744）故于台湾庄舍。运骸归葬双坑南洋岗
大宗四派云畴公之佩轩公派	二十	斯聪	康熙年间	读书能文，游学台湾。康熙五十三年（1714）卒于彼处，运骸归里
大宗四派云畴公之益轩公派	二十一	周龙	乾隆年间	生乾隆十四年（1749），卒于台湾

（续上表）

房派	世次	人名	迁台时间	备注
大宗四派云畴公之益轩公之教授公派	二十五	蕴发	光绪年间	生于道光二十五年（1794），卒于光绪二十一年（1895）。娶台湾黎社吴氏，后改嫁。继娶台湾杨氏，生卒葬未详。子四，长招有，次招回，三招隆，四兼桃子招权，均定居台湾。三子均杨氏出。女一适葵坑口黄，吴氏出
	二十五	仁初	光绪年间	居台湾
	二十六	学诗	光绪年间	俊士长子，居台湾
	二十六	学礼	光绪年间	俊士次子，居台湾
	二十六	品魁	光绪年间	俊士三子，居台湾
大宗四派云川公派	十八	伟培	康熙年间	生康熙二十一年（1682），客故台湾。越五年，取骸归葬。娶龙冈邱氏，生一子乃兆
	十八	伟墀	康熙年间	生康熙三十年（1691），为人倜傥，少年随兄客台湾，遭朱一贵乱，能保住庄业。事平回家，孝养老母，内外无闲言。卒于乾隆十八年（1753）
	二十	斯美	乾隆十二年	生康熙四十五年（1706），读书能文。乾隆十二年（1747）往台湾，故于舟次，寄葬厦门
	二十一	善长	乾隆年间	生于康熙五十七年（1718），卒于乾隆二十二年（1757），客卒台湾，以弟善进长子辛曾为嗣
大宗四派云石公派	十九	解仕	康熙年间	生平旷达，有大志，不为利嗜。雍正初年，台湾蠢动，公随总兵廷珍公戎行，受御守府，大洽人心。及归，事厥考，床褥五纪，不少贷。生康熙十三年（1674），故乾隆十六年（1751）
	二十三	锡扬	光绪年间	生咸丰十一年（1861），援例充国学，光绪十四年（1888）客卒台北府

（续上表）

房派	世次	人名	迁台时间	备注
小宗七派榕溪公派	二十	上临	乾隆年间	生康熙四十八年（1709），乾隆十二年（1747）卒于台湾。嗣子殿元
	二十	上累	乾隆年间	生雍正三年（1725），在台湾娶泉州陈氏，生二子：尔兆，阳兆。后携回原乡
	二十一	祖庆	乾隆年间	生乾隆四年（1739），经商台湾，于竹仔圆地方，娶家落基。咸丰庚申、辛酉年间有书信寄回，在彼处传有子孙若干人未详

资料来源：蓝海文：《大埔蓝氏族谱》，香港：天马图书有限公司，2003 年。

表7　大埔湖寮吴氏渡台情况统计

房派	世次	人名	迁台时间	备注
天房昭派世系	十五	朝列	乾隆年间	生雍正乙巳年（1725）十月十六日，卒于台湾

资料来源：大埔吴氏宗谱编委会：《大埔县湖寮吴氏宗谱》，1995 年。

表8　大埔林氏渡台情况统计

房派	世次	人名	迁台时间	备注
枫朗隔背约台公房	十二	纯恬	康熙年间	其父集成共生六子，纯恬、仁埜为第三、四子，移居台湾
		仁埜	康熙年间	
英雅松水涧房	十六	文胜	乾隆年间	迁台湾
	十六	文亮	乾隆年间	格昌公次子，生二子钟明、广明，均定居台湾
	十六	文铨	乾隆年间	格昌公三子，生一子、一女，定居台湾
	十六	文信	乾隆年间	定居台湾
	十七	和明	乾隆年间	迁台湾
富岭科社英穆公房	九	建臣	康熙年间	迁居台湾云林竹山

（续上表）

房派	世次	人名	迁台时间	备注
澄坑大片头永世堂	十一	文乐	康熙年间	定居台湾
根德公传下五家畬分房	十八	父汉	康熙年间	移台湾
	十八	三宝	康熙年间	移台湾
	十九	永在	康熙年间	妣刘氏，生五子，移台湾
湖寮高道分房	十五	锡尧	乾隆年间	生乾隆十六年（1751），卒道光五年（1825）。二十八岁同锡总公往台湾垦荒耕种，兼作水甲，获金寄回桑梓，置产成家。旋里二次，躬往广西省亲。台湾归世，子品秀迎金旋梓，墓迁葬大山珠窠中龙嘴田面上。妣黄氏名玉娘，谥台湾贤爱
	十六	品秀	嘉庆年间	廿四岁游台湾，往返三次，六十岁旋梓。还乡教读，兼堪舆。妣党溪贺氏，生四子：周植、周滔、周岳、周源

资料来源：大埔县林氏族谱编委会：《大埔县林氏族谱》，2002 年。

表9　大埔县莒村陈姓渡台情况统计

房派	世次	人名	迁台时间	备注
莒庄公房	十五	廷拔	乾隆年间	壮岁在台湾，以开辟起家。迨晚年，捆载回里。置田产，建屋宇，修祖墓，立尝会，凡举公益慈善事业，靡不悉心乐为。生乾隆十三年（1748），卒嘉庆二十五年（1820）
	十五	廷聪	乾隆年间	年方及冠，漂泊海外，勤俭生财，置立家业，家有余蓄，聘娶有赀，年及壮强。生于康熙戊子年（1708），卒于乾隆年间，客卒台湾，后收金回葬
	十五	彪岳	康熙末年	壮年游台，业贸易，交游晋接，悉江湖高客。生康熙庚辰年（1700），卒于乾隆年间，客卒台湾

（续上表）

房派	世次	人名	迁台时间	备注
芙初公房	二十	京焯	光绪二十二年	生于同治七年（1868），卒于光绪三十年（1904）。二十九岁（1896），往台湾大甲溪附近教书；三十二岁（1899），在厦门鼓浪屿教书。在台曾作诗加注语云："台湾自割归日本管后，赋税加重，人民多怨恨。"

资料来源：《莒村陈莒庄公房谱》，《大埔岭下陈氏芙初公房谱》（2000年）。

表10　大埔双坑何氏渡台情况统计

房派	世次	人名	迁台时间	备注
带溪公房慕溪公派	二十	殿讲	雍正三年	雍正三年（1725）四月初二日溺于台湾舟次
	二十一	联生	雍干年间	往台湾
	二十一	慷升	雍正年间	系林山公七子过嗣，移居台湾
带溪公房振溪公派	二十	睦升	雍正年间	往台湾
继松公房	二十二	廷由	乾隆年间	生乾隆二十七年（1762），壮游台湾，娶副室，生子，遂家焉。配廖氏，长教礼宗公之女，年二十八，而廷由公外出，家台湾不返，艰苦抚嗣，以承宗祀。及嗣男成立，往台省父，娶妻生儿女。氏独家居，孑然一身，肩挑度活。幸晚岁嗣男返里，家徒四壁，樵苏易米，奉养维谨，母子相依，借娱晚景，以乐余年，亦不幸中之幸也。生乾隆壬辰年，卒同治二年（1863）。子斯振，系在田四子过嗣
	二十三	斯振	嘉庆年间	壮岁随父居台湾，清同治年间归乡事母。生嘉庆三年（1798），同治年间卒于台湾，事详家传及县志耆德传。按：光绪十二年丙辰（1886）有族人二十五世友岩公、叔夷公二人游学台湾，曾至其家，亲见其孙曾四五人云

（续上表）

房派	世次	人名	迁台时间	备注
安公房而昌公派	二十五	弼良	道光年间	生嘉庆二十三年（1818），壮岁游台湾，娶妻生子，辛未（1871）夏携子返里。未几复往，籍焉。配李氏，系出台湾，例封宜人。子先捷
	二十六	先捷	同治年间	弼良之子，籍台湾
安山公房守峰公派	二十四	梦履	道光年间	字馗裔，往台湾卒，谥台南
安山公房南立公派	二十一	怀南	乾隆年间	生乾隆元年（1736），卒五十年（1785），葬台湾府东都。配肖氏，百侯迎公长女。子二，长辊山，次直亭

资料来源：大埔县崧里何氏族史编修工作委员会：《崧里何氏族史》，1996年。

表11 大埔百侯杨氏渡台情况统计

房派	世次	人名	迁台时间	备注
达义房	十四	福荣	康熙年间	葬台湾
	十四	宗岳	康熙年间	由书经补福建台湾郡庠生。生于康熙九年（1670），卒于雍正十一年（1733），葬台湾。娶蓝氏，生六子：益、绢、为光、盎、孟、为吉，长、三、四、五、六移台湾
	十四	世勋	乾隆年间	生于康熙五十年（1711），娶詹氏，生于康熙五十一年（1712），移居台湾
	十四	润竖	康熙年间	嗣衍长子，生康熙十七年（1678），卒于康熙三十七年（1698）四月十三日，葬福建台湾。嗣一子禄生
	十四	润芝	康熙年间	嗣衍三子，生于康熙二十四年（1685），出福建台湾卒，不传

（续上表）

房派	世次	人名	迁台时间	备注
	十四	润采	康熙年间	嗣衍四子，生康熙二十九年（1690），娶某氏，出福建台湾卒。生四子：成吉、禄生、长生、清赐。吉早卒，次出嗣
	十五	待贲	康熙年间	生于康熙三十九年（1700），台湾身故
	十五	益	康熙年间	宗岳长子，移台湾，由易经补福建台湾邑禀生。生康熙二十九年（1690），卒失记。娶张氏，生于康熙四十四年（1705）年，嗣一子钦裕
	十五	为光	康熙年间	宗岳三子，由春秋补福建诸罗邑禀生。生康熙三十二年（1693），卒乾隆十五年（1750），葬台湾诸罗朴子埔屋背岗，子山午向。娶彭氏，生康熙四十四年（1705），卒乾隆三年（1738），生三子：钦昌、钦珍、钦焕
	十五	益	康熙年间	宗岳四子，移台湾。生于康熙三十五年（1696）卒失记。娶蓝氏，生康熙四十七年（1708），生一子，衍夏，出嗣。继娶刘氏，生于康熙四十七年，生四子：钦斋、钦裕、钦厚、钦喜
	十五	孟	康熙年间	宗岳五子，移台湾。生于康熙四十一年（1702），娶丁氏，生于康熙四十七年（1708）。生四子：钦达、钦海、钦崇、钦佑
	十五	为吉	康熙年间	宗岳六子，移台湾，由书经补福建台湾邑庠生。生于康熙四十七年（1708）。娶余氏，生一子钦敦。继娶吴氏

（续上表）

房派	世次	人名	迁台时间	备注
	十五	允章	乾隆年间	由书经补台湾邑庠生。生于雍正七年（1729）。娶乌氏，生雍正六年（1728）
俊吾公房	十五	景典	雍乾年间	生康熙四十八年（1709），卒于台湾
尚德公房	十四	清应	康熙年间	文川长子，生康熙二十八年（1689），卒台湾
	十四	阿东	康熙年间	文川四子，生康熙四十一年（1702），卒台湾
	十四	允良	康熙年间	生于康熙四十一年（1702），外出台湾
吾叟公房	十五	荀龙	康熙年间	生于康熙三十九年（1700），外出台湾
	十五	泽朝	康熙年间	生于康熙三十四年（1695），外出台湾

资料来源：杨缵绪：乾隆《（大埔白堠）杨氏族谱》（点校本），2003 年。

表12　大埔百侯肖氏迁台情况统计

房派	世次	人名	迁台时间	备注
	十三	兆祝	康熙年间	往台湾
	十三	兆棱	康熙年间	往台湾
	十三	系旗	康熙年间	往台湾
	十三	系闺	康熙年间	往台湾
	十三	兆祉	康熙年间	往台湾
	十三	系团	康熙年间	往台湾
	十三	丕运	康熙年间	往台湾
	十三	系雄	康熙年间	往台湾
	十三	逢骧	康熙年间	往台湾
	十四	深运	乾隆年间	往台湾

资料来源：肖惠南：大埔百侯《肖氏族谱》，1943 年。

表13　高陂三洲坑田背村刘氏渡台情况统计

房派	世次	人名	迁台时间	备注
树德堂	八	士朝	雍正十二年	与妻邱氏，率领儿子国梯、国秋，与刘士升、刘士芳、刘士燕及刘才麟等人一起到台湾，定居苗栗公馆
	八	士升	雍正十二年	与刘士朝、刘士芳、刘士燕及刘才麟等人一起到台湾
	八	士芳	雍正十二年	往台湾
	八	士燕	雍正十二年	往台湾
	八	才麟	雍正十二年	往台湾

资料来源：刘图瑞：《大埔洲田刘世族谱》，1920年。

表14　大埔古埜天水堂赵氏渡台统计

房派	世次	人名	迁台时间	备注
长房庆福公派	十一	永奕	嘉庆年间	赴台湾
	十	志南	雍正年间	赵云山生六子，除长子妹南早逝、三思南留家外，次志南、四忠南、五恩南、六惠南均迁台
	十	思南	雍正年间	迁台
	十	忠南	雍正年间	迁台
	十	恩南	雍正年间	迁台
	十	惠南	雍正年间	迁台
三房庆护公派	十一	永名	嘉庆年间	曾在福建厦门从政，其后裔迁去台湾

资料来源：广东梅州赵氏崇政族谱编委会：《赵氏崇政族谱》，1995年。

表 15　大埔百侯张氏渡台情况统计

房派	世次	人名	迁台时间	备注
十四世士和公二房	十五	上卿	咸丰年间	生于嘉庆二十四年（1819），卒于光绪二十年（1894）
十四世士和公大房	十六	绍棠	同治年间	同治十三年（1874）进学台湾嘉义县，考取禀生第四名，光绪元年（1875）考取一等第三名，联捷秋闱中式福建省第 99 名举人，光绪六年（1880）中第 127 名进士，殿试三甲第 108 名。（用张觐光名参试，以福建省举人资格入京会试，故其进士名单列入福建省）庶妣洪氏（1851—1888），台湾人，葬于上海；庶妣江氏（1875—1896），台湾人，葬上海，生一子锡麟
	十六	绍雁		名日光（1855—1893），光绪十三年（1887）捐监生，光绪十九年（1893）卒于台湾，享年三十九岁，葬于下林子圳心庄（立张日光墓碑）。1906 年起骨骸迁回原籍，葬于本村松光印。妣肖氏（1862—?），生一子锡恭，嗣一子锡谋，嗣一女裘
	十七	锡畴	光绪年间	生于咸丰十年（1860），于光绪十三年（1887）取进台湾嘉义县学第十一名。1919 年卒于汕头
十四世士和公二房	十七	锡钦	光绪年间	生于同治十三年（1874），青年时移居台湾嘉义创业，有二子名载扬、载赓，后裔情况不明

资料来源：张韶元：大埔百侯《张府积厚堂族谱》，1997 年。

表16 大埔高陂张氏渡台情况统计

房派	世次	人名	迁台时间	备注
三房	十一	达京	康熙五十年	行商入台，后为岸里大社五社总通事，就平服番黎有功，加赏守府衔。为台中开发先驱
	十一	达朝	雍正十二年	与弟达京、达标二人，渡海来台，招佃垦辟拣东顶下堡，凿圳灌田，勋业烂然，官民泽被，建居头家厝
	十一	达标	雍正十二年	与兄达朝、达京渡台，克建基业，卒葬彰邑东势军功寮山
大房	十一	启顺	乾隆年间	公妣生卒未详，生二子巧生、恩生，巧生娶妻潘氏生一子招旺，居于台湾员林庄
	十二	仕梅		往台身故，妻刘氏改嫁
	十二	巧生		娶妻潘氏，生一子招旺，居于台湾员林庄，卒于台
	十二	克台		妣刘氏，往台生下二子肇芹、肇麟
	十三	麟初		往台未回

资料来源：《大埔高陂赤湾下村张氏族谱》（手抄本），《赤山张氏族谱》，1984年。

表17 大埔其他各姓渡台情况统计简表

迁台姓名	世次	迁台前	迁台时间	备注
郭延壁	七	光德上漳村	康熙年间	迁居台湾
郭阿三	八	光德上漳富呈坑	雍乾年间	去台湾情况不明。妻改嫁。生子：亚维、亚展、福德、元基
郭垂拱	十一	光德上漳石楼	乾隆年间	早年去台湾，未详
郭开吉	十四	高陂澄大畲	乾隆二十五年	台湾定居
郭宏烈	十四	平原东山	乾隆年间	往台湾，卒，迁骸葬三岗大塘里尾山顶。妣台湾（原籍福建南靖）淑惠萧氏，卒于台湾，葬地未详
廖琚德	二十	洲瑞排头	康雍年间	移东都，居新竹县湖口

（续上表）

迁台姓名	世次	迁台前	迁台时间	备注
廖琼德	二十	洲瑞排头	康雍年间	移东都, 居新竹县湖口
廖琼德	二十	洲瑞排头	康雍年间	移东都, 居新竹县湖口
吴成彭	十三	高陂塘溪	乾隆年间	往台
刘元龙	十三	高陂乌槎村	康熙五十年	前后五次到台湾
刘永万	十四	高陂乌槎村	乾隆十九年	刘元龙之子, 定居台中石冈
刘永顺	十四	高陂乌槎村	乾隆十九年	刘元龙之子
刘文进	十五	高陂乌槎村	乾隆二十四年	由父亲刘永顺带全家定居台中石冈
邓维刚	十四	高陂乌槎村林大坑	乾隆末年	迁居台湾
邓群正	十六	高陂乌槎村溜下	道光末年	迁居台湾
邓勤朴	十六	高陂乌槎村溜下	道光末年	迁居台湾
郭若朋	十六	大麻小留村	乾隆年间	到台之初生活潦倒, 曾流浪台湾南部, 后来偕长、三子移居校栗林（今潭子乡栗林村）, 以制作草鞋及卖盐为业
连永清	十四	高陂乌槎村	嘉庆元年	与族人乡亲渡海来台, 定居台中石冈乡德星村
刘永名	十六	大麻弓洲中兰村	嘉庆十五年	以教书为业
刘孔才	十七	大麻弓洲中兰村	道光十七年	于道光十七年（1837）第五度来台湾奉亲定居, 咸丰二年（1852）于东势镇建垂裕堂开基立业
黄宽仁	二十一	银江	光绪年间	青年往印度尼西亚开阿弄店, 后移居台湾屏东县长治乡

据现所见资料, 大埔清代渡台主要有以上 17 姓的人, 迁出区域主要是东南部的韩江和梅潭河流域, 西北部地区较少。

2. 清代大埔各姓渡台概况

（1）迁台时间和人数。

表 18　清代大埔县各姓渡台情况统计表

	顺治	康熙	雍正	乾隆	嘉庆	道光	咸丰	同治	光绪	宣统	总计
蓝		11	8	16					6		41
郭		7		5	2	1	2	2			19
黄		7		16	5		1				29
廖		8		6	11		4	1	1		31
林		13	3	7	2						25
刘		2	5	8		6	1				25
吴				9	3	2	3				17
罗		7	4	33				1	1		46
温		2									2
赵			5		2						7
邓				1		2					3
陈		1		2				1			4
何		6	7	5	2	3		1			24
杨		16		3							19
肖		6		1							7
张		1	2	5			1	1	3		13
连				1							1
总计		87	34	117	31	14	12	6	12		313

表 19　迁台始祖渡台时间统计表

时间	康熙（1683 年起）	雍正	乾隆	嘉庆	道光	咸丰	同治	光绪（1896 年止）	合计
年数	40	13	60	25	30	11	13	20	212
人数	87	34	117	31	14	12	6	12	313
百分比	27.80	10.86	37.38	9.90	4.47	3.83	1.92	3.83	100
年均	2.18	2.62	1.95	1.24	0.47	1.09	0.46	0.60	1.49

　　根据表 19 统计，清代康熙、雍正、乾隆三朝为客家人移民台湾的盛世热潮。正如台中县石冈乡《刘元龙公派下家谱》所言：康熙末年、雍正、乾隆初年，大埔"人人过台湾发展，盛传风气"[①]。后经嘉庆、道光、咸丰、同治、光绪年代，都有不少客家人渡台，然而人数未及前三朝。

---

① 台中县石冈乡：《刘元龙公派下家谱》，1945 年。

（2）迁居地。

虽然清代大埔渡台者有记载的有 300 多人，但因各地族谱所载渡台者的传记相当简略，或载"渡台"，或记"客台湾"，或记"居台不归"，而大埔与台湾之间相隔千里，信息流通相对不便，再加上渡台者住址可能经常变化，因而对渡台者居住地的统计有一定难度。现就所见资料统计如表20：

表20　迁台的时间与迁居地

迁出地	姓名	时间	迁居地
大埔湖寮	蓝祖庆	乾隆年间	生乾隆四年（1739），经商台湾，于竹仔圆地方，娶家落基。咸丰庚申、辛酉年间有书信寄回
桃园富岭	林建臣	康熙年间	迁居台湾云林竹山
高陂三洲坑	刘士朝	雍正十二年	与妻邱氏，率领儿子国梯、国秋，与刘士升、刘士芳、刘士燕及刘才麟等人一起到台湾，定居苗栗公馆
大埔百侯	杨为光	康熙年间	台湾诸罗县
百侯蕉子坑	张锡钦	光绪年间	台湾嘉义
大埔高陂	张达京	康熙五十年	台湾彰化
大埔高陂	张达朝	雍正十二年	台湾彰化
大埔高陂	张达标	雍正十二年	台湾彰化
大埔高陂	张启顺	乾隆年间	台湾员林庄
洲瑞排头	廖琚德	康雍年间	新竹县湖口
洲瑞排头	廖琼德	康雍年间	新竹县湖口
洲瑞排头	廖琼德	康雍年间	新竹县湖口
高陂乌槎村	刘永万	乾隆十九年	台中石冈
高陂乌槎村	刘文进	乾隆二十四年	由父亲刘永顺带全家定居台中石冈
高陂乌槎村	连永清	嘉庆元年	与族人乡亲渡海来台，定居台中石冈乡德星村
大埔银江	黄宽仁	光绪年间	青年往印度尼西亚开阿弄店，后移居台湾屏东县长治乡

从表20来看，康熙、雍正年间主要集中在台湾开发较早的彰化、诸罗

等地，乾隆以后则集中在台中、屏东等地。

下以大埔罗氏为例，统计流台时间与迁居地情况：

表21　大埔罗氏渡台时间与迁居地统计

姓名	来台前	入台	派别	世系排行	入台时间
罗俊宗	大埔	彰化	德达公派	十二	康熙年间
罗俊干	大埔	彰化	德达公派	十二	康熙年间
罗佳升	大埔		德达公派	十三	康熙年间
罗宗珊	大埔湖寮	高雄及屏东		十三	康熙年间
罗千明	大埔坎下	中港		十四	雍正年间
罗遗坤	大埔	新竹竹北			雍正十年
罗用能	大埔湖寮	高雄及屏东		十五	乾隆年间
罗用福	大埔湖寮	高雄及屏东		十四	雍正年间
罗用仪	大埔湖寮	高雄及屏东		十五	乾隆年间
罗用德	大埔湖寮	高雄及屏东		十五	乾隆年间
罗户逊	大埔湖寮	高雄及屏东		十五	乾隆年间
罗用添	大埔湖寮	高雄及屏东		十五	乾隆年间
罗干麟	大埔湖寮	高雄及屏东	志铭公派	十四	乾隆年间
罗庶伴	大埔湖寮	高雄及屏东	仰逊公派	十五	乾隆年间
罗庶令	大埔湖寮	高雄及屏东	仰逊公派	十五	乾隆年间
罗庶尹	大埔湖寮	高雄及屏东	仰逊公派	十五	乾隆年间
罗庶享	大埔湖寮	高雄及屏东	仰逊公派	十五	乾隆年间
罗庶肆	大埔湖寮	高雄及屏东	仰逊公派	十五	乾隆年间
罗庶褒	大埔湖寮	高雄及屏东	仰逊公派	十五	乾隆年间
罗盛会	大埔湖寮	高雄及屏东	仰逊公派	十五	乾隆年间
罗通会	大埔湖寮	高雄及屏东	仰逊公派	十五	乾隆年间
罗会员	大埔湖寮	高雄及屏东	仰逊公派	十五	乾隆年间
罗鸿升	大埔湖寮	高雄及屏东	承宗公派	十五	乾隆年间
罗鸿森	大埔湖寮	高雄及屏东	承宗公派	十五	乾隆年间
罗家礼	大埔湖寮	高雄及屏东	志铭公派	十五	乾隆年间
罗家忠	大埔湖寮	高雄及屏东	志铭公派	十五	乾隆年间
罗家英	大埔湖寮	高雄及屏东	志铭公派	十五	乾隆年间

（续上表）

姓名	来台前	入台	派别	世系排行	入台时间
罗家义	大埔湖寮	高雄及屏东	志铭公派	十六	乾隆年间
罗德保	大埔	桃园平镇			乾隆中叶
罗于明	大埔	桃园中坜			乾隆中叶
罗家赏	大埔	台中潭子			乾隆中叶

注：根据《罗氏通谱网》资料整理。

根据表21，康雍年间主要在彰化，乾隆年间则集中在台湾南部的高雄、屏东以及台北的桃园和台中等地。大致涵盖了台湾的北、中、南三部分，与今天台湾的客家人聚居地大致相当。

三、大埔县移民与台湾社会

（一）大埔人对台湾社会发展的贡献

大陆移民台湾，并不仅仅是为了谋生，更重要的是为了谋求发展。由于自明朝末年以来，中国经历了长期的战乱，闽粤地区人口日减，每人平均耕地面积日增，所以清初来台的移民，并不全然是在大陆原乡站不住脚，何况，若果真站不住脚，也可以移民四川或南洋各地，台湾只是多数选项之一，因此移民是为了追求发展的新机遇而东渡。

大埔人到达台湾后，面对一个全新的社会空间。政府刚刚从郑氏手中收复台湾而建立新的政权，土著以打猎和刀耕火种为主，文化落后，从而为渡台者提供了广阔的发展空间。经过一代一代渡台者的努力开拓，台湾社会文化得到长足发展。概括起来，大埔人对台湾社会发展的贡献有以下几个方面：

1. 开圳垦荒，发展农业

当时台湾沃野千里，缺乏的是人力，只要自备一些资本和与原住民沟通的能力，就可以开拓垦殖事业。而参与土地开发者不单是农民，一些读书人、商人、士兵和官吏往往也趋之若鹜，积极加入拓垦的行列。

台湾自康熙二十二年（1683）被收复，当地地广人稀，土地肥沃，物产丰富，因而吸引了福建、广东等东南沿海居民前去垦殖。大埔人受沿海潮州、漳州、泉州人的影响，自康熙以后，很多人前往台湾，受人雇佣，从事垦荒活动，俗称"客子"。

"广东饶平、程乡、大埔、平远等县之人，赴台佣雇佃田者，谓之客子。每村落聚居千人或数百人，谓之客庄。"至雍正初年，据统计达"数十万"之众。①

湖寮蓝应杰、蓝伟墀，曾在台湾垦荒有成，创设有自己的农庄。《大埔蓝氏族谱》载曰："应杰，字士光，号遇人，启鲁六子。生康熙己未（十八年，1679），生平宏达，壮岁过台湾营生。创有庄业，结交甚伙。康熙辛丑，台地遭朱一贵难，力能捍卫，提督蓝公廷珍给以外委，协办军务。回家捐资重建巷口祖祠，乡族钦之。至乾隆甲子年（九年，1744），故于台湾庄舍，谥敦义。运骸归葬双坑南洋岗，未山丑向。娶熊氏，生康熙，子二：乃良、乃璧。女一，适百侯肖。"②

"蓝伟墀，字士参，号丹岩。生康熙辛未（三十年，1691），为人倜傥，少年随兄客台湾，遭朱一贵乱，能保住庄业。事平回家，孝养老母，内外无闲言。卒于乾隆癸酉（十八年，1753），谥英孝。娶新村刘氏，生康熙己卯，天性婉娈，承夫志，奉老母尤称纯孝，初艰于嗣，以兄三子乃孟为后，后生一子曰乃亨。女一适岭下陈。"③

而在台湾开圳垦荒成效最好、影响最大的则是高陂人张达京。他从家乡招人渡台，组织"六馆业户"，大规模开垦台中大平原，成为台湾著名的垦户之一。（详后）

2. 经营商业，促进地方发展

随着台湾土地的不断开垦和人口的不断增长，粮食、蔗糖等商品性生产相当兴盛，从而为商业的发展提供了很多机会。不少大埔人到台湾后从事商业活动，有些甚至成为巨富。

罗鸿敏（1696—1770），"壮游台湾，逐什一利。在该处成立家业，殆有终焉之意。后因生番为乱，房舍荡然，始束装言归"④。

罗用舒（1708—1771），一生"经商台湾"，于乾隆三十六年（1771）九月初一死后，也葬在台湾。⑤

湖寮莒村陈彪岳（1700—？），"壮年游台，业贸易，交游晋接，悉江湖高客"。⑥"客卒台湾，收金回葬何所未详。娶上寨何氏，生二子，长而觉，次而青。"⑦

---

① 蓝鼎元：《鹿洲初集》卷二《与吴观察论治台湾事宜书》，《四库全书》本。
② 蓝海文：《大埔蓝氏族谱》（第 2 册），香港：天马图书有限公司，2003 年，第 21 页。
③ 蓝海文：《大埔蓝氏族谱》（第 5 册），香港：天马图书有限公司，2003 年，第 50 页。
④ 罗氏族谱续修委员会：《大埔罗氏族谱德垂公系》，1998 年，第 786 页。
⑤ 罗氏族谱续修委员会：《大埔罗氏族谱德垂公系》，1998 年，第 797 页。
⑥ 《大埔莒村陈莒庄公房谱》，《大埔岭下陈氏芙初公房谱》，2000 年。
⑦ 未著撰者：《莒村陈莒庄公房谱》，1930 年。

湖寮蓝祖庆，"生乾隆四年（1739），经商台湾，于竹仔圆地方，娶家落基。咸丰庚申、辛酉年间有书信寄回，在彼处传有子孙若干人未详"①。

大埔百侯侯北肖星阶，"读书明大义，人皆许为文场健者，以家贫难继膏伙，乃弃儒业商之台湾，经营日盛，台人与之日相得，尤以钟晋福翁为最，因许为东床之选"，"素服贾于台湾棣属，赚积余赀，摁载荣归。悉委付于叔祖姆，持筹区划，置田畴，造庐舍"。② 弃学经商于台湾，不仅娶妻生子，而且事业有成，成为当地大商人。

而影响最大的则是台中石冈的刘永顺、刘文进父子，他们在当地以开豆腐店起家，后来成为地方望族。（详后）

3. 发展文教

清政府为了加强对台湾的控制，在当地设立府学、县学等机构，大力推行教化，鼓励当地人读书参加科举。但"台人未知问学，应试多内地生童"③。当地文化水平低，参加科举考试者寥寥无几，因而吸引了很多福建和广东的文化人前往台湾游学和参加科举考试。清初以来科举发达的大埔就有很多文化人到台湾从事文教活动，其中不少人还考取了秀才、举人甚至进士。

如湖寮罗肇皋，"自幼教读台湾。……乾隆十四年四月初四卒于台湾，享年五十七"④。

湖寮岁贡生罗丹诚（1842－1898），"文名藉甚，远近争礼聘之"。光绪年间至台湾任教，"曾在台湾丁中丞雨生抚署任西席"。⑤

湖寮岭下陈京焯（1868－1904），光绪二十二年（1896）"往台湾大甲溪附近教书"⑥。

百侯杨宗岳（1670—1733）一家父子四人，均在台湾考中秀才，成为当地轰动一时的盛事。族谱载："宗岳，由书经补福建台湾郡庠生，葬台湾。娶蓝氏，生六子：益、绢、为光、盎、孟、为吉，长、三、四、五、六移台湾。"⑦

杨益，"宗岳长子，字斯展，移台湾。由易经补福建台湾邑禀生。生康熙庚午（1690）三月二十日，卒失记。娶张氏，生于康熙乙酉（1705）

① 蓝海文：《大埔蓝氏族谱》（第8册），香港：天马图书有限公司，2003年，第59页。
② 肖惠南：大埔百侯《肖氏族谱》卷二十一，1943年。
③ 蓝鼎元：《鹿洲初集》卷二《与吴观察论治台湾事宜书》，四库全书本。
④ 罗氏族谱续修委员会：《大埔罗氏族谱德垂公系》，1998年，第784页。
⑤ 罗氏族谱续修委员会：《大埔罗氏族谱德垂公系》，1998年，第784页。
⑥ 未著撰者：《大埔岭下陈氏芙初公房谱》，2000年，第35页。
⑦ 杨缵绪：乾隆《（大埔白堠）杨氏族谱》（点校本），2003年，第124页。

年三月二十一日，嗣一子钦裕"。

杨为光，"宗岳三子，字斯炽，谥良彦。由春秋补福建诸罗邑禀生。生康熙癸酉（1693）六月十九日，卒乾隆庚午（1750）正月二十日，葬台湾诸罗朴子埔屋背岗，子山午向。娶彭氏，谥淑操，生康熙乙酉年（1705）四月二十七日，卒乾隆戊午年（1738）四月十五日，生三子：钦昌、钦珍、钦焕"。

杨为吉，"宗岳六子，字斯谦，移台湾。由书经补福建台湾邑庠生。生于康熙戊子（1708）三月初三日，娶余氏，生一子钦敦，继娶吴氏"①。

百侯杨允章，"由书经补台湾邑庠生。生于雍正己酉（1729）正月十一日。娶乌氏，生雍正戊申年（1728）十一月十四日"②。

湖寮蓝斯聪，"号北台，子亿长子。生康熙己未（十八年，1679）。读书能文，游学台湾。康熙甲午（五十三年，1714）卒于彼处，运骸归里。谥敏厚，葬深渡大寞里子山午向"③。

而百侯蕉子坑的张觐光，更是在台湾考中举人和进士。

张觐光（1844—1898）实际上是在参加科举考试时用的名字，他在家乡的名字实为张绍棠。张觐光早年教读于家乡，由于大埔科举发达，名额有限，他自感在家乡没有发展前景，听说台湾读书人少，很容易考取功名，因此就随同乡人来到台湾教读，果然相当顺利。他于同治十三年（1874）进学台湾嘉义县，考取禀生第四名，光绪元年（1875）考取一等第三名，联捷秋闱中式福建省第99名举人，光绪六年（1880）庚辰科京城会试中第127名进士，殿试三甲第108名。（用张觐光名参试。以福建省举人资格入京会试，故其进士名单列入福建省）

张觐光考中进士后，曾先后出任河北省新城县和浙江省乌程县等知县，为政廉明。在乌程知县任内，有一掌财政的下属亏空公款两万余元，公秉公查处。为填补亏空的公款，亲赴印度尼西亚，在同乡张弼士的资助下，悉数筹得所亏的公款，深得上司赞许。光绪十六年（1890），升任浙江省湖州府护理知府。④

他的儿子张锡畴（1860—1919），也于光绪十三年（1887）取进台湾嘉义县学第十一名。⑤

---

① 杨缵绪：乾隆《（大埔白堠）杨氏族谱》（点校本），2003 年，第 148 页。
② 杨缵绪：乾隆《（大埔白堠）杨氏族谱》（点校本），2003 年，第 150 页。
③ 蓝海文：《大埔蓝氏族谱》（第 3 册），香港：天马图书有限公司，2003 年，第 718 页。
④ 张韶元：大埔百侯《张府积厚堂族谱》，1997 年，第 2 页。
⑤ 张韶元：大埔百侯《张府积厚堂族谱》，1997 年，第 2 页。

4. 维护台湾社会稳定

台湾的收复为台湾社会的发展奠定了良好的基础，但台湾是一个移民社会，移民与原住民之间、广东人与福建人之间等，矛盾重重，因而分类械斗、动乱等经常发生。为维护台湾社会的稳定，清政府从大陆招募兵丁镇守台湾。其中有不少大埔人应募到台湾当兵，退役后便留在台湾。

如汪斌寄籍台湾恒春县，以行伍为业，后因军功于光绪十六年（1890）二月初一日被委任为把总。①

大埔湖寮蓝姓，因与福建漳浦人南澳总兵蓝廷珍是同宗，因此在康熙六十年（1721）朱一贵动乱，清廷命令南澳总兵蓝廷珍带兵镇压之际，在台湾的湖寮蓝姓族人，跟随蓝廷珍参与平乱。如蓝明，"生康熙丙午（五年，1666）。公美髯伟貌，慷慨有大志，随总戎吴启聪到琼州镇效力，不遂，回家娶吴氏，仅生一女，相继而卒。遂只身往福建，从本家提督理公征台有功，授功加都督衔，随到浙江定海镇修补守备，未几理公升回福建，公在定海开垦庄业，继娶徐氏，生三子，卒雍正乙巳（三年，1725），寿六十，葬定海城背大墩"②。

蓝应杰，"字士光，号遇人，启鲁六子。生康熙己未（十八年，1679），生平宏达，壮岁过台湾营生。创有庄业，结交甚伙。康熙辛丑，台地遭朱一贵难，力能捍卫，提督蓝公廷珍给以外委，协办军务。回家捐资重建巷口祖祠，乡族钦之。至乾隆甲子年（九年，1744），故于台湾庄舍，谥敦义。运骸归葬双坑南洋岗，未山丑向。娶熊氏，生康熙，子二：乃良、乃璧。女一，适百侯肖"③。

蓝解仕，"讳世桢，号怀两，士杏长子，生康熙甲寅（十三年，1674）。生平旷达，有大志，不为利嗜，曾修十三世祖祠坟墓，云石以下四代眠卜，竭力匡襄。至重修葵坑砂塘岗灰圳，大有功力，至今赖之。雍正初年，台湾蠢动，公随总兵廷珍公戎行，受御守府，大洽人心。及归，事厥考，床褥五纪，不少贷，逢生讳抚卷大哭，即老不能拜，亦扶杖流涕。故乾隆辛未（十六年，1751），寿七十八。娶旧田张氏，生六子"④。

而蓝嘉瑛，甚至因为军功于嘉庆年间曾经担任过平台总兵官。族谱载："嘉瑛，字渭宣，应麟七子，生乾隆癸未（1763），由军功一等擢用，授浙江乐清协标中营千总，长授温州镇标右营守备，长象山协都司，黄岩

---

① 屠继善：光绪《恒春县志》卷三，第74页。
② 蓝海文：《大埔蓝氏族谱》（第1册），香港：天马图书有限公司，2003年，第265页。
③ 蓝海文：《大埔蓝氏族谱》（第2册），香港：天马图书有限公司，2003年，第21页。
④ 蓝海文：《大埔蓝氏族谱》（第6册），香港：天马图书有限公司，2003年，第26页。

镇右营游击，升福建同山营参将，平台挂印总兵官。娶某氏，生一子运丰。"①

5. 居功至伟：张达京的个案

大埔人对台湾的开发和社会发展做出了巨大的贡献，其中的典型有张达京、刘文进等。下以张达京为个案，说明大埔人对台湾社会发展居功至伟的贡献。

张达京字振万，号东斋，生于康熙二十九年（1690），为大埔县高陂乡赤山村人。祖父为武举人，父亲精通中医，张达京从小就学习武术，并且跟随父亲学医。张达京年轻时在家乡做生意，为了谋求发展，于康熙五十年（1711）一个人渡海来台，定居台中。先后担通事、垦户，投资开发水利，开垦台中大平原，为台湾的社会稳定和经济发展做出了重要贡献。

（1）与台湾土著通婚。

张达京来到台湾后，初居半线（彰化），感到没有发展前途，就来到中部。听说大甲地区原住民"出草"杀人，附近治安很不好，就不敢再向北走，就在中部最繁荣的岸里社（现在神冈乡大社村），和当地平埔人做小买卖。张达京为人诚实，与岸里社头目阿穆过从甚密，成为好友，总土官阿莫很赏识他。

不久，岸里社发生了瘟疫，传染迅速，居民痛苦不堪，很多人因此死亡。张达京从小跟随父亲学医，对医术很有研究，对医学及药学都精通。张达京便用他从父亲那里学来的医学知识，采集了许多药草，治愈了许多人。其他各社都争着请他去治病，病人也都痊愈，张达京挽救了不少生命。不久之后瘟疫逐渐平息了，当地人非常感谢他的大恩大德。他和岸里社的人相处融洽，也就在当地定居下来。平埔人十分敬重他，而张达京又很聪明，身材魁梧，仪表非凡，当时的总土官阿莫很感激他，便把自己的女儿嫁给他。其他各社土目也纷纷将女儿嫁给他，张达京共得六番女为妻妾。于是张达京就做了平埔人的"驸马爷"，俗称"番仔驸马"。

此后，张达京一家在台湾繁衍生息，成为地方望族。据《赤山张氏族谱》记载：张达京娶妻六室，育有七子，四子连生早夭无传，五子僖生过继与三弟达富，成立五大房（仁、义、礼、智、信）继承香火，以"张五合"族号，办理祖尝会（祭祀公业）。后裔至今传至二十四世，族人众多，咸为地方翘楚。后代人才辈出，其佼佼者如前台中市长张启仲等，皆有声于时。

———————

① 蓝海文：《大埔蓝氏族谱》（第7册），香港：天马图书有限公司，2003年，第526页。

张达京以其忠厚诚实和精湛医术赢得了当地人们的敬重和爱戴，并娶了当地土官和社目的六个女儿为妻，对缓和汉人与土著之间的矛盾，促进当地的经济开发和社会发展具有重要影响和作用。

（2）担任通事，维护社会稳定。

张达京成为"番仔驸马"后，说服总土官出面，安抚常和汉人起冲突的社民，减少杀伤汉人的事件。清康熙、雍正年间，生番时常扰乱滋事，身为汉人的"番仔驸马"张达京与熟番阿穆土官三代，平定了不少乱事，为地方社会的稳定做出了重要贡献。因此雍正三年（1725）清朝政府在当地设"通事"时，张达京被推举为首任岸里大社之理番通事。

雍正元年（1723）岸里社归入彰化县后，番汉纷争时有所闻，清廷需要干练人士奔走协调，遂任命当地人推举的张达京为岸里社第一任通事。张氏既是官方通事，又是岸里头目的"驸马"，人又精明干练，很快就成为岸里九社的重要人物。

"通事"在台湾开发史上扮演着重要的角色。"通事"是一种官差，相当于今日的翻译官和村里干事。执行职务的对象则是与汉人语言、风俗完全不同的平埔人。古代行政、司法、税务不分，通事就身兼数职，成为村里干事、翻译官，管区警察、税务人员的混合体，因此通事功能无远弗届，职位虽低，却是管尽地方重要事物的肥差，诸如承理番社纳饷、从事番社贸易、供应番社日用品、派令劳务、征调劳役、严禁汉人越界垦地、严禁汉人私买番地等攸关汉番的民生交往，政令倡导，政务执行，几乎无所不包。

张达京担任岸里九社中之五社（岸东、岸南、麻里兰、西势尾、麻薯屯）的通事后，承担了沟通官府与番社之间的重任，上传番情，下达政令，为维护地方社会稳定和促进区域开发做出了重要贡献。

如雍正九年（1731）十二月，大甲西社的林武力联合朴子篱社、牛骂、沙辘等八社倡乱，后又勾结沙辘（今沙鹿镇）等十余社起乱事。当时官军追讨渡大甲溪，乱众乃遁走日南内山。张达京联合岸里社第三代土官潘敦仔率社内丁勇分路追击，直捣巢穴，擒头目，平乱事。雍正皇帝嘉其功，下诏令二人赴京面君，赐七品官衔，并钦颁"御衣"一袭。"御衣"至今仍由张家珍藏，视为传家至宝。

张达京于雍正三年（1725）至乾隆二十三年（1758）任通事的三十余年间，岸里社一带发展相当迅速，他为当地的民族融合和社会发展做出了重要贡献。

（3）兴修水利，开垦台中大平原。

张达京担任平埔人大社——岸里社的通事后，除教导原住民汉人的饮食习尚和礼义伦理外，亦教使原住民耕地凿水。

张达京初至台中平原，即感此地广阔却杂草丛生，荒芜闲置，缺少耕作，实在可惜。而土著族人大都狩猎为生，缺乏经济观念，张达京乃教化耕作，兴修水利，披荆斩棘以启山林。

在开垦过程中，因为土地常会有水源不足的问题，于是张达京与原住民商议后，想出由汉人出资开水圳、原住民让出一部分土地给开圳者开垦，交换汉人开发的水源，这便是著名的"割地换水"。雍正三年（1725），张达京首任岸里社通事后，遂以"割地换水"的方式，与该社合作规划开发"下埤"水利系统，引进大甲溪水灌溉岸里社附近土地。该水利工程兴修后，以十分之二的水源提供给社民免费使用，十分之八的水源留给张达京用来灌溉开发土地，而岸里社也无条件提供土地让其规划垦荒为田园。

张氏眼看台中大平原大片旷地，如果能够规划开发，将来必能为子孙带来更多希望，造福当地。于是在"下埤"水利系统开凿成功后，于雍正十一年（1733）三月张达京再与岸里社民订定垦约，以"割地换水"方式进行开垦。张达京因此再着手开垦和兴凿水圳。但是张达京感到开拓的人力不足，于是又返回故乡邀请他的兄弟达朝、达标以及同乡村民前来从事大规模的开拓，拓垦范围包括整个大台中平原之西北部。

由于地区辽阔，开发水利投资巨大，张达京自感难以承担，便邀请汉人陈周文、秦登鉴、廖朝孔、江又金、姚德心组成"六馆业户"，充当垦首，邀集该区域的有钱人一同投资土地开垦事业，共同出资六千六百两大银，募工筹资，兴修水利，开垦农田。

先开水定汴，私圳内之水，定作十分，八分归张达京，二分灌溉番田；复筑朴仔篱口大埤水，公圳汴内之水定作十四分，每馆配水二分，留二分灌溉番田。再开葫芦墩圳（旧称猫雾圳），以引进大甲溪水灌溉为条件，换取台中平原之大片土地。他的得力助手，也是"六馆业户"之一的廖朝孔，是福建漳州诏安官陂的客家人，擅长开辟水圳，因此被张达京从西螺邀来共同开垦台中。

经过十年努力，至乾隆十二年（1747），葫芦墩圳水利系统完工。水圳全长四十余里，灌溉台中大盆地的西北部，包括丰原、潭子、神冈和大雅一带土地。水圳流域内数千甲土地尽蒙其利，不但荒埔变为良田，而且稻作亦丰收，葫芦墩米因而闻名海内外。

由于张达京的积极开拓，至乾隆初年，神冈、丰原、潭子、石冈、东势、新庄等一大片沃土很快得到开发，台中盆地附近的土地大致开发就绪。通过"割地换水"，张达京取得大片土地的所有权，包含台中市、丰原、神冈、大雅、潭子等处，甚至西达海线的清水，南边直到彰化市、芬园乡，都有他名下的土地。由于水源充足，水稻连年丰收，年收租谷数万石计，张达京没几年就成为地方的大富翁，成为中台湾的首富，成为开辟台中平原最著名的垦首之一。

张达京于任通事的三十余年间，凿水圳以开发土地，教导民众耕作，为台中平原塑造了一个农业的雏形。他们的积极开发，吸引了更多的移民。广东、福建的移民便大量移居于此，于是今丰原附近，神冈、大雅及台中市北屯、西屯区，渐次开拓成汉人聚落，从而奠定今日大台中繁荣的基础。

张达京后裔迁居翁仔社庄，传有六子，子孙筑宅第"万选居"大伙房屋。乾隆二十三年（1758），张达京被革去通事之职，并遣回大埔高陂原籍，通事由土官潘敦仔继任。乾隆三十八年（1773），张达京在家乡去世。

张达京善于和原住民和睦相处，热心教授农耕技术，深受信任，被岸里社土官阿莫招为女婿，被任命为当地第一任通事。地方有乱事，张达京一定参与协助官军敉平，累功加至守府官衔。而其所开垦的地方，因灌溉水源充沛，成为当地著名的粮食生产区。因此张达京在民间的声望很高，被称为台中地区的开拓先驱，他的故事至今流传。后人为了纪念他的开拓功绩，特在社口万兴宫（今神冈乡社南村），崇奉"皇恩特授功加副府张公达京长生禄位"，以缅怀他的丰功伟业。其在翁社里的旧宅"万选居"，至今还保留。他的子孙有很多留在台湾，据统计有近万人。其中大房住在石冈的金星面、丰原的翁子里和翁社里。曾任台中市议长、市长、台湾地区民意代表的张启仲，就是他的后裔。

（4）心系家园，胄怀故土。

张达京到台湾后，回来又带了几个兄弟出去。张氏其他各房及同乡不少人也跟着出去了。

张达京发财后，回来建了祠堂，并主持祭祖。在祭祖时用银子当祭品，在乡中引起轰动。在祭完祖宗分祭品时，张达京把祭盘里的银子全抛进祠堂前的池塘里，而不直接分给族人，称有本事就自己去捡，而不能靠施舍。

据张达京故乡赤山村张伟企老人（时年75岁）报告，在20世纪初张氏重修老祖屋时，村人无钱，张伟企的父亲过台湾，向台湾的乡亲募钱，结果把祖祠修好了。

赤山张氏宗族二房清末有一秀才，家里很穷，孙子死了，就到台湾的乡亲那里，募钱回来买了一个孙子，传下后代。当时去台湾是从饶平黄冈搭船，用手摇的那种船，要走七天七夜。

张达京死后葬在高陂，他的后人 1949 年以前每年都要派人回来祭祖，1949 年后因两岸关系紧张就没有再回来了。改革开放后，1990 年台湾张氏有 7 人回来祭祖，在当地影响很大。后来他们把张达京的骨骸挖出带去台湾了。张达京的太公太婆的坟墓还在赤山村，前些年有名叫张理卿的回来了，重修了祖坟，他还想把老祖宗的骨头带去台湾，但没有找到。①

高陂张氏很多人渡台，不仅仅张达京为开发台湾做出了突出贡献，他的两个兄弟也如此。他的兄长达朝，渡台后开垦了潭子阿雾林等地，他的弟弟张达标渡台后开垦了大雅、西屯地区，在当时都是有名的人物。

6. 区域开发：石冈的个案②

石冈位于台中县东北部，介于大甲溪与新社河阶群间的大甲溪中游的通谷地带。石冈在汉人未移入开垦之前，本为平埔人的居住地。明郑以前，平埔人主要靠狩猎维生，不谙农业，还停留在粗放农牧的阶段。石冈农业之所以能够发达，实得益于清朝时期大埔县客家人在石冈的农业开发。

早期最先到台湾中部开垦的，是祖籍广东省大埔县的客家人。后来遇到来自漳州与泉州的两类闽南人大批涌至，发生械斗，③ 为避免被波及，选择迁往石冈、新社、东势一带的山区进行开垦。

康熙末叶，广东客家移民入垦石冈，水利灌溉系统越做越便利。开垦的结果，让旱地都变成水田。于是吸引家乡更多无田可耕的贫民，陆续移民至台湾发展找寻希望。石冈早期移民以广东省潮州府客家人为主流，尤以大埔县籍所占比例最高，与邻近之东势镇等地情况相仿。④ 石冈乡姓氏分布以刘、黄、林、张、郭、连六姓所占比例最高。刘、张、郭、连四姓都是祖籍大埔县的客家人。这些大埔客家大家族先后开垦石冈，分别在石冈各村落聚族而居，在该区农业的开发中，扮演了重要的角色。

从石冈早期移民开垦地点的先后顺序来看，早期入垦者，大多由牛骂

---

① 据 2008 年 9 月 11 日对赤山村张伟企的访谈。

② 本节参考吴贤俊、刘宏基：《清代广东大埔客家移民在台中石冈的农业开发》，见《梁家勉教授百年华诞纪念暨广东农史研究会第八届年会论文集》，2010 年。

③ 陈炎正：《石冈乡志》，台中：石冈乡公所，1989 年，第 31 页。

④ 陈炎正：《石冈乡志》，台中：石冈乡公所，1989 年，第 40 页。

头（今清水镇），再入垦石岗仔、金星面一带。崁下林家（林仕泰）与金星张家（张达京）是较早入垦家族。后来入垦者，由南部之嘉义或彰化方面入垦，因石岗仔已为人所开发，乃进入土牛、社寮角（今石冈乡万兴村）一带拓垦。刘家（刘元龙后代）便去开发土牛，而郭家（郭若朋）则去开发社寮角。

金星张家、土牛刘家和社寮角郭家，都是祖籍广东省潮州府大埔县的客家人。大埔客家人的原乡是山区，擅长在山区种植农作物，所以会选择迁往石冈、新社、东势一带的山区进行开垦。来台的大埔县客家人也跟当地原住民相处和睦，因为在原乡已经有跟畲族相处融洽的经验。石冈乡金星村张家来台祖张达京，之所以能够致富，亦得益于与原住民相处融洽。

（1）金星张家在石冈的农业开发（详前）。

（2）土牛刘家在石冈的农业开发。

石冈乡土牛村刘家的开台祖是刘元龙，是祖籍广东省大埔县高陂镇乌槎村的客家人。1711 年来台发展，至今已逾 300 年。刘元龙曾来台尝试谋生四次之多，均未成功。其子刘永万、刘永顺二兄弟于乾隆十九年（1754）去父亲曾在台湾锻炼过之地，结果刘永万在石冈开设杂货店发迹赚钱。刘永顺时运不济，认为台湾不易谋生，黯然返回大陆老家。

5 年之后，刘永顺等父亲过世之后，带着全家大小到台湾发展，选择兄弟永万开店的石冈庄，自己做豆腐，开豆腐店。刘永顺早上卖豆腐，下午就担着杂货出去庄头叫卖。刘永顺长子文进，从小帮忙家业，一方面将父亲所做豆腐供应至伯父永万经营的杂货店销售；另一方面，自己还挑着豆腐至庄外沿街叫卖，人称"豆腐进"。由于待人诚恳亲切，人缘好，生意做得越来越好，豆腐生意日益兴旺。

刘文进是农业开发石冈的重要人物之一。据清代所留地契中提及，刘氏和其他佃农曾向当地平埔人承租田地 108 甲。因为承租地与泰雅人领域过近，需付出许多成本来防范他们的袭击。[①]

乾隆十七年（1752）彰化地区屡屡出现原住民跟汉人耕地纠纷问题，导致原住民屠杀汉人以及官兵殉职，乾隆十七年至十九年清政府决定严办原住民杀人事件。石冈地区的平埔人害怕被捕，也纷纷变卖田产，而逃亡到埔里居住。因为事情紧急，变卖时就以很便宜的价钱卖给诚实的"豆腐进"，换得米粮、钱等迁移所需物品，刘文进因而取得大片土地。此事记录于土牛村的刘氏家谱中。

---

① 台湾银行经济研究室编：《清代台湾大租调查书》，台北：台湾银行经济研究室，1963年，第 808 - 809 页。

由于刘文进为人诚实敦厚，克勤克俭，遂为九房黄氏所青睐，把女儿嫁给他。九房黄家与土牛刘家的结合，更扩大刘文进的事业版图。他利用田地招佃大事垦荒，事业越做越大，田产日渐增多，终于成为石冈乃至东势地区的富户。

（3）社寮角郭家在石冈的农业开发。

清代大埔客家移民在石冈形成的聚落，包含农业聚落和圩集。所采取的生活方式，如果没有本钱，则是出卖劳力或经营小本生意。攒到钱之后，就购买土地。维持亦农亦商的生活形态。

石冈乡万兴村郭家开台始祖是郭若朋，是祖籍广东省大埔县大麻乡小留村的客家人。乾隆年间来台，至今200多年。到台之初生活潦倒，曾流浪到台湾南部，导致第二个儿子也在那里失踪。后来郭若朋携长子、三子移居校栗林（今潭子乡栗林村），以制作草鞋及卖盐为业。日子虽然过得辛苦，但总算也安定下来。

郭若朋为家中三子，十二岁无父，十三岁无母。兄不足以依靠，则于人为工牧，学耕稼穑，勤而俭，劳而苦。至31岁时，因受风寒暑湿之积，左足跛废，不能做工。不得已，学一微小技艺，以织竹鞋为业，半冻半馁，省一文以凑十，省十文以成百，存善省约。与陈姓、邱姓两家共同开垦社寮角，开圳辟田，终于建立了庞大绩业。当时社寮角墩下一带几乎都是郭家的产业。

石冈农业开发之所以能够成功，有赖于大埔客家的刻苦节俭（像石冈郭家郭寿时）、诚实可靠（像土牛刘家刘文进）、精明能干（像金星面张家开台祖张达京）。

（二）两岸互动关系

1. 人员往来频繁

清代大埔人迁台后，与原乡的联系往往有三种情况。第一种是迁台者与原乡断了联系，如光德上漳石楼十一世祖郭垂拱"谥勤朴，淑川公之子，早年去台湾未详"[1]，又龙岗坪上十二世祖罗宗珊"字衍崇，仕超三子，游学台湾。失稽"[2]。光德上漳富呈坑八世祖郭阿三"去台湾情况不明。妻改嫁。生子：亚维、亚展、福德、元基（过房宜景为子）"[3]。当然最多的就是只简单的记录几个字，如高陂塘溪十三世祖吴成彭于乾隆时期

---

① 大埔县郭氏族谱编委会：《大埔郭氏天祐公源流考》，1997年。
② 大埔县罗氏族谱编委会：《大埔罗氏族谱》，1998年。
③ 大埔县郭氏族谱编委会：《大埔郭氏天祐公源流考》，1997年。

"往台"等；第二种是迁台者最后从台湾归老或归葬于原乡，如湖寮高道十六世祖林品秀"乳名质云，名文明，号彬山，谥宽逸，锡尧公之子，（生于乾隆五十八年，卒于同治八年）寿七十七岁。公廿四岁游台湾，往返三次，六十岁旋梓，还乡教读，兼堪舆。墓葬大窠顶"①。大埔二十世祖蓝上累"子实长子，生雍正乙巳（1725）十一月，在台湾娶泉州陈氏，生二子：尔兆，阳兆。后携回原乡"。② 又平原东山十四世祖郭宏烈"谥诚原光明，翼亭公次子（1726 丙午至 1787 丁未），往台湾，卒，迁骸葬三岗大塘里尾山顶。姒台湾（原籍福建南靖）淑惠萧氏（1751 辛未至 1836 丙申），卒于台湾，葬地未详"③，等等；第三种是迁台者最后定居台湾，如银江二十一世祖黄宽仁"又名宽华，号明永，公青年往印度尼西亚开阿弄店，后移居台湾屏东县长治乡"④。洲瑞排头二十世祖廖琚德、琼德、琮德三兄弟于清康熙、雍正之际"俱移东都，居新竹县湖口"⑤。大东泮村十三世祖温禄宇"约 1665 年生，外迁台湾嘉义县狗咬巷"⑥。又大埔二十一世祖蓝祖庆，"俊秀次子，字善栋，生乾隆己未（1739），经商台湾，于竹仔圆地方，娶家落基。咸丰庚申、辛酉年间有书信寄回，在彼处传有子孙若干人未详"⑦ 等。

大埔与台湾相距千里，虽隔着万水千山，尤其是中间还有凶险的台湾海峡，但从总体上来看，大埔人迁居台湾后，两岸之间一直保持着密切的人员往来。

乾隆以前由于禁止带家眷过台湾，渡台者多单身，因此只要条件允许，每年冬季收割完毕后，都会定期回故乡省亲，人称"候鸟式"往来。

乾隆以后虽允许家眷渡台，但家乡还有亲属，尤其是他们的祖先、宗族等仍在大陆，因此两岸之间的往来仍然相当密切。

如高陂人张达京在台湾发迹后，即于雍正十一年（1733）回乡把两个兄弟以及同宗和同村的不少人带到了台湾。后来陆续渡台者不少。在台湾的张达京后裔，至今还保持着与家乡的联系。

客家人尊祖敬宗，祖宗观念很强。即使迁居外地，也要认祖归宗。如湖寮人蓝上累（生于 1725 年），乾隆年间渡台后，在台湾娶泉州陈氏，生

① 大埔县林氏族谱编委会：《大埔县林氏族谱》，2002 年。
② 蓝海文：《大埔蓝氏族谱》，香港：天马图书有限公司，2003 年。
③ 大埔县郭氏族谱编委会：《大埔郭氏天祐公源流考》，1997 年。
④ 大埔县黄氏族谱编委会：《大埔黄氏源流（总谱）》，1997 年。
⑤ 大埔县廖氏族谱编委会：《大埔县廖氏源流》，2002 年。
⑥ 大埔县温氏族谱编委会：《大埔温氏源流》，2004 年。
⑦ 蓝海文：《大埔蓝氏族谱》，香港：天马图书有限公司，2003 年。

二子尔兆、阳兆。后来回乡时将两个儿子都"携回原乡",认祖归宗。

再如双坑人何弼良,"小名帝来,字衍代,讳鸿邦,一湾公长子。生于嘉庆二十三年(1818)八月初五日。壮岁游台湾,娶妻生子。辛未(1871)夏携子返里。未几复往,籍焉。配李氏,谥德配,系出台湾,例封宜人。子先捷"①。何弼良在台湾娶妻生子后,将儿子带回故乡认祖归宗,后返回台湾定居。

而高陂林大坑的刘元龙,则先后于康熙五十年(1711)、康熙五十六(1717)年两次往来台湾。第三次于康熙六十一年(1722)到台中葫芦墩垦荒,至雍正五年(1727)回乡。"乾隆十年再度过台湾,观看兄弟的行方,于湿猫堡石冈庄开垦赚钱谋生。往返无时,思念父母亲与妻子。至乾隆十二年,年登五十六岁,返回大陆。"至乾隆十九年(1754),刘元龙的儿子刘永万、永顺二兄弟和乡亲一起,渡台定居于台中土牛石冈庄。②

虽然迁居台湾,但对家乡有着强烈的文化和心理认同,生前要认祖归宗,死后也要落叶归根,回归故里。如湖寮罗敬贵,生于道光六年(1836),光绪三年(1877)十月三十日卒于台湾淡水沪尾后,其亲属将其骨骸带回,归葬于湖寮鸦鹊坪。③

湖寮蓝斯聪,"读书能文,游学台湾。康熙甲午(五十三年,1714)卒于彼处,运骸归里。谥敏厚,葬深渡大窠里子山午向"④。

而双坑何廷由、何斯振父子,则是两岸大埔人往来密切的典型个案。

据《崧里何氏族史》载:

> 何廷由,字及仲,勤厚公次子,生乾隆二十七年十月十八日,壮游台湾,娶副室,生子,遂家焉。配廖氏,长教礼宗公之女,年二十八。而廷由公外出,家台湾不返,艰苦抚嗣,以承宗祀。及嗣男成立,往台省父,娶妻生儿女。氏独家居,孑然一身,肩挑度活。幸晚岁嗣男返里,家徒四壁,樵苏易米,奉养维谨,母子相依,借娱晚景,以乐余年,亦不幸中之幸也。生乾隆壬辰七月十六日,卒同治二年九月十二,墓在本村。子斯振,系在田四子过嗣。⑤

---

① 大埔县崧里何氏族史编修工作委员会:《崧里何氏族史》,1996年,第801页。
② 台中县石冈乡:《刘元龙公派下家谱》,1945年。
③ 罗氏族谱续修委员会:《大埔罗氏族谱德垂公系》,1998年,第846页。
④ 蓝海文:《大埔蓝氏族谱》(第3册),香港:天马图书有限公司,2003年,第718页。
⑤ 大埔县崧里何氏族史编修工作委员会:《崧里何氏族史》,1996年,第204页。

何斯振，字昌发，廷由公之子，壮岁随父居台湾，清同治年间归乡事母。生嘉庆三年六月二十八，同治年间卒于台湾，事详家传及县志者德传。按：光绪十二年丙辰有族人二十五世友岩公、叔夷公二人游学台湾，曾至其家，亲见其孙曾四五人云。①

二十三世斯振公传：公讳斯振，廷由公嗣子也。性孝顺，年十三父客台湾，因家焉。公稍长，往寻父所，受室生子。父殁，思母年老，割爱归养，采薪易米以承色笑者二十余年。同治某年母殁，殡葬事毕，时公年七十矣。赖乡人资助，复往台湾。妻孥已死，惟闻其孙曾绕膝含饴，以享余年，此足征孝德之报也。光绪十三年，有族人游学至其家，曾见其孙曾数辈云。②

关于何斯振往返台湾的经过，同治《大埔县志》亦有记载：

何斯振，双坑人。性孝顺，年十三，父往台湾入籍，家仅母子茕茕。稍长，往父所，受室生子。父殁，思母老，割爱归养，二十余载。负薪易粟，承欢毫无倦色。母八十余终养后，年亦界七十。殡葬服阕，复往台。比至，妻子不存，而孙曾绕膝含饴，以享余年，此足征孝报云。③

何廷由于家乡娶妻后，于乾隆末年渡台，又娶妻安家。何廷由嗣子何斯振年长后，到台湾找到父亲，并成家立业。父亲在台湾去世后，思念在家乡的老母，因此又回到家乡，侍奉老母。至老母去世后，在乡亲的资助下，又再次渡台。而此时妻子和儿子都去世了，因而和孙子们住在一起。

2. 经济互补

大埔山多田少，人多地少，多年来精耕细作，形成了一整套农业生产技能，士、农、工、商各行各业，相当发达。而台湾地广人稀，土地肥沃，土著以打猎为生，不知耕种和水利。大埔人渡台后，充分利用所拥有的生产技术，大力发展水利，开垦土地，经营商业，两地经济活动的互补，既促进了两岸经济尤其是台湾经济的发展，也为大埔人提供了广阔的发展空间，改变了很多人的生活境遇。

大埔山多田少，为发展生产，自宋代以来就兴建了大量水利设施。台湾为多山地区，河流短小，灌溉水源相当缺乏。大埔人在开发台湾过程

① 大埔县崧里何氏族史编修工作委员会：《崧里何氏族史》，1996年，第205页。
② 大埔县崧里何氏族史编修工作委员会：《崧里何氏族史》，1996年，第919页。
③ 张鸿恩：同治《大埔县志》卷十七《人物志·耆德》，第14页。

中，也将家乡的生产经验带到了台湾。如张达京在开发台中平原、刘章仁在开发台中石冈时，就是通过"割地换水"的方式，在当地兴建水利设施，换取土著的土地，从而既增加了自己的财富，又为促进当地的经济发展做出了重大贡献。

张达京于康熙五十年（1711）渡台后，先在台中做小生意。因治好当地土著平埔人的瘟疫，而被总土官阿莫招为女婿，成为"番仔驸马"。雍正三年（1725）担任岸里社通事后，从家乡请来大量乡民，着手开垦台中大平原，大量兴修水利，灌溉农田，成为台中著名的"垦首"，逐渐成为当地首富。台中地区也因张达京的开发而发展迅速，奠定了后来发展的基础。

高陂林大坑的刘永顺、刘启东父子，则以经商起家，成为当地名门望族。

刘永顺于乾隆十九年（1754）与父元龙、兄永万渡台后，暂居仍猫拣堡石冈庄，"结果永万在石冈开设杂货店发迹赚钱"。刘永顺时运不济，"认为台湾不易谋生，又母亲与永德、永秀在大陆，念不得抛亲远离，黯然返回大陆老家"。乾隆二十四年（1759）刘永顺带领母亲陈氏及弟永德、永秀全家来台湾，定居在石冈庄，各自谋生。刘永顺开设豆腐店，"一大早在担着豆腐杂货庄头巡回叫卖，由于他一天早到晚在外做买卖，待人诚实又亲切，生意因此日益兴旺"。

儿子刘文进为孝顺父亲，日夜做豆腐，勤做生意，人称"豆腐进"。"每天一大早起来担豆腐到埤头、朴子、翁社一带叫卖，不久即渐有积蓄，乃别开一铺，独立创业。豆腐做好后一大早往外担到附近庄头叫卖，卖完回家后再担一大担油盐鱼杂货出外巡回销售，待人诚恳亲切，童叟无欺，生意由此日益兴旺。"后得良机，购得土著良田五百余甲，成为石冈地区的首富。经商致富后，刘文进于嘉庆年间捐得"例贡"，"长子章仁为道光年间贡生，次子章职也是贡生，任彰化县朴子堡总理，总管今朴子口以内至东势、石冈、新社、和平地区，三子章喜、四子章崧则为郡庠生，父子五人均望重威名"①。刘家因此成为台中地区著名的名门望族。

而大埔人在台湾开垦有成，回到家乡后，大大改变了他们的生活际遇。

如湖寮高道村的林锡尧（1751—1825），乾隆四十四年（1779）与堂兄林锡总"往台湾垦荒耕种，兼作水甲"。因懂水利，故获利不少。"获金

---

① 台中县石冈乡：《刘元龙公派下家谱》，1945 年。

寄回桑梓，置产成家。"将所赚的金钱寄回家乡，由亲人帮其置买田产，娶妻黄氏名玉娘（1770—1835），成家立业。因很少回家乡，没有生子，就以堂兄锡孟四子品秀为嗣子。在台湾去世后，"子品秀迎金旋梓，墓迁葬大山珠窠中龙嘴田面上"①。其子林品秀（1793—1869），"廿四岁游台湾，往返三次，六十岁旋梓。还乡教读，兼堪舆"，"姚党溪贺氏，生四子，周植、周滔、周岳、周源"。② 虽然没有亲生儿子，但因在台经营有方，经济条件改善，因而通过嗣子，发展成为当地的大家族。

再如湖寮莒村的陈廷拔，也在台湾垦荒起家，经商致富，晚年回到家乡，发展成为当地有名的大家族。

陈廷拔，号怡亭，生于乾隆十三年（1748）九月四日，因家庭生活困难，同时家乡也没有发展空间，故乾隆三十三年（1768）二十岁出头时，即离乡背井，先到漳州，复东渡台湾，垦地生营有成。《怀义公房谱》云："公壮岁在台湾，以开辟起家。迨晚年，捆载回里。置田产，建屋宇，修祖墓，立尝会，凡举公益慈善事业，靡不悉心乐为。"③ 陈怡亭回乡后，首先拜天地，拜祖宗，以虔心感激祖公对他的保佑。在他的资助下，原一堂式样莒庄公公屋扩建成一堂左右配两正房，加买义和堂筑东西从屋和门墙，从而确立了莒庄公祠的基本规模。

陈廷拔是以农垦兼商业发家的一个典型。陈怡亭壮年成家后，外出经福建渡海到台湾奋斗近20年后，"捆载回里，置田产，建屋宇"。这段经历使他老年成家，并无亲生子，于是嗣同宗大北坑陈时岳第六子名朝南，号夏郊。夏郊生六子，夏郊衍至孙辈已十余丁口后，家境大变。

据《怀义公房谱》载，怡亭父子于嘉庆末年建延裕堂及正房四间。嗣子夏郊敦厚勤俭，在父亲七十添寿之年扩建下堂，世人称之"肯堂肯构"。邻居因怡亭父子与他们的上祖一样仁和，所以在当地曾流传歌谣："亭公今日能荣耀，祖父祖母积阴功；虽无亲子嗣一脉，传下六孙聚堂中。"另一首是"邻舍成全做大屋，该因怡亭是善人；祖宗有德儿孙旺，也是裔孙会做人。"当年流传着怡亭一脉为人的顺口溜："人客自有人客粮，人客不来也唔藏。"他们的待人气质，一直祖传下来，所以村人对怡亭派下的人十分敬重。可见当年怡亭家境充裕后，祖孙都没有依财势剥削欺凌邻近的贫苦者，而是大家和睦共处。

他晚年资建莒庄公祠、扩大莒庄公尝款，自建延裕堂的一系列经济生

---

① 大埔县林氏族谱编委会：《大埔县林氏族谱》，2002年，第1038页。
② 大埔县林氏族谱编委会：《大埔县林氏族谱》，2002年，第1039页。
③ 大埔县湖寮莒村陈氏：《怀义公房谱》，1948年。

活，轰动了莒溪两岸。

廷拔生乾隆十三年（1748）九月四日，卒嘉庆二十五年（1820）十二月初四，寿七十三。娶邹氏，生乾隆二十五年（1770）十一月二十七日，寿八十六。嗣子朝南，大北坑房时岳第六子。[①]

陈朝南长子名玉振，为人秉质聪敏，很听祖父教导，"日作田园，夜读灯下"，诗文俱优，曾为族人所期许，县府考试屡列前茅。陈玉振生三子，次子梅村，三子其类经商发家，大修延裕堂，在外大门大书"司马第"，内大门确立"怡亭公祠"，成为全村首例。[②]

3. 文化互动

清初以来大埔文化发达，而台湾文化相对落后，因而很多大埔人到台湾从教和参加科举考试，促进了台湾文化事业的发展。在台湾考中科举的人回到大埔后，又进一步提高了大埔文化的声望和社会地位。

如前文所提到的原籍百侯的张绍棠（觐光）参加台湾当地科举考试，先后考中秀才、禀生，并于光绪元年（1875）考中举人，光绪六年（1880）考中进士，成为台湾32名进士之一。

张觐光中进士后回家乡祭祖，成为当地轰动一时的大事。他一中进士，整个村的社会地位就得到了大幅度的提高。以前只有山区的人嫁到百侯村，没有百侯村人嫁到山区，只有童养媳才会到山区。而他中进士后，该村的社会地位迅速提高，很多百侯村的人嫁过来了。

后来他到各地为官，历任抚州知府等官职。在家盖了进士第、红杏小楼、梅花草堂三座大屋，成为当地的显赫家族。

此外，在民居建筑、方言、葬俗等方面，两岸之间的互动也相当明显。

如高陂刘文进在台中石冈发家后，请家乡来的"雪麻仙"范金郎地理明师商议，"想在寮下（东势）地方起伙房屋。因而雪麻仙从石冈来到土牛，点有结行龙穴的好地理，就是现今的下土牛文进公老屋祖祠。再点四处地理，给四个儿子建造伙房屋。大房章仁是老祖屋对门的新厝家，二房章职是老祖屋后山下的维厝，三房章喜是梅树下的伙房屋，满房章崧是老祖屋前东南向（现朱厝伙房）"[③]。所谓伙房屋，即大陆客家地区的围龙屋，围龙屋是客家地区最典型的传统民居。刘文进所建的伙房屋，据实地考察，前面都有半圆形的水塘，后面有半圆形的围屋，因此与大埔、梅县

----

① 陈经业：《莒村陈莒庄公房谱》，2003年，第69页。
② 陈克招：《莒村村史》（手稿本），2008年，第126页。
③ 台中县石冈乡：《刘元龙公派下家谱》，1945年。

的围龙屋民居基本一样。

台湾客家方言现有"四海大平安"之称，即四县话、海陆丰话、大埔话、饶平话和诏安话。据吴中杰等语言学者研究，大埔腔客家话主要分布在台中县的东势镇、石冈乡、新社乡，当地居民大部分就是清康熙以后从大埔县高陂、桃园等乡迁去的。

4. 社会互动

迁居台湾的大埔人，与家乡之间有着密切的社会关系，相互之间互动频繁。

他们在台湾经营有成后，积极参与家乡的各项社会事业。如张达京在台湾发迹后，即回到家乡祭祖，重建祖祠。

莒村陈廷拔，在台湾经营致富后，"建屋宇，修祖墓，立尝会，凡举公益慈善事业，靡不悉心乐为"①。修建莒庄公祠，设立祖尝，参与各项公益慈善事业，成为当地有影响的乡村士绅。

湖寮罗鸿敏（1696—1770）在台湾经商致富回到家乡后，因理财有方，在罗氏宗族建筑朱紫地小宗祠时，"房众推鸿敏董其役"。被族人推举为董事，全权负责宗祠建筑事务。"年老事繁，积劳成疾卒"，后竟积劳成疾而死。②

百侯肖星阶在台湾经商致富后，"捐助巨金以创办振德学校。族谱所以序源流，明世系，年湮代远，简篇不无散失，嘱镜清募赠厚赀而复继修"。"至于桥路茶亭诸善举，由太君倾囊佽助以诋于成者，尤难悉数。"③捐献巨资创办学校，编修族谱，以及修桥补路，修筑茶亭等，为当地社会的发展做出了重要贡献。

定居台湾的大埔人，子孙繁衍，年深日久，便依仿家乡的家族形态，立蒸尝，修祠堂，编家谱，建构起家族社会。同时参与家乡宗祠的祭祀，成为家乡宗族的一个分支。

如刘文进一家在乾隆十九年（1754）迁居台中土牛后，为了遥祭故乡的先祖，以及祭祀祖母黄氏，也模仿家乡的尝会组织，按男丁出谷，组成尝会，生放增值，作为定期祭祖的资金来源：

爰是于乾隆甲寅五十九年倡议，凡在台之子孙，照丁各捐谷石，预交董事生放，候逢春分届节办牲，遥祝历代祖考妣，以及登仰扫妣之墓，咸

---

① 大埔县湖寮莒村陈氏：《怀义公房谱》，1948年。
② 罗氏族谱续修委员会：《大埔罗氏族谱德垂公系》，1998年，第786页。
③ 肖惠南：大埔百侯《肖氏族谱》卷二十一，1935年。

欣饮福无疆之意云尔。永顺公之遗教谨记，乾隆六十年正月吉日，满房裔孙章崧敬录。

长房津出谷芳名（新伯公）：

永万公津出谷三石，生四子文捷、文振、文度、文贡公津出谷各二石，孙章就、章超、章旺、章荣、章信、章隆、章梅、章志、章湘、章耀、章馨、章孝、章华、章思、章仁公各津出谷一石，曾孙衍兰、衍芝、衍芳、衍绪、衍叶、衍花、衍爵、衍升、衍扬、衍明、衍鳌、衍雅、衍继、衍涌、衍恒、衍敏公各津出谷五斗，玄孙吉禄、吉宿公津出谷五斗，长房总津出谷三十五石。

二房津出谷芳名（土牛）：

永顺公津出谷三石，生二子文进、文庆各津出谷二石，孙章仁、章职、章喜、章崧、章附、章浓、章枝、章勋各津出谷一石，曾孙衍棠、衍清、衍坤、衍瑞、衍豪、衍俊、衍珠、衍莉、衍杰、衍墉各津出谷五斗，玄孙吉桓津出谷五斗，二房总津出谷二十石五斗。

三房津出谷芳名：

永德公津出谷三石，生二子文接、文锦，各津出谷二石，三房总津出谷七石。

满房津出谷芳名：

永秀公津出谷三石，生二子文杉、文松，各津出谷二石，孙章姚、章盛、章良、章招，各津出谷一石，曾孙衍福津出谷五斗，满房总津出谷十一石五斗。

四大房津出谷总七十四石。乾隆五十九年倡议，凡在台之子孙，照丁各捐谷石七十四石，预交董事生放，置水田地基金。每逢春分届节，办牲遥祝历代祖考妣，以及陈氏大妈抑扫之墓，咸欣饮福疆之意。①

由于刘家在土牛经商致富后，发展相当迅速。如乾隆十九年（1754）过台湾时还只有母子5人，但至乾隆五十九年（1794）时仅男丁即达71人。而大埔与台湾之间往来不便，每年回大埔祭祖相当不便。嘉庆末年，刘文进后代在土牛石冈建刘启成（文进）祖祠德馨堂，除家族内日常的婚丧喜庆在此进行外，每年过年、清明、端午、中秋、重阳，刘家子弟都在此祭祖或扫墓。这些祠堂，后成为大埔高陂刘氏祖祠堂的一个分支。

---

① 台中县石冈乡：《刘元龙公派下家谱》，1945 年。

四、结语

清初以来，由于人口增长、自然灾害等原因，粤东大埔县人的生存受到严重挑战。而刚收复的台湾，地广人稀，土地肥沃，因而大量大埔人涌入台湾。大埔人遍布台北、台中、台南，而以台中县最为集中。移居台湾的大埔人充分发挥在家乡的谋生优势，主要从事垦殖、贸易、教学等职业，涌现了张达京、刘元龙等著名垦户，出现了张觐光等进士、举人，为台湾的开发和社会文化发展做出了重要贡献。同时，他们与原乡之间保持着密切的联系。他们在台湾立足后，往往回原乡接迎乡人来台，从而形成大埔人在台中石冈、东势等地聚居的形态。经济条件改善后，往往回原乡建祖祠、修族谱、修祖坟，举办公益事业，参与原乡社会文化建设。两岸大埔人之间密切的互动关系，促进了两岸社会文化的发展。两岸大埔人同根同源，实际是一个整体。

17—19 世纪石窟河流域居民迁台研究
——以原乡的角度

夏远鸣①

一、石窟河流域的概况

石窟河是粤东韩江上游的一条二级支流。其从福建武平流出，大致由北向南，穿过今蕉岭县，再流入梅县境内的白渡镇，于梅县的丙村镇注入梅江后，东流经松口，下大埔县三河坝汇入韩江。流经的区域主要在今广东省梅州市蕉岭县河谷地带与梅县东北角的白渡镇、嵩山等区域。

在历史上，石窟河流域先后隶属于程乡县、平远县。明崇祯六年（1633），始在石窟河主要流经的区域置镇平县，时隶属潮州府。雍正十一年（1733），升程乡为嘉应州，领平远、镇平、兴宁、长乐四县，再加上程乡，即后来所谓的"嘉应五属"。1914 年，因避免与河南省的"镇平县"重名，故将广东省的"镇平县"易名为"蕉岭县"。

根据现有的文献资料显示，宋元祐三年（1088），在今蕉岭县蓝坊乡有蓝奎及进士第，这说明早至宋代就有蓝姓人曾在此居住，今"蓝坊"这个地名也因此而来。但现今蓝姓在蕉岭只是一个很小的姓，居于县境内三圳镇堀唇等地。

一般认为，最早定居于石窟河流域的为"杨古卜"三姓，有"未有镇平县，先有杨古卜"的说法②。根据各姓的族谱记载，多数大姓均从元末

---

① 夏远鸣：广东嘉应学院客家研究院助理研究员。
② 今新铺镇陈氏定居的塘福岭村，古称"杨卜练"，此亦杨、卜二姓较早在石窟河流域定居的一佐证。

开始在石窟流域陆续定居。多数大姓都将自己的开基时间追溯到这个时期，如徐姓等。

石窟河流域河谷地带地势相对平坦，是人口最密集的区域，也是较早有人居住的地方。从这个河谷由北向南，这里定居的主要大姓有：长潭白马林姓、陂角赖姓、霞黄黄姓、蕉城徐姓、东山丘姓、浒竹李姓、叟乐利姓、神岗张姓、油坑杨姓、三圳镇的黄泥堀戴姓、兰畬等地的谢姓、莲塘的邓姓；新铺镇有福岭陈姓、南山林姓、同福曾姓、潘田与矮车邓姓、霭岭的钟姓等大族。每个聚落几乎都对应着某个大姓。

河谷东西两面高山间的盆地里，也聚集着一些较大的聚落，河谷东边的峰口是林姓的主要聚居地；聚居于高思乡山谷盆地的则是汤姓宗族；河谷西部主要的大姓有徐溪的钟姓；河谷盆地北边则有文福白泥湖的丘姓、广福乐干的钟姓、粟坝的罗姓等；位于县境东北角有南礤镇步上的黄姓、石寨的郭姓等大族。

各个大姓又有基本的态势，形成鲜明的人文特色。例如，丘姓依据在县境内开基地所处的方位不同，分南、西、东、北四大房，其中文福白泥湖被奉为始祖开基地，也是北房所在地。林姓主要有三个聚居地：今长潭镇上峡（合）、蓝坊镇峰口、新铺镇南山。钟姓主要衍居于三圳顺岭下、洋蛟湖；新铺霭岭、徐溪；文福镇鹤（学）湖、广福镇乐干等地，十分广泛，人数众多，故有"钟半县"之谓。而徐姓主要聚居于蕉岭县城内及其周边地区，故有"徐半城"之说。新铺镇陈姓人将新铺五大姓以"陈林曾邓钟'恶剁'①"而概之，既反映了新铺五大姓的态势，还透露出陈钟二姓的关系。高思乡的汤姓因聚居于一山谷盆地，且以汤姓为主，故人称"高思一锅汤"，形象地概括了聚落的自然与人文特征。

在石窟河谷两边的高山深壑里，也散布着许多小聚落。这些小聚落有的是大族的分支，因耕种祖上的山田或在山中烧炭而定居于山中②；也有一些是小姓，由是被大姓驱逐而流落深山定居。③

---

① "恶剁"为客家方言，大概是很坏的意思。

② 如长潭镇盘龙村为一个深山沟壑里的一个聚落，有少量徐、赖二姓人在此定居。赖姓迁自蕉岭陂角，乾隆年间时，因石窟河决堤，赖氏一位十三世祖迁来此地耕山度日，遂繁衍下一个支派。徐姓是因为其宗族在此地买有一坑山田，故派了一位族人来此耕种，由此定居下来。

③ 如文福镇暗石卜姓，初由梅县松口迁至东山，被东房丘姓人逐；后迁至文福，又被白泥湖北房丘姓人逐。卜姓质问丘姓人，我们没有占据你们的田地，何故逐我？北房丘姓人答曰：我打开大门一眼望去，凡是能看到的地方都是我们的！于是卜姓人只好迁到一个暗（监）石定居，因为这里是丘姓人看不到的。

二、以台湾为"谋生食力之所"

大约从清康熙年间开始，石窟河流域人口开始大量外出谋生，台湾是当时一个主要的去处。《镇平县志》记载："力田者，多置产于台湾，春往冬归，岁以为率，亦有尽室寄居者。"① 早期往台湾者，多把台湾当作一个"土地膏腴，易于谋生食力之所"，早期渡台耕田谋生行为在方志里被记作"佣工"，这些人多为佃耕者。随着渡台人数的增多，其他一些从业者如医生、儒生、工匠甚至风水师等纷纷渡台，寻求谋生的社会空间与机会。他们把在台湾挣得的银钱与粮食带回家乡，不定期地往返于台海两地。最初这些渡台者只是把台湾当作谋生地，或者一个暂时的寄居地，并没有把它当作一个永久的定居地。

1. 族谱中往返迁徙个案

在族谱中，关于渡台的记载，各个宗族没有统一指称。目前常常看到的有"往台湾""居台""迁台湾""旅居台湾""移台湾"等不同字眼的记载，少数也有写作"往台番"。通过细致的对比，可以发现这几类渡台者有不同的含义。一般来说，"往台"只是表明赴台谋生，不一定是定居；"居台"或者"迁台"则表明有定居的意思。许多往台者周期性地返回，有的也到老年时返回故乡；如果是终老台湾且没有后裔者，族谱上常常记着"止"，如《镇平县金沙乡林氏族谱》记载"十七世，万佩，以文公三子，生殁失考，葬台府万峦庄，止"。"居台"者，更多的是赴台的第二代或者第三代人；许多"往台"者返回后，留有部分家族成员定居台湾。以原乡为重心，在台地谋生，然后周期性或不定期地返回原乡，这种生活模式支配着整个清代粤东人口对台迁徙行为。下面以《蕉岭贵贤公派下赖氏族谱》（1996 年版）里的个案为例，来说明清代人渡台情况。

蕉岭赖姓主要聚居于蕉城陂角，为一大族。据 1996 年修族谱时统计，在家乡的人口达 1 200 户，5 550 人②。据族谱记载，从七世时，就有一房汝兴公（明正统年间，1436—1449），迁往台湾。这是至今笔者在蕉岭县发现最早关于迁台的记录。以后迁台的个案是：十一世 1 人，十三世 2 人，十四世 5 人（乾隆年间，1736—1795），十五世至十七世 32 人，十八世 18人，十九世 15 人。下面有代表性地分析主要几个渡台者及其家族成员的情况。

---

① 《镇平县志》卷二《风俗》。
② 林清水：《蕉岭县蕉城镇的传统宗族与民间信仰》，载《石窟河史话》，蕉岭：广东省蕉岭县地方志办公室，2008 年，第 215 页，原载《客家传统社会丛书》第 14 册。

族谱载：十五世，以简公，往台湾，娶刘孺人，夫妇合葬门前岌庵子对门南向北，生子二：开台、开湾，俱移居台湾，1995 年修谱不详。

从上述材料可知道，渡台者以简公在原乡有配偶，死后夫妇合葬于门前岌，而这正是原乡的一个小地名；这说明虽然他往台湾，但最后有可能回到了原乡。

十六世祖开位公家族历史可以说明有的往台者回到了原乡，有的没有回来。根据族谱资料，十六世开位公，生耀永、旺永、腾永三子，俱往台湾；其中"腾永公，夫妇合葬仰天海螺形，继娶葬台湾"，其中"仰天海螺形"是赖氏宗族在原乡的一个著名的风水宝地。这说明腾永公回到了原乡。腾永公生有五子：长缵、长经、长职、长纶、长缉；其中"长经公夫妇葬台地"。由此推测，长经公最后可能在台湾有了比较稳定的定居生活。

十七世耀永公家族的个案也说明，往台者可能最终回归到原乡。族谱载：十七世耀永公，生五子，久仪、久安、久才、久端四子移台湾，这其中：

（1）久仪公，乾隆十五年（1760）生，道光二年（1822）殁；娶徐孺人。夫妇合葬于大坑头麻竹窝门首路面上有忠祖伯坟墓右边，生子二，延复安、复承；复安生于乾隆五十五年（1790），邑庠生。

（2）久安公，耀永公三子，移台湾，1995 年修谱时欠详。

（3）久才公，夫妇合葬于大坑头围岗上伯公背。

（4）久端公，耀永公五子，移台湾，1995 年修谱时欠详。

从墓葬地点——大坑头这个原乡的小地名，可以判断，久仪公、久才公二人回到原乡终老。而久安公、久端公很可能最后终老台湾而且后裔失传。

有的渡台者本人在台湾，而家属在原乡，如族谱载：

十九世，福妹公，台湾庠生，……生子二：再妹，再义，俱同治四年（1865）甲乙洪杨之乱殁。

福妹公二子死于洪杨之乱的事实，证明了当时福妹公这两个儿子没有在台定居的事实。类似人在台湾，亲属妻子在原乡的例子还有，如：

十八世，新龙公，殁于台湾；其一子桂观，军功五品，名尚兰，生于道光三年（1823），娶徐氏，同治四年洪杨之乱殁。

二十世，福鼎公，往台湾，娶丘孺人，同治四年洪杨之乱失骸，生子五，殇一，出继一。其余三子俱葬在原乡。

即便如在康熙六十年（1721）平息朱一贵事件中立下战功的赖姓十四世裔孙赖君奏，最终回到了原乡。根据族谱显示，赖君奏去世后葬原乡的滩头坝。其后裔均在原乡生活，直到十七世长安，才移居台湾。

通过对赖氏宗族这些信息分析，基本可以判断，许多早期往台者，或最后终老故乡，或留下亲属在原乡，自己一人在台谋生，或自己老年归乡，留下亲属在台谋生。他们一开始都没有把台湾当成是移居地。

笔者将原乡族谱中记载的渡台者姓名与《台湾通志·住民志》里记载的各姓开台祖的姓名进行对比发现，能够吻合的只有少数，如，笔者在《蕉岭徐氏族谱》统计了约 800 个清代旅居台湾的个案，但可以与《台湾通志·住民志》相互佐证的不到 20 个，其他姓氏里也是类似的情况。这里当然不排除相当一部分渡台者死亡或者因为未娶没有留下后裔等因素，另一个重要的事实就是，当时在族谱中记载的许多渡台者最后都回到了原乡。

我们甚至发现，有的赴台者在台湾被看作是开基祖，但在原乡也被奉为某一支房的祖先，并且建有祠堂奉祀。如梅县嵩山黄姓家族十五世祖成恭公就是如此。在《来台后屏东县万峦乡方面黄氏族谱》[①] 中把十五世成恭公奉为来台祖，可以经过实地考察发现，在今梅县嵩山也有十五世成恭公的祠堂。一个可能的解释是，成恭公虽然在台谋生打拼，但后来还是回到了原乡，留有部分后裔在台定居繁衍。

2. 白泥湖丘氏孔思公支房个案

通过族谱，只能大致地推测渡台者基本的迁徙流向，而如何往返台海两地谋生，则需要更丰富的资料来展示，下文中，将通过蕉岭县文福镇白泥湖北房丘氏一个支脉来了解他们是如何往返于台海两地谋生的。

文福镇白泥湖被视为蕉岭县丘姓祖源地，现主要居住的是北房的丘氏。从康熙年间开始，便有丘氏渡台谋生，到乾隆时，人数最多。根据《石窟开基祖梦龙公派下丘氏族谱》[②]（下简称《丘氏族谱》）记载，丘氏宗族有一支后裔，从十八世到二十一世，一直在台海两地奔波。时间上从乾隆四十六年（1781）开始，持续到光绪年间，约 150 年的历史，经历四代人。下面通过资料展示这一家族的渡台营生历程。

《丘氏族谱》载，丘氏始祖梦龙公派下有一名为丘毓亮的第十七世孙，

---

① 黄敏瑛：《来台后屏东县万峦乡方面黄氏族谱》，1997 年。
② 丘标雄：《石窟开基祖梦龙公派下丘氏族谱》，手抄本，1996 年。

生四子，长琏大，次琏二，三琏富，四琏尚。长、次子早逝。琏富与琏尚渡台谋生。其中：

> 十八世琏富公，毓亮公之三子，生于清乾隆三十二年（1767）。琏富公生平，自幼家贫，十四岁往台湾，营谋米谷生理。二十三岁时，始回家省亲，后偕胞弟（即琏尚）复往台；至三十三岁回家娶镇邑城内刘氏女为室，厥复往回不一。约在台日多，在家日少。家中父母，幸得刘氏一人供养，晨昏定省，始终不懈，恪尽孝道。后刘氏生二子，长华松，生员；次华柏，军功，讳庭藩；生一女。后琏富公卒于台湾，时道光五年（1825）丁未岁，得年五十有七，谥诒友睦训。妣刘氏，卒于清道光二十八年（1848）丁未岁，享寿六十有八，谥端敬慈寿。后来由其子华松从台湾带回其父骨骸，与其母刘氏二人合葬在（今文福镇）仙人桥监石村曾屋背，坐辛山兼酉，丁卯分金。
> 琏富公的弟弟琏尚，一同赴台。生卒不详，葬在（今文福镇）储村新娘山。妣李氏，可能曾随同琏尚一同赴台，或者有可能在台娶妻。妣李氏去世后，仍葬于台澎南路新东市树山埔曾家门首，坐西向东，没有葬回原乡。琏尚公无子，立桥头鸡嬷王之次子为嗣，名华应。后往外未知其况如何。

十八世琏富是渡台第一代，从上述的记载可以知道，他是因家贫赴台经营米谷生意，从 14 岁离家，除了中途几次偶然的返乡经历，大部分是"在台日多，在家日少"，最后卒于台湾，骨骸由儿子带回安葬。这是开拓的第一代人寄台为生的经历。到了第二代即十九世时，可能因为家境的稍微改善，琏富公的两子华松、华柏得以有机会读书，没有从事体力劳动，《丘氏族谱》载：

> 华松公，名庭扬，号蔫岳，字连兴，又字华松，台郡庠生。生于清嘉庆五年（1800），终于清同治十二年（1873）癸酉十一月，享寿七十有四，谥文真游乐。……

族谱中的按语称：

> 公生平好读书，本邑考文童试，常擢前列，屡试不中，至三十岁时，始往台湾，插回父亲琏富遗骸，安位后，复往台地，以教学为事，每逢科

岁试年，刚作枪试场，其在台门生列入廪秀者甚众，及在试场受公之文章而举廪秀者亦属不少，自卅岁后则在台日多，而在家日少，居台有三十余年，每逢科岁考试，常作枪而获厚利，必有多金寄回，云：盖公之文章常绝称内外，及到六十岁时，始入学，仅以一秀才终身，到老年尤好学不倦，常叹不遂书生志，不能晋登科第殊为憾焉。待清同治十二年癸酉又六月由台回家，时年七十有四矣，至本年十一月终于家。

初配妻谢氏，生于清朝嘉庆九年（1804），……生三子，长庆财讳作庆，次作钰，三作书，早逝。又立四子作杰，在台地新东市居住，又生一女适（文福）乌土溪张姓。

综观十九世华松公一生，从小业儒，经年不第，30岁入台后，以教书兼作考场"枪手"为生。到他生命的最后一年里才回归故乡。而其子女中，嗣子作杰"在台地新东市居住"，说明从这个时候，一部分少数家族成员渐渐定居下来。

华松公三子（二十世）的情况。根据《丘氏族谱》，华松公的长子作庆，生于清道光四年甲申岁（1824），幼逝，立作钰次子壬凤（吟凤）为嗣，以顶这一房。三子作书早逝，四子为嗣子作杰，居台湾，次子作钰的信息如下：

次作钰，号锡如，字庆义，生于清道光十一年（1831），于清末宣统二年庚戌（1910）四月十七日午时在家正寝，享寿八十，谥安简裕训，葬黄坡狐狸狭后，插葬于黄泥塘，公为职员，生员。原配妻徐氏，生于道光十六年（1836），终于民国七年戊午岁（1918）四月十四日戌时，享寿八十有三，谥勤操育寿，葬在黄泥塘。于民国十七年（1928）戊辰岁七月廿七日亥时，公妣合葬黄泥塘。生四子，长子德凤，次吟凤，过继庆财祖伯为嗣，三升凤早逝，四清凤，一女适（文福）乌土溪赖姓。

族谱按语称：

锡如公（作钰）生平一世清闲，百艺兼通，虽不能诗书显名，而文字颇为通明，喜观书籍。自少至老，手不释卷。气性宽怀，有儒者之风焉，至咸丰十年庚申（1860），公卅岁矣，于本年三月往台湾，至七月则长子德凤生焉。待长子九岁，公始由台归，其时经长发丧乱之余，家徒四壁，家计不堪问矣，幸赖妻徐氏一人，辛勤维持，及感受岳父徐乾焕之惠泽亦殷殷不少。公虽有创造之谋，然未习农事，家计惟徐氏辅相之功为多，公游台家居九载，至四十岁始回家。其居家也，教儿孙以耕读，训迪不懈，当临终之前二夕，召诸子，谆谆训以为善，谓为善者，方能昌其后也。临终前一夕，召女媳戒以勤耕织及善事姑嫂诸兄。其遗言若此，后之裔孙，宜深味其意也哉。

通过带有虚美之嫌的按语可能看出，二十世作钰其实是一个庸碌无为之人，与其父华松公的人生轨迹有些相似，也是30岁时渡台湾谋生，9年后回到家乡。而自己不习农事，完全依赖妻子徐氏及其岳父的协助。后幸长子德凤奋发图强，才重振家声。

据族谱载，华松公在台所立之四子作杰，字庆杰，曾随华松公回家数次，住居台湾新东市火烧庄，生时妣氏未详，生四子，长文凤，次鸣凤，三岐凤，四翔凤。这说明，作杰已经把台湾当作了定居地，开始了所谓"移民社会"的生活。一个家族的后裔由此开始在两地繁衍。当然限于资料，我们不知作杰及其四子的在台情况如何。而生于原乡的作钰公的长子——二十一世德馨公，则凭借一己之力，以渡时艰，且使家业大振。族谱载：

锡如（作钰）公长子德馨，号凤人，字德凤；生于清咸丰十一年（1861），少配妻王氏早逝，生卒未详。冠配妻黄氏，乃邑西门外新芳里黄春官之女也，生于清同治十年，公二十八岁时，黄氏十七岁，始配于公。……生长子荣桂……次子登桂；……三子薰桂；……四子炳桂，过清凤公……五子焕桂，五岁去世……六子芳桂……七子兰桂，另还有一女未详，共七子一女。

族谱按语称：

公生而贫贱，饱尝辛苦，当六岁时，值洪杨兵败退蕉岭文福间，遭兵燹之余，仅见破瓦颓垣，举目苍凉，一无所有。此时祖父华松公与父锡如公皆客居台湾，祖母赖氏，遭乱不知飘落何所，家人离散，愁苦难堪，母子俩人，相依为立。不得已与母徐氏，寄居坑头村思外祖父徐乾焕家中。然外祖父爱之至切，令之入学，促寄四年，至九岁时，父锡如公始由台归。母子二人，后由外祖处回家，再启家门。但锡如公非力田之人，当时急于家计，至十四岁，遂舍学而从事农商，幸生而英敏，智略过人，至二十岁即权计家务，奉锡如公在家供养，以尽子职。令二弟读书（二弟即吟凤），冀鹰扬祖烈，虽家计万难，欢然独任，总以勤力作，建伟人家庭为目的。幸天下不负劳人，田园屋宇，亲自创造，家计日裕，养成二十余人之家口。公至三十余岁，家计稍丰，渐出而干涉社会事宜……

从族谱记载看出，到了二十一世德馨公时，终于没有踏着前辈的足迹渡台谋生，而是通过自己的能力，使家族发达起来。并且随着"家计稍丰"，开始涉足社会公共事务，俨然成为地方权势人物。

通过丘氏北房裔孙一支从十八世至二十一世四代人共150多年的家族史的考察，我们从中看到，这个家族从乾隆晚期开始，一直寄台湾为生，第一代十八世祖琏富公经营米谷生意；第二代十九世祖华松公赴台教书并且充当考场"枪手"，几乎是一生都在台湾；悠闲自在的第三代二十世祖作钰公，也在台湾生活了9年，这三代都曾以台湾作为谋生地。直到第四代二十一世德馨公，才又开始在原乡有所作为，使家道中兴，没有沿袭前辈谋生的老路。

以丘氏家族历史说明，早期赴台者，是谋生的需要，并不一定是移民定居，而当原乡拥有适当的机遇后，这种谋生的方式就会得到改变；而在台移民定居者，往往是家族第二代或者第三代开始，如华松公之四子作杰。

3. 台地归乡者对社会的影响

之所以早期许多渡台者只把台湾当作是一个谋生地，没有作为定居地，应该与当时的价值观有关系。在"夷夏"天下观的人们看来，台湾当时只是一个"番地"。有的族谱在记录渡台的个案时，写作"往台番"，即为这种思想的一个见证；而渡台谋生者也把原乡称为"唐山"，其感觉，有点类似在南洋一样。家乡的田园庐墓、妻子父母才是最终的生命归属。资料显示，有在台湾居住了好几代的人，还回到了原乡。如蕉城叟乐的利氏家族便有一例，从十二世开始移居台湾，到了十七世时，还有其后裔回到原乡，时间是1918年。① 这种往复两地的居住的例子，一直持续到20世纪40年代都还偶有发生。如兴福浒竹李氏家族便有李逢甲先生，1947

---

① 《利氏族谱》载，十二世日钦公时，始移居台湾；生子洪义（十三世），洪义生复集（十四世），复集生四子：长开桢，次开敏，三开魁，四开荣，均居台湾。到十六世时，开敏公生二子，长颖官，次颖斋，于1918年回叟乐竹园下定居。并在原乡生下四子，此四子后裔中，又有人移居马来西亚谋生并定居下来。

年从内铺回祖地定居。① 而那些不是番地的四川、湖广等地，移民倾向则十分明显。如乾隆年间的《镇平县金沙乡南山林氏族谱》里的个案。

早期从台地归来的谋生者的事迹，也可见诸史志。特别是在台地有所成就者，他们对家乡产生过一定的影响，如乾隆《镇平县志》载：

> 吴扬生，字子有，苦竹坑监生，赋性抗直，言动不苟，早岁丧父，事母克孝。少贫，无以供甘旨而菽水间怡怡如也。后客游台湾，所得辄邮归奉母，岁终必归省。所置产业养葬之外，乐与子侄均分，即群从亦多藉以成家者。……②

而一些获得军功者，如平息朱一贵民变与吴富生民变中的镇平县人士，也被当作"科贡"之士载入乾隆《镇平县志》，以示表彰。

正是由于大量渡台谋生者定期或不定期返乡，使得当时渡台早在乾隆时期就成为一种普遍的现象，当时镇平县社会渡台现象之普遍，以致成为一种乡情风俗画。当时一名为廖云飘的廪生曾作十首描述当时镇平县风俗的竹枝词，其中就有两首与渡台谋生有关：

> 五月台湾谷价昂，一车闻说十元强。
> 澎湖风浪今应静，个个迎门待玉郎。
>
> 黄昏人未掩柴关，明月刚看吐半山。
> 弦索齐鸣檀板碎，开场先唱过台湾。③

嘉庆年间举人黄钊的《石窟一征》载："赴台湾耕佃者十之二三，赴吕宋咖喇吧者十之一。"早期赴台耕佃者，"往往至三四十始归。归至家尚以青布裹头，望而知为台湾客也"④。由此可见，自乾隆以降，往返于台海两地谋生已成为当时镇平县民的一种常态。

三、结语

"推拉理论"是解释人口迁移原因的主要理论之一，认为人口迁移存在两种动因，一是居住地存在着推动人口迁移的力量，二是迁入地存在吸

---

① 潘承焯：乾隆《镇平县志》，卷六《艺文》，1781 年。
② 潘承焯：乾隆《镇平县志》，卷五《人物》，1781 年。
③ 潘承焯：乾隆《镇平县志》，卷五《人物》，1781 年。
④ 黄钊：《石窟一征》卷三《教养》。

引人口迁移的力量。两种力量的共同作用或单方作用导致了人口迁移。

但是，通过对粤东石窟河流域清代人口迁徙个案的考察，我们发现，推拉理论只是解释了在台成功定居繁衍的移民个案，但没有考虑到早期那些往返迁徙的人口，而这恰恰是当时的一个重要史实。更难以说明，在同样的推力与拉力下，为什么有的人被推出去（或拉住）了，为什么有的人没有被推出去（或拉住）。显然，推拉理论把每个人口迁徙者看成是一个理性的、趋利的机械个体，没有考虑到个体自身的差异、因缘际遇以及文化背景等因素。特别是文化背景这个因素，如对故乡的情感需要、精神的寄托等，往往会形成一股往回的制约力，让人不会轻易定居于异乡。

另外，通过对石窟河流域的考察，也提醒研究者要把移民放在一个大的社会背景下来考察。如果移民史研究只从移入地成功个案来考察，而不关注对当时社会谋生的行为选择与逻辑，那么移民史就有可能简化为一个开拓者的奋斗史。